中国人民大学研究报告系列

中国零售业发展监测与分析报告

2020

REPORT ON THE DEVELOPMENT OF
CHINA'S RETAILING

主 编 王 强

中国人民大学出版社
·北京·

总　序 ▶

陈雨露

　　当前中国的各类研究报告层出不穷，种类繁多，写法各异，成百舸争流、各领风骚之势。中国人民大学经过精心组织、整合设计，隆重推出由人大学者协同编撰的"研究报告系列"。这一系列主要是应用对策型研究报告，集中推出的本意在于，直面重大社会现实问题，开展动态分析和评估预测，建言献策于咨政与学术。

　　"学术领先、内容原创、关注时事、咨政助企"是中国人民大学研究报告系列的基本定位与功能。研究报告是一种科研成果载体，它承载了人大学者立足创新，致力于建设学术高地和咨询智库的学术责任和社会关怀；研究报告是一种研究模式，它以相关领域指标和统计数据为基础，评估现状，预测未来，推动人文社会科学研究成果的转化应用；研究报告还是一种学术品牌，它持续聚焦经济社会发展中的热点、焦点和重大战略问题，以扎实有力的研究成果服务于党和政府以及企业的计划、决策，服务于专门领域的研究，并以其专题性、周期性和翔实性赢得读者的识别与关注。

　　中国人民大学推出研究报告系列，有自己的学术积淀和学术思考。我校素以人文社会科学见长，注重学术研究咨政育人、服务社会的作用，曾陆续推出若干有影响力的研究报告。譬如自 2002 年始，我们组织跨学科课题组研究编写的《中国经济发展研究报告》《中国社会发展研究报告》《中国人文社会科学发展研究报告》，紧密联系和真实反映我国经济、社会和人文社会科学发展领域的重大现实问题，十年不辍，近年又推出《中国法律发展报告》等，与前三种合称为"四大报告"。此外，一些散在的不同学科的专题研究报告也连续多年出版，在学界和社会上形成了一定的影响。这些研究报告都是观察分析、评估预测政治经济、社会文化等领域重大问题的专题研究，其中既有客观数据和事例，又有深度分析和战略预测，兼具实证性、前瞻性和学术性。我们把这些研究报告整合起来，与中国人民大学的出版资源相结合，再进行新的策划、征集、遴选，形成了这个研究报告系列，以期放大规模效应，扩展社会服务功能。这个系列是开放的，未来会依情势有所增减，使其动态成长。

中国人民大学推出研究报告系列，还具有关注学科建设、强化育人功能、推进协同创新等多重意义。作为连续性出版物，研究报告可以成为本学科学者展示、交流学术成果的平台。编写一部好的研究报告，通常需要集结力量，精诚携手，合作者随报告之连续而成为稳定团队，亦可增益学科实力。研究报告立足于丰富的素材，常常动员学生参与，可使他们在系统研究中得到学术训练，增长才干。此外，面向社会实践的研究报告必然要与政府、企业保持密切联系，关注社会的状况与需要，从而带动高校与行业企业、政府、学界以及国外科研机构之间的深度合作，收"协同创新"之效。

为适应信息化、数字化、网络化的发展趋势，中国人民大学研究报告系列在出版纸质版本的同时将开发相应的文献数据库，形成丰富的数字资源，借助知识管理工具实现信息关联和知识挖掘，方便网络查询和跨专题检索，为广大读者提供方便适用的增值服务。

中国人民大学研究报告系列是我们在整合科研力量、促进成果转化方面的新探索。我们将紧紧把握时代脉搏，敏锐捕捉经济社会发展的重点、热点、焦点问题，力争使每一种研究报告和整个系列都成为精品，都适应读者需要，从而打造高质量的学术品牌，形成核心学术价值，更好地承担学术服务社会的职责。

目 录 ▶

第 1 章　绪论

第 2 章　中国经济增长与零售商业

第 3 章　中国零售业产业发展分析报告

第4章 中国零售业地区发展分析报告

第5章 中国综合零售业发展分析报告

第6章 中国专业零售业发展分析报告

第7章 中国零售业公司管理与运营分析报告

第8章 中国零售业综合事务与海外概览

第 1 章　绪 论

1.1　本报告的撰写

中国零售业担负着商品流通和城乡居民消费实现的重任，是国民经济的支柱性产业，是扩大消费、促进消费的主战场，是提升经济内循环质量的关键，也是提供就业的主力军，更是实现"中国梦"的重要载体之一。

《中国零售业发展监测与分析报告（2020）》按照年度全面监测中国零售业发展情况，关注多个零售商业发展的关键问题与热点问题，包括宏观经济、居民消费、零售产业、行业结构、效益效率、地区发展、城乡零售、综合业态、专业业态、收购兼并、高管变动、营销活动、技术运用、公共关系、社会责任、政策法规、案件纠纷、会展、培训、科研与海外零售业等，并通过对行业代表性企业的追踪，以实现对中国零售业发展现状、特点、趋势和问题等的监测与分析。

今年的零售业年度监测报告，具体包括绪论、中国经济增长与零售商业、中国零售业产业发展分析报告、中国零售业地区发展分析报告、中国综合零售业发展分析报告、中国专业零售业发展分析报告、中国零售业公司管理与运营分析报告、中国零售业综合事务与海外概览等8章内容。

除第1章外，每章（每个专题）包括监测分析报告和附录数据表格两个部分。其中，监测分析报告部分是针对中国零售业发展的监测分析，一般包含该专题的零售商业发展全景，行业与代表性企业的基本情况、发展动向监控、问题思考与展望等，即本书纸质版；附录数据表格部分也是本报告的核心价值所在，即我们根据研究的需要，设计了相关的统计数据表格和企业动态监控表格，包括产业数据分析表、地区数据分析表、业态数据分析表和零售公司动态监控数据分析表等四类数据表格，共计59张附表，连续反映年度内中国零售业发展的基本情况。

本报告主体上仍然延续了由之前中国人民大学出版社出版的《中国零售业发展监测与分析报告》系列的编写思路、结构体系和主要内容，详情见图1-1"本报告结构示意图"。

1.2　本报告的结构

本报告的结构如图1-1所示。

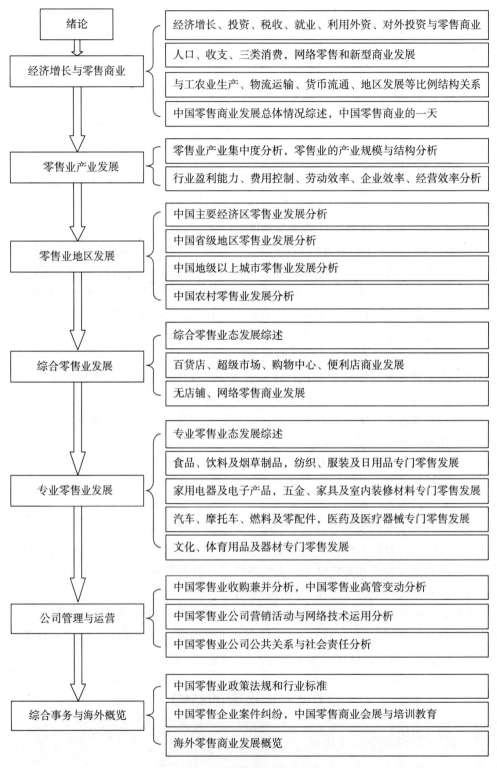

图 1-1 本报告结构示意图

1.3 本报告的数据

1.3.1 本报告数据来源概述

本报告所有的资料信息均通过公开信息渠道获得，数据来源主要有：

（1）统计年鉴数据，包括《中国统计年鉴》（历年版），《中国贸易外经统计年鉴》（历年版），《中国城市统计年鉴》（历年版），《中国区域经济统计年鉴》（历年版），《中国住户调查年鉴》（历年版）；

（2）国家各级政府部门及其附属部门的官方数据和信息，包括国家商务部、国家统计局、各省区市政府和统计局等的权威网站发布的信息、动态、数据和统计资料，以及中经网统计数据库、国研网统计数据库、Wind 数据库，上海证券交易所、深圳证券交易所等的权威网站发布的数据和统计资料；

（3）行业协会数据和信息，包括中国商业联合会、中国连锁经营协会、中国物流与采购联合会、中国百货业协会、中国商业经济学会、中国流通三十人论坛（G30）等国内权威行业协会和社会组织发布的官方信息、动态和数据；

（4）企业官方数据和信息，包括中国零售业代表性企业在其官方网站公布的有关该企业的基本情况、介绍和经营动向等信息，以及零售业中上市公司在交易所指定官方网站和社会媒体发布的年度、半年度、季度报告等信息与数据；

（5）新闻媒体和专业网站信息，包括国内外多种新闻媒体的新闻报道和相关资讯信息，以及联商网、超商网、第一零售网、零售网等行业专业资讯网站发布的信息；

（6）国外数据，包括海外主要国家的官方统计数据（以该国统计局数据为主）、海外大型零售公司的官方网站信息和年报数据，以及美国 *STORES* 杂志发布的零售业250 强数据等。

关于以上数据来源所采集的数据的相关年限情况，具体说明如下：

（1）关于国家统计局的统计公报和其他月度、季度数据：国家统计局每年初发布全国统计公报，各省区市统计局相应发布本级统计公报，因此本报告中所有涉及此类统计公报的数据，都是截至 2019 年底的数据；国家统计局口径按月、按季度公布诸如GDP、CPI、货币、类别商品销售额等月度、季度数据，因此本报告中所有涉及此类月度、季度的数据，也都是截至 2019 年底的数据。

（2）关于国家统计局口径的统计年鉴数据：由于国家统计局年鉴发布的时间限制，即大部分统计年鉴是在每年的 8—11 月份发布，其中数据均是上一年度数据，而非本年数据，因此本报告各章节中所有涉及统计年鉴的数据，都是国家统计局截至 2018 年底的数据。

（3）国内其他数据，包括代表性企业官方信息数据、上市公司信息数据、行业协会信息数据、新闻媒体和专业网站资讯数据等，是随时更新的数据，因此本报告中所有涉及此类的信息和数据，也都是截至 2019 年底的信息和数据。

（4）国外数据，涉及不同国家会计结算年度问题，上市公司的财务数据一般是上一年度数据,即截至 2018—2019 财年;宏观统计数据涉及该国统计制度和数据发布时间问题,基本是 2018—2019 年的数据;企业资讯是 2019 年企业官方公布的资讯信息和数据。

1.3.2 具体各部分的数据来源

本报告各章所用到的统计数据,以及本报告撰写小组自行收集整理的数据,具体数据来源、年份、性质等如表 1-1 所示。

表 1-1 本报告数据来源

序号	项目	数据来源情况	年份
1	经济增长与零售商业的总体情况	国家统计局统计公报,各省区市统计局统计公报	2019、2018 年及以前
2	投资与零售商业	国家统计局统计公报,中国统计年鉴,中国贸易外经统计年鉴	2019、2018 年及以前
3	税收与零售商业	国家统计局统计公报,中国统计年鉴	2019、2018 年及以前
4	就业与零售商业	国家统计局统计公报,中国统计年鉴,中国贸易外经统计年鉴	2019、2018 年及以前
5	利用外资、对外投资与零售商业	国家统计局统计公报,中国统计年鉴,中国贸易外经统计年鉴	2019、2018 年及以前
6	人口、收支与消费的总体情况	国家统计局统计公报,中国统计年鉴	2019、2018 年及以前
7	三类消费的结构与比例	中国统计年鉴	2019、2018 年及以前
8	网络零售与新兴商业	国家统计局统计公报,中国统计年鉴	2019、2018 年及以前
9	零售商业和工农业生产的结构与比例	国家统计局统计公报,中国统计年鉴	2019、2018 年及以前
10	零售商业和物流运输的结构与比例	国家统计局统计公报,中国统计年鉴	2019、2018 年及以前
11	零售商业与货币流通的结构与比例	国家统计局统计公报,中国统计年鉴	2019、2018 年及以前
12	零售商业与地区发展的结构与比例	中国统计年鉴,中国城市统计年鉴,中国区域经济统计年鉴	2019、2018 年及以前
13	中国零售业发展综述	中国贸易外经统计年鉴,本报告撰写小组自行收集整理的数据	2019、2018 年及以前

续表

序号	项目	数据来源情况	年份
14	中国零售商业的一天	国家统计局统计公报，中国统计年鉴，中国贸易外经统计年鉴，国研网统计数据库	2019、2018 年及以前
15	中国主要分类商品零售	中经网统计数据库、国研网统计数据库	2019、2018 年及以前
16	中国零售业产业集中程度	中国贸易外经统计年鉴，中经网统计数据库、国研网统计数据库，中国连锁经营协会百强榜单	2019、2018 年及以前
17	中国零售业规模与结构	中国贸易外经统计年鉴，中经网统计数据库、国研网统计数据库	2018 年及以前
18	中国零售业盈利能力	中国贸易外经统计年鉴，中经网统计数据库、国研网统计数据库	2018 年及以前
19	中国零售业费用控制	中国贸易外经统计年鉴，中经网统计数据库、国研网统计数据库	2018 年及以前
20	中国零售业劳动效率	中国贸易外经统计年鉴，中经网统计数据库、国研网统计数据库	2018 年及以前
21	中国零售业企业效率	中国贸易外经统计年鉴，中经网统计数据库、国研网统计数据库	2018 年及以前
22	中国零售业经营效率	中国贸易外经统计年鉴，中经网统计数据库、国研网统计数据库	2018 年及以前
23	中国经济区零售业发展	各省区市统计局统计公报，中国统计年鉴	2018 年及以前
24	中国省级地区零售业发展	中国贸易外经统计年鉴，中经网统计数据库、国研网统计数据库，中国城市统计年鉴，中国区域经济统计年鉴	2018 年及以前
25	中国地级以上城市零售业发展	中国贸易外经统计年鉴，中经网统计数据库、国研网统计数据库，中国城市统计年鉴，中国区域经济统计年鉴	2018 年及以前
26	中国农村居民人口、收支、消费、零售业发展	中国贸易外经统计年鉴，中经网统计数据库、国研网统计数据库	2019、2018 年及以前
27	供销合作社系统综合经营情况	中华全国供销合作总社信息中心，中国供销合作网	2019 年及以前
28	综合零售业态发展综述	中国贸易外经统计年鉴，中经网统计数据库、国研网统计数据库，本报告撰写小组自行收集整理的数据	2019、2018 年及以前
29	百货、超市、仓储、购物中心、便利店、无店铺、网络零售发展	中国贸易外经统计年鉴，中经网统计数据库、国研网统计数据库，本报告撰写小组自行收集整理的数据	2019、2018 年及以前

续表

序号	项目	数据来源情况	年份
30	综合零售业代表性企业监测情况：附表数据	代表性企业官方网站，连锁协会、联商网等行业网站，新闻媒体网站，本报告撰写小组自行收集整理的数据	2020、2019、2018 年
31	专业零售业态发展综述	中国贸易外经统计年鉴，中经网统计数据库、国研网统计数据库，本报告撰写小组自行收集整理的数据	2019、2018 年及以前
32	七大类专业零售发展	中国贸易外经统计年鉴，中经网统计数据库、国研网统计数据库，本报告撰写小组自行收集整理的数据	2019、2018 年及以前
33	专业零售业代表性企业监测情况：附表数据	代表性企业官方网站，连锁协会、联商网等行业网站，新闻媒体网站，本报告撰写小组自行收集整理的数据	2020、2019、2018 年
34	中国零售业收购兼并：代表性企业监测情况	代表性企业官方网站，连锁协会、联商网等行业网站，新闻媒体网站，本报告撰写小组自行收集整理的数据	2020、2019、2018 年
35	中国零售业高管变动：代表性企业监测情况	代表性企业官方网站，连锁协会、联商网等行业网站，新闻媒体网站，本报告撰写小组自行收集整理的数据	2020、2019、2018 年
36	中国零售业企业营销活动与网络技术运用：代表性企业监测情况	代表性企业官方网站，连锁协会、联商网等行业网站，新闻媒体网站，本报告撰写小组自行收集整理的数据	2020、2019、2018 年
37	中国零售业企业公共关系与社会责任：代表性企业监测情况	代表性企业官方网站，连锁协会、联商网等行业网站，新闻媒体网站，本报告撰写小组自行收集整理的数据	2020、2019、2018 年
38	中国零售业政策法规和行业标准	商务部、商业联合会、连锁协会，本报告撰写小组自行收集整理的数据	2020、2019、2018 年
39	中国零售业企业案件纠纷	中国质量万里行官网所公布的涉及零售消费的案件	2019 年
40	中国零售商业会展与培训教育	商务部、商业联合会、连锁协会、联商网等行业网站，本报告撰写小组自行收集整理的数据	2020、2019、2018 年
41	海外零售商业概览	主要国家统计部门网站、STORES 杂志，本报告撰写小组自行收集整理的数据	2019、2018 年及以前

需要说明的是，由于《中国贸易外经统计年鉴》从 2019 年开始，不再公布原年鉴中"3-2-8 限额以上批发和零售业商品销售类值"和"3-2-9 各地区限额以上批发和零售业商品销售类值"，因此我们之前年份中连续监测分析的"中国零售业分类商品的批零结构分析"及"中国零售业分类商品的批零结构"无法开展。

同时，令人遗憾的是，2018 年以来的国民经济和社会发展统计公报和统计年鉴，不再公布固定资产的投资额分项数据，仅仅公布比上年增长速度的数据，这就使得我们已经连续多年的批发零售业固定资产投资监测，特别是投资额总量、新增固定资产投资、城镇零售业 50 万元以上的施工项目和建成投产项目等多组监测指标被迫停止。

1.4 本报告附表说明与相关阅读指南

1.4.1 本报告各章附表说明

本报告根据中国零售商业行业发展监测与分析的需要，在进行一手数据采集和二手统计数据收集整理的过程中编制了大量的行业发展情况一览表，共计 59 张。这些附表和每一章的对应关系，具体如表 1-2 所示。

表 1-2 本报告各章附表一览表

序号	附表编号	附表名称	对应章节
1	附表 2-1	中国的消费、商业、零售与国民经济若干重要比例分析表（2019）	第 2 章
2	附表 2-2	中国的消费、商业、零售与国民经济若干重要比例分析表（2018）	第 2 章
3	附表 2-3	中国的消费、商业与零售结构分析表（2018）	第 2 章
4	附表 3-1	中国零售业经营规模与结构（按照行业分类）（2018）	第 3 章
5	附表 3-2	中国零售业经营规模与结构（按照业态分类）（2018）	第 3 章
6	附表 3-3	中国零售业盈利能力（按照行业分类）（2018）	第 3 章
7	附表 3-4	中国零售业盈利能力（按照业态分类）（2018）	第 3 章
8	附表 3-5	中国零售业运营费用（按照行业分类）（2018）	第 3 章
9	附表 3-6	中国零售业运营费用（按照业态分类）（2018）	第 3 章
10	附表 3-7	中国零售业劳动效率（按照行业分类）（2018）	第 3 章
11	附表 3-8	中国零售业劳动效率（按照业态分类）（2018）	第 3 章
12	附表 3-9	中国零售业企业效率（按照行业分类）（2018）	第 3 章
13	附表 3-10	中国零售业企业效率（按照业态分类）（2018）	第 3 章
14	附表 3-11	中国零售业经营效率（按照行业分类）（2018）	第 3 章
15	附表 3-12	中国零售业经营效率（按照业态分类）（2018）	第 3 章
16	附表 4-1	中国四大区域和八大经济区零售业发展基本数据（2019）	第 4 章
17	附表 4-2	中国各省级地区限额以上零售企业运营情况基本数据（2018）	第 4 章
18	附表 4-3	中国各省级地区连锁企业运营情况基本数据（2018）	第 4 章
19	附表 4-4	中国各省级地区分行业限额以上零售企业库存占销售额比重（2018）	第 4 章

续表

序号	附表编号	附表名称	对应章节
20	附表 4-5	中国各省级地区分行业限额以上零售企业平均销售额（2018）	第 4 章
21	附表 4-6	中国各省级地区分行业限额以上零售企业人均销售额（2018）	第 4 章
22	附表 4-7	中国各省级地区分行业限额以上零售企业净利润率（2018）	第 4 章
23	附表 4-8	中国地级及以上城市零售与消费发展基本数据（2018）	第 4 章
24	附表 4-9	中国地级及以上城市发展基本情况及区间分组表（2018）	第 4 章
25	附表 4-10	中国地级及以上城市排名（前 30 名）（2018）	第 4 章
26	附表 5-1	中国零售百强代表性百货企业监控情况（2019）	第 5 章
27	附表 5-2	中国代表性区域百货企业监控情况（2019）	第 5 章
28	附表 5-3	部分代表性外资百货企业监控情况（2019）	第 5 章
29	附表 5-4	中国零售百强代表性超市企业监控情况（2019）	第 5 章
30	附表 5-5	中国代表性区域超市企业监控情况（2019）	第 5 章
31	附表 5-6	部分代表性外资超市企业监控情况（2019）	第 5 章
32	附表 5-7	中国代表性购物中心监控情况（2019）	第 5 章
33	附表 5-8	中国代表性内资便利店监控情况（2019）	第 5 章
34	附表 5-9	部分代表性外资便利店监控情况（2019）	第 5 章
35	附表 5-10	中国代表性互联网零售企业监控情况（2019）	第 5 章
36	附表 6-1	代表性食品饮料及烟草制品类专门零售企业监控情况（2019）	第 6 章
37	附表 6-2	代表性服装类专门零售企业监控情况（2019）	第 6 章
38	附表 6-3	代表性个护化妆类专门零售企业监控情况（2019）	第 6 章
39	附表 6-4	代表性饰品配件类专门零售企业监控情况（2019）	第 6 章
40	附表 6-5	代表性儿童玩具和母婴用品类专门零售企业监控情况（2019）	第 6 章
41	附表 6-6	代表性图书音像类专门零售企业监控情况（2019）	第 6 章
42	附表 6-7	代表性办公文具类专门零售企业监控情况（2019）	第 6 章
43	附表 6-8	代表性运动户外类专门零售企业监控情况（2019）	第 6 章
44	附表 6-9	代表性医药及医疗器械类专门零售企业监控情况（2019）	第 6 章
45	附表 6-10	代表性家居建材类专门零售企业监控情况（2019）	第 6 章
46	附表 6-11	代表性室内装饰材料类专门零售企业监控情况（2019）	第 6 章
47	附表 6-12	代表性汽车、摩托车、燃料及零配件专门零售企业监控情况（2019）	第 6 章
48	附表 6-13	代表性家用电器及电子产品类专门零售企业监控情况（2019）	第 6 章

续表

序号	附表编号	附表名称	对应章节
49	附表 6-14	限额以上各类别专门零售业情况（2018）	第 6 章
50	附表 7-1	中国零售业收购兼并事件统计（2019）	第 7 章
51	附表 7-2	中国零售业高管变动事件统计（2019）	第 7 章
52	附表 7-3	中国代表性零售企业公共关系与社会责任活动一览表（2019）	第 7 章
53	附表 7-4	中国代表性零售企业网络零售、微博开通情况一览表（2019）	第 7 章
54	附表 7-5	中国代表性零售企业营销活动一览表（2019）	第 7 章
55	附表 8-1	中国零售业重要政策法规及标准一览表（2019）	第 8 章
56	附表 8-2	中国零售业主要案件与纠纷一览表（2019）	第 8 章
57	附表 8-3	中国零售业重要会展一览表（2019）	第 8 章
58	附表 8-4	中国零售业主要培训与教育情况一览表（2019）	第 8 章
59	附表 8-5	中国零售与流通领域代表性书籍一览表（2019）	第 8 章

应该指出的是，这些附表凝聚了本报告撰写小组全体成员的大量心血，也是本报告的核心价值之一。

首先，对于所有涉及企业发展情况的附表，我们在对行业内代表性企业的海量资讯信息进行收集、分类、整理和规范化的基础上，根据每一章主题分析的需要，进行了艰巨的数据编码和再处理工作。我们在针对每章主题设计的附表中，系统地收集整理了行业内具有代表性、成长性的企业，因而所有表格均有较为丰富的维度。这些表格及其内含数据是行业分析和进一步研究的基础，也是目前现有统计年鉴类资料无法提供的宝贵信息来源。

当然，需要指出的是，部分行业数据和零售企业的信息，比如销售额、员工人数、门店数等可能会因为商业机密和官网信息披露的缘故，确实无法获取，出现缺失，所以部分章节的附表中会存在一些空白的行和列，在此我们统一解释（为控制全书篇幅，不在各章的每个附表单独解释），敬请读者谅解。

其次，对于所有行业发展的附表，我们在收集整理了统计口径的数据后，进行了一定程度的再加工和深化，力图通过这些数据表，经过适当的比例、比率、相对值等计算和处理，以尽可能地反映行业、子行业、业态、所有权、地区等多个维度的规律、差异性和背后的故事。这些数据也可以作为进一步研究的基础。

最后，这些附表和正文存在对应关系。整体而言，在正文中，我们引用了小部分的附表数据，有的情况下我们将附表数据转换成各种图形，有的情况下我们截取了其中关键数据做成小型的表格放入正文中。当然，在对正文相应部分的内容进行分析的时候，我们也会引用或提及附表中的数据，或作为证据、或作为对比等，不一而足，请有兴趣的读者对应查看。

1.4.2　相关阅读指南

　　由于全书篇幅限制以及电子化的要求，以上所涉及的 59 张附表，已进行了电子化处理，并全部放到了本书最后的附录中。请各位读者前往扫描二维码，免费对照阅读。对于给您带来的麻烦和不便，我们表示歉意并请您谅解。

　　同时，应该指出的是，撰写零售业年度监测报告这一庞大的系统工程，既要全面反映中国零售业的年度发展特点，又要避免成为年鉴或者大事记，同时还要体现对中国零售业分析研究的成果，任务艰巨。我们将竭尽全力撰写高质量的中国零售业年度监测与分析报告，但其中可能会有一定的遗漏或者错误，责任在我们，敬请读者批评指正。

（王　强）

第2章 中国经济增长与零售商业

本章首先对 2019 年中国零售商业的发展与国民经济基本关系进行监测与分析，包括 GDP、投资、税收、就业、利用外资、对外投资、人口、居民收支、三类消费、工农业生产、电子商务、物流运输、货币流通、消费贷款、地区发展等；其次对中国零售业 2019 年的发展情况进行综述，包括行业总体情况、各主要综合业态情况、各主要专业业态情况、公司管理运营和政策法规综合事务等；最后对行业发展的主要指标，整理制作了零售商业发展一览表——"中国零售商业的一天"，并区分为 2019 年和 2018 年两张表。①

本报告附录编制了 3 张数据分析表用于监测分析中国经济和零售商业 2018—2019 年的总体情况与结构比例问题，请读者扫描本报告附录的二维码免费下载查阅。

2.1 中国的经济增长与零售商业

2.1.1 宏观经济增速持续下滑，消费与零售商业增幅亦有回落

2019 年国民经济总量虽然继续增长，但是增幅较上年出现高达 0.5 个百分点的降幅，跌落至 6.1%，创十年来新低。全年实现了约 99 万亿元的 GDP，平均每天创造 GDP 约为 2 712.3 亿元，全国人均 GDP 约为 7.08 万元。其中，第三产业增速也有所下降，实现增加值 53 万亿元，三产占比第 5 年突破 50%，达到 53.9%。

如图 2-1 所示，全年零售和消费市场受宏观经济形势拖累，虽然社会消费品零售总额（简称社零额）整体增长至 41 万亿元，但增速出现了较大回落，下降了 1 个百分点，回落至 8%。平均每天实现社零额约 1 127.8 亿元，全国人均年社零额为 2.94 万元。其中，城镇消费品零售额为 35.13 万亿元，约占 85.34%，和去年基本持平；商品零售额为 36.49 万亿元，占比微幅下降了 0.15 个百分点，降至约 88.65%。

从发展趋势来看，按照当年统计公报口径的中国社会消费，一方面 GDP 和社零额增速都呈现整体下滑态势，延续了"十二五"以来的下降态势，增长率整体呈现逐年降低走势，2019 年形势依然严峻，GDP 增速大幅降低。同期，社零额增长率则从"十一五"末期以来呈现基本同步下降趋势，从 2010 年的 18.3% 下降到 8%，降低了 10.3

---

① 由于国家统计局统计数据发布时间限制的原因，本报告 2019 年数据采用国家统计局 2020 年 2 月 28 日发布的《中华人民共和国 2019 年国民经济和社会发展统计公报》口径数据，但由于统计公报仅有全国层面的基本总体数据，所以其他部分的细项数据采用《中国统计年鉴 2019》《中国贸易外经统计年鉴 2019》和《中国城市统计年鉴 2019》所刊载公布的 2018 年数据，及以前年份《中国统计年鉴》《中国贸易外经统计年鉴》和《中国城市统计年鉴》的当年版本数据。

个百分点，特别是 2018 年、2019 年两年，下滑态势更甚于 GDP 的下滑。

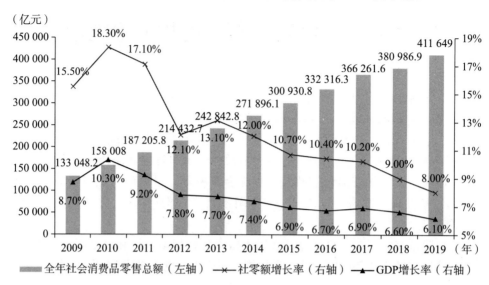

图 2-1　社会消费品零售总额及其增长率与 GDP 增长率（2009—2019 年）

　　另一方面，2006 年以来社零额增速保持了显著高于 GDP 增长率的态势，2008 年差值的峰值达到约 12.6 个百分点。但 2013 年后两者差距持续缩小到 2019 年的 1.9 个百分点，这从总体上反映出国民经济、国内消费与零售商业经营双双遇到一定困难，叠加 2018 年、2019 年我国出口受阻以及经济转型，虽然政策上开始转向内需市场，但是经济下滑带来的收入降低效应，导致消费不振，增速放缓程度更甚于经济增速的放缓。另外，按照《中国统计年鉴 2019》追溯调整后的数据，社零额占 GDP 比例从"十一五"末期的 38.18％增长到 2016 年的 44.52％，其后的三年则连续回落至 41.1％。批发和零售业增加值也逐步提高，占比则从 2010 年的 8.71％增长到 2014 年的 9.82％，随后连续小幅回落至 2018 年的 9.67％。[①]

2.1.2　零售商业固定资产投资降幅仍大，但略有收窄

　　2019 年我国全年投入的全社会口径固定资产投资（不含农户）约为 55 万亿元，全国人均约为 3.9 万元。其中，批发和零售业固定资产投资增速在主要行业中降幅仅次于建筑业，并且全行业整体连续 4 年下降，但降幅由 2018 年的 21.5％缩窄至 2019 年的 15.9％[②]。

　　[①]　2010—2018 年的社零额、批发和零售业增加值占 GDP 比重数据，为根据相关统计年鉴追溯调整的数据。

　　[②]　国家统计局 2020 年 2 月 28 日发布的《中华人民共和国 2019 年国民经济和社会发展统计公报》与 2018 年一样，未公布分行业固定资产投资（不含农户）的投资额数据，仅公布了增长速度，批发零售业为 -15.9％。另外，按照《中国统计年鉴 2018》口径，2017 年批发和零售业固定资产投资约为 1.68 万亿元，平均每天约为 45.97 亿元，全国人均约为 1 207.12 元。

从发展趋势来看，如图 2-2 所示，多年来我国固定资产投资增速一直高于 GDP 增速，"十二五"期间年均增长率为 16.99%，高出 GDP 年均增速约 6 个百分点，但进入"十三五"时期，我国固定资产投资增速 2016—2019 年连续大幅度下降至 5.4%[①]。

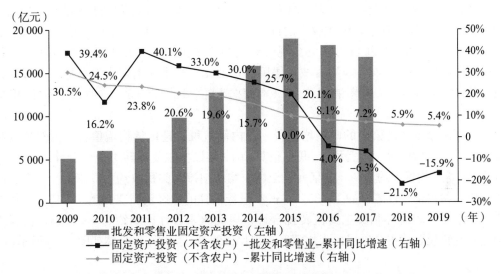

图 2-2　批发和零售业固定资产投资及其增长率（2009—2019 年）

遗憾的是，2018 年以来的国民经济和社会发展统计公报和统计年鉴，不再公布投资额的数据，仅仅公布比上年增长速度的数据，这就使得我们已经连续多年的批发和零售业固定资产投资监测，特别是投资额总量、新增固定资产投资、城镇零售业 50 万元以上的施工项目和建成投产项目等多组监测指标被迫停止。一方面，我们无法从总量上客观估计和分析研判；另一方面，由于统计局公布的增长速度指标有较多未予公开的调整细节，因此我们也无法在固定资产投资的多组细项指标上直接采用其增长率来分析，仅能根据其在每年初统计公报上公布的"固定资产投资（不含农户）-累计同比增速"和"固定资产投资（不含农户）-批发和零售业-累计同比增速"，来进行近似的分析研判，可能会和真实情况有所出入。

从批发和零售业固定资产投资增速情况来看，"十三五"以来，我国扭转了之前高出全社会固定资产投资增速约 10 个点的良好态势，出现了较大幅度的下跌，特别是 2018 年恶化到 −21.5%，2019 年略有收窄。从批发和零售业内部的企业监测情况来看，传统的百货、商超等业态较少新增投资，2017 年以来借着新零售风口，社会资本对便利店、无人店、生鲜店的投资建设热情高涨，支撑了建设项目数量的增长，但是 2019 年以来，投资风口消退，业内企业改为对存量资产进行整合，新增建设项目也持续减少。

---

① 本数据系按照国家统计局发布的统计公报，2019 年全国固定资产投资（不含农户）为 55 亿元，增速为 5.4%。2018 年增速为 5.9%，但是，根据中国统计年鉴数据追溯调整后数据计算得出，2018 年仅为 0.63%。

2.1.3　税负对消费与市场的压力整体仍然较高，但增速有所下降

2019 年全国实现全年公共财政收入 19 万亿元，平均每天约为 521.6 亿元，全国人均约为 13 598 元，其中，税收收入的部分为 15.8 万亿元，平均每天约为 432.9 亿元，全国人均缴纳税收约为 11 285 元。税收约相当于全国城乡可支配收入与纯收入总量（本报告预估）的 35.28%，约占城乡居民消费性支出与生活消费支出总量（本报告预估）的 50.7%，约占最终消费支出（本报告预估）的 28.65%，约占全年社零额的 38.38%。

根据国家统计局公布的国内增值税、国内消费税、进口货物增值税、消费税（扣减出口货物退增值税、消费税），我们估算 2019 年以上主要流转类税收合计约为 7.42 万亿元[①]，平均每天约为 203.3 亿元，全国人均缴纳流转类税收约为 5 301 元。主要流转类税收约占全年社零额的 18.03%，占本报告估算的最终消费支出的 13.46%。从人均水平来看，2019 年估算主要流转税合计占居民收入合计比例约为 16.58%，估算人均主要流转税合计占全国居民人均消费支出比例约为 23.82%，具体如图 2-3 所示。

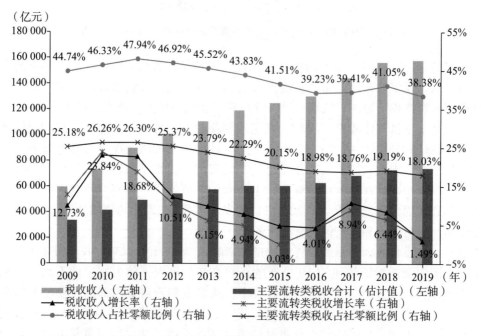

图 2-3　税收收入、主要流转税及其占社零额比例（2009—2019 年）

从发展趋势来看，在过去的十年中，税收收入和流转税收入虽然总量增长，但是增速都出现较大幅度波动。在"十一五"期间较大波幅基础上，"十二五"期间呈现增

---

①　根据国家统计局 2019 年月度累计值计算，其中已无营业税数据。

长率逐年下滑态势，年均增速为 11.28%，2015 年和 2016 年流转税和整体税收收入增速分别降至最低点。但"十三五"之后，虽然推进了"营改增"的降税措施，但由于税收征管的从严，因此税收收入和流转税收入增速都有加快迹象，特别是 2017 年、2018 年连续两年税收增长率超过 GDP 增长率，对企业经营、经济复苏与消费提振等都形成了事实上的负面压力。但是，2019 年两类口径的税收增速显著下降，这既有国家减税政策开始逐渐落实的原因，也有经济形势恶化导致税基缩减带来的税收征缴下降的原因。

2.1.4　批发和零售业是就业主力军，但内部结构分化明显

从全国的就业情况看，2019 年全国就业实现 7.75 亿人，较上年微幅减少 115 万人，其中城镇部分提供就业 4.42 亿人，农村部分 3.32 亿人。近五年总就业基本稳定，结构上有所分化，城镇部分实现就业近五年间年均增长率 2.39%，乡村部分则年均减少 -2.62%。从已经公布的就业结构细分数据（截至 2018 年）看，相比于城镇单位就业人数年均增速（近五年）2.57%，特别是国有单位、集体单位等的年均 2.05% 和 9.31% 的减少率，全国的私营企业和个体就业实现 3.74 亿人，较上年增加了 3 306 万人，近五年年均增速为 11.35%，是提供就业增长的主要部分。

从总量看，批发和零售业一直是我国就业提供领域当之无愧的主力军。如表 2-1 所示，根据本报告估算，批发和零售业 2018 年提供了 1.53 亿人的就业岗位，近五年年均增速为 9.7%，从全国占比角度来看，批发和零售业就业人员占全国就业人员数量比例持续增长，五年间增加了约 7.22 个百分点，2018 年达到 19.74%。

表 2-1　批发和零售业就业情况一览表（2016—2019 年）

序号	分项目就业情况	2016 年	2017 年	2018 年	2019 年
1	全国就业人员-合计（万人）	77 603	77 640	77 586	77 471
	其中：城镇就业人员（万人）	41 428	42 462	43 419	44 247
	其中：乡村就业人员（万人）	36 175	35 178	34 167	33 224
2	按登记注册类型和行业分城镇单位就业人员数（万人）	17 888	17 644	17 258	
	其中：批发和零售业（万人）	875	843	823	
	各地区按行业分私营企业和个体就业人数（万人）	30 859	34 107	37 413	
	其中：批发和零售业（万人）	12 252	13 266	14 495	
	各地区按行业分城镇私营企业和个体就业人数（万人）	20 710	22 675	24 392	
	其中：批发和零售业（万人）	8 726	9 355	9 838	
	推算：乡村私营企业和个体就业人数（万人）	10 149	11 432	13 021	
	推算其中：批发和零售业（万人）	3 527	3 911	4 657	

续表

序号	分项目就业情况	2016 年	2017 年	2018 年	2019 年
3	估算：批发和零售业全部就业人数（万人）	13 128	14 109	15 318	
	其中：城镇部分-批零业就业（万人）	9 601	10 198	10 661	
	其中：乡村部分-批零业就业（万人）	3 527	3 911	4 657	
4	城镇单位就业人员工资总额（万元）	120 075	129 889	141 480	
	其中：批发和零售业（万元）	5 681	5 980	6 629	
	城镇单位就业人员平均工资（元）	67 569	74 318	82 413	
	其中：批发和零售业（元）	65 061	71 201	80 551	
	城镇私营单位就业人员平均工资（元）	42 833	45 761	49 575	
	其中：批发和零售业（元）	39 589	42 359	45 177	
5	限额以上批发和零售业-法人企业数（个）	193 371	200 170	211 515	
	年末从业人数（万人）	1 194	1 184	1 185	
	限额以上零售业-法人企业数（个）	98 305	99 182	97 819	
	年末从业人数（万人）	698	677	658	
6	地级城市合计-全市-批发和零售业从业人员（万人）	998	963	966	
	市辖区-批发和零售业从业人员（万人）	700	675	711	

从批发和零售业提供就业的内部结构看，2018 年私营企业和个体就业人数为 1.45 亿人，近五年年均增速 10.62%，低于全国平均水平约 0.73 个百分点；其中，城镇部分 9 838 万人，近五年年均增速 9.91%。但是，批发和零售业中城镇单位提供了就业人数 823 万人，近五年年均减少 1.56%。

从所有制构成来看，批发和零售业国有单位的就业人数继续减少，2018 年仅 60.6 万人，近五年年均减少 11.26%，减少速度远高于全国 2.05% 的平均水平，反映出批发和零售业国有资本退出速度仍然较快。城镇集体单位的就业人数也有相应的缩减速度，2018 年仅 17.8 万人，近五年年均减少 14.21%。

从限额以上企业数量和就业提供来看，2018 年全国批发和零售业有限额以上法人企业 21.15 万个，近五年保持了年均 4.23% 的增速，但近年来增速已经放缓，提供就业 1 185 万人，较上一年基本持平，近五年年均增速为 0.78%，占全国全部批发和零售业就业的比例下降至 7.73%。其中，纯粹零售业部分，限额以上法人企业为 9.78 万个，近五年年均增速为 4%，提供就业 658 万人，近五年年均增速为 0.07%，导致就业占比下降到 4.29%。究其原因，批发和零售业中较大规模的限额以上企业虽然全社会进入热情较高，仍然在企业数量上实现了较高的年均增长速度，但是限额以上企业规模相对较大，劳动密集程度相对较小，就业吸纳能力放缓甚至在近两年就业人数减少 21 万和 19 万人。

从零售业提供就业的地区差别来看，如图 2-4 所示，一方面，本报告估算的 2018 年城镇部分实现的就业（包含城镇单位、城镇私营企业和个体）合计 1.07 亿人，乡村

部分（包含乡村私营企业和个体）约为 4 657 万人，近五年来分别保持了 8.7％和
12.24％的较高增速。城镇部分的就业总量仍然是批发和零售业就业的主导部分，占比
为 69.6％，但较上一年大幅下降了 2.68 个百分点。

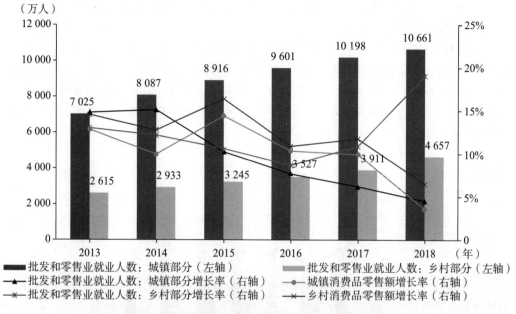

图 2-4　城乡批发和零售业就业情况（2013—2018 年）

　　另一方面，地级以上城市口径指标显示①，2018 年合计提供批零业就业 966 万人，
较上一年度小幅增加 3 万人，其市辖区部分提供就业 711 万人，相较上一年有 36 万人
的提高。

　　从批发和零售业就业人员的收入水平来看，2018 年城镇单位的批发和零售业人员工资
水平约为 8.06 万元/年，近五年年均增速为 9.87％，和全国平均增速水平基本持平，金额约
为平均水平的 97.7％；城镇私营单位就业人员工资水平近五年年均增速为 8.1％，但由于基
数较低，到 2018 年仅为 4.52 万元/年，也只到全国水平的 91％。另外，从本报告估算的城
乡批发和零售业劳动效率来看，2018 年分别实现城镇 30.54 万元/人和乡村 11.89 万元/人。

2.1.5　受内外环境影响，零售商业利用外资与对外投资有所回落

　　2019 年我国的国家外汇储备有所企稳，较上一年增加了 352 亿美元，增幅为
1.15％，从近五年情况看，年均减少 4.16％，从 2014 年的峰值 3.84 万亿美元减少到
了 3.11 万亿美元，全国人均减少到 2 220 美元。

---

　　①　地级以上城市就业数据，系根据国研网区域经济数据库、《中国城市统计年鉴 2019》的市级
数据库中全部地级以上城市数据加总得来。

从发展趋势来看，外商投资者对于中国的批发和零售业表现出浓厚兴趣。从全国外商直接投资合同项目个数（国家统计局后期调整为新批家数口径）角度看，"十三五"期间有较大增长，年均增速达到 10.88％，较"十二五"期间高出 4.7 个百分点，达到 13 837 个，直接拉动了近五年增长率提升至 11.64％，和全国近五年的增长率基本持平，占全国的 33.84％。

同时，在全国外商直接投资实际使用金额基本稳定增长（近五年增长率 2.93％）的背景下，过去五年间批发和零售业外商直接投资实际使用金额出现较大幅度的波动，如图 2-5 所示，在 2017 年和 2018 年出现-27.68％和-14.91％下降的基础上，2019 年降幅缩减至 7.79％，跌至 90.1 亿美元，近五年增长率呈现出过山车态势，年均增速也被拉低至 1％。

图 2-5　批发和零售业外商直接投资与对外直接投资（2009—2019 年）

从外商投资企业注册登记企业数情况看，批发和零售业 2018 年底为 16.57 万户，在"十二五"期间年均增速 11.31％的基础上，"十三五"的三年间继续保持了较高增速，达到 14.7％，分别高出全国平均水平 9.8 和 7.5 个百分点，占全国 59.3 万户的比重提高到 27.9％。批发和零售业整体的注册资本近五年实现了 21.29％的高速增长，2018 年达到 2 911 亿美元，但是仅占全国的 6.8％。基于行业外资进入规模小、数量多的特点，折算到每个企业，批发和零售业外商投资企业的企均注册资本、企均投资总额、平均每个合同项目实际使用金额等，仅为全国平均水平的 1/4～1/3。

从对外投资情况看，2016 年之前，我国的非金融领域对外直接投资额保持较高增速，2016 年达到峰值 1 962 亿美元后，已经连续三年负增长，跌至 1 106 亿美元。与此同时，批发和零售业的对外投资的增长态势一直保持到 2017 年，达到了 263 亿美元，但是，受到贸易摩擦和外汇管制的影响，批发和零售业对外投资出现了断崖式下跌，2019 年为 125.7 亿美元，近五年也变为年均减少 7.23％，占全国比重为 11.4％。另外，对外直接投资存量保持了较高增速，近五年年均增速为 21.56%，2018 年达到 2 327 亿美元。预计未来外汇管制将会持续，批发和零售业对外投资总量上仍不容乐观。

2.2　中国的人口、收支与消费

2.2.1　居民消费增速下滑态势有所企稳，乡村增速回升较快

2019 年底中国总人口为 14 亿人，实现了 41.2 万亿元的社零额①，增长率进一步下滑至 8%，其中，城镇人口为 8.48 亿人，实现社零额 35.13 万亿元，农村人口为 5.52 亿人，实现社零额 6 万亿元。全部就业人员为 7.75 亿人，其中城镇就业人员为 4.42 亿人，另外，农民工总量为 2.91 亿人。

在人口总量保持基本稳定的背景下，我国社会消费的增长，主要依靠的是城乡居民人均消费力量的增长。如图 2-6 所示，2019 年城镇居民人均消费支出的总量达到了 2.8 万元/人，但是增速自"十二五"期间以来有所下滑，2018 年、2019 年连续两年略有回暖至 7.47%，按照城镇人口总量，本报告估算全国实现城镇居民消费支出约 23.8 万亿元。农村居民人均消费支出在 2016 年迈上万元大关后，2018 年继续增长至 1.33 万元，按照乡村人口总量，本报告估算全国实现农村居民消费支出约 7.35 万亿元，合计估算全国实现居民消费支出约为 31.2 万亿元。

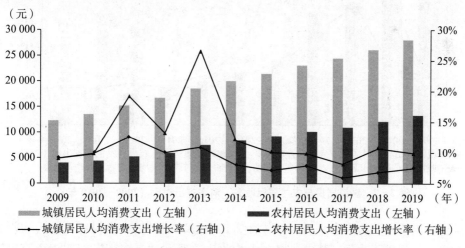

图 2-6　城镇居民和农村居民人均消费支出及其增长率（2009—2019 年）

从发展趋势来看，城镇居民人均消费支出增长率自从迈入"十二五"期间以来，就一直低于农村居民，特别是近五年年均增长率为 7.04%，低于农村居民的 9.72% 的年均增长率约 2.7 个百分点，农村市场成为消费增长的关键部分和新引擎；但是，从

---

①　关于居民部分实现的社零额计算问题，本报告根据 2018 年消费支出中政府消费占比 30.03% 来估算，2019 年社零额中政府消费部分约为 12.36 万亿元，居民消费实现的部分约为 28.8 万亿元。

总量上看，由于近年来中国城市化进程仍在推进过程中，近五年城镇总人口和乡村总人口的年均增长率呈现2.52%和-2.27%的剪刀差，总人口差距扩大到2019年的2.97亿人，使得城镇部分的社会消费品零售总额仍然处于主导地位，占比为85.34%。

推动消费的核心力量是收入水平。2019年城镇居民人均可支配收入为4.2万元，按照城镇人口总量，本报告估算全国约有35.94万亿元，农村居民人均纯收入为1.6万元，按照乡村人口总量，本报告估算全国约有8.84万亿元，合计估算全国约有城乡收入44.78万亿元。

从发展趋势来看，如图2-7所示，城乡居民收入保持了较快增长，近五年来年均增长率分别达到8%和8.84%。从城乡内部对比来看，农村居民收入增长率高于城镇居民成为过去十年间的主要特点。但是"十二五"期间以来，农村居民的人均收入增长率呈现较快下滑态势，虽然仍较城镇增速为高，但增速差距已经由"十二五"期间的3.7个百分点缩小到2017年的约0.4个百分点。近两年增速差距有扩大趋势，2019年达到约1.7个百分点。

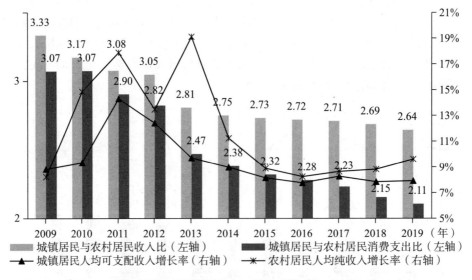

图2-7 城镇居民与农村居民收入、消费支出对比（2009—2019年）

综合收支两方面的因素来看，整体而言，中国城镇居民和农村居民的人均收支差距在过去十年间显著改善，其中，城乡人均收入差距在"十二五"期间，全面扭转了之前扩大的局面，差距开始逐年缩小，从"十一五"期间的峰值3.33持续缩小到2019年的2.64；城乡居民人均消费差距在"十二五"期间以更快幅度下降，"十二五"末已经缩小到2.32，2019年又进一步下降到2.11。

2.2.2 工资增速快于GDP增速，带动消费与零售商业增长

根据目前中国的法律法规，国家实行劳动者从全年日历时间365天中扣除52个星

期的公休日 104 天,扣除法定节假日 11 天,全年应工作 250 天,每月平均工作 20.83
天,每天工作 8 小时。

从 2020 年 4 月 26 日国家人社部在其官网更新的"全国各地区最低工资标准情况
(截至 2020 年 3 月 31 日)"情况看,北京、天津、上海、广东、深圳这五个地区的最
低小时工资标准迈入 20 元大关,北京最高,为 24 元,黑龙江、湖南的最低一档分别
为 12 元、12.5 元。

但是,综合考虑中国真实时薪的可比性、权威性和连续性,以及有 85% 的社零额
是在城镇实现,本报告采用了国家统计局年度公布的城镇单位就业人员平均工资数据
进行分析,对应的消费和零售数据调整成城镇部分。2018 年城镇单位就业人员年平均
工资为 8.24 万元,折算时薪为 41 元/小时,日薪为 330 元/日/人,近五年年均增速为
9.87%。与此同时,城镇私营单位就业人员年平均工资仅为 4.96 万元,折算时薪为
25 元/小时,日薪为 198 元/日/人。后者仅是前者工资水平的 60%,近五年年均增速
为 8.67%。[①] 另外,国家统计局没有公布农村地区的相应工资水平,我们参照外出农民
工人均月收入水平进行折算,2018 年农民工折算时薪为 22 元/小时,日薪为 179 元/
日/人,近五年年均增速为 7.36%。

如图 2-8 所示,从发展趋势看,过去五年间城镇单位就业人员的平均工资年均增
长率高于私营单位就业人员约 1.2 个百分点,导致两者的工资差距从 2013 年的 18 777

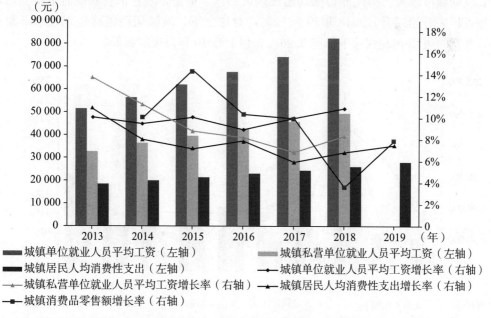

图 2-8　城镇平均工资水平与消费支出、零售额对比(2013—2019 年)

----

① 根据国家统计局数据,2018 年批发和零售业城镇单位就业人员平均工资为 8 万元/人,城镇
私营单位为 4.5 万元/人,均低于全国平均水平,其时薪和日薪水平也相应降低。

元拉大至 2019 年的 32 838 元。同时，从各年趋势看，"十二五"期间以来，两类工资增长率都呈现下降态势，导致 2011 年以来的消费性支出和消费品零售额的持续下降，但私营单位的工资增长率的降幅相对更大，也仅在 2018 年有所回弹。

2.2.3 城镇居民消费总量增速持续下滑，农村总量增速有所反转

从消费总量看，根据国家统计局公布的数据，按照支出法计算的 GDP 中，2018 年城镇居民消费 27.7 万亿元，农村居民消费 7.7 万亿元，政府消费 15.2 万亿元，三类消费近五年间都呈现较快增长，年均增长率分别是 10.9％、10.26％和 10.05％，合计最终消费支出为 50.6 万亿元，年均增长率为 10.54％。2018 年最终消费支出对 GDP 增长贡献率暴增了 18.6 个百分点，达到 76.2％，拉动 GDP 约 5 个百分点。

对于 2019 年，由于缺少国家统计局正式公布的数据，本报告根据全国人均消费和人口总量，估算城镇居民消费支出约为 23.8 万亿元，农村居民消费支出约为 7.35 万亿元，合计约为 31.16 万亿元。另外，根据社零额中政府部分上年占比 30.03％来估算，在本年的社零额中，估计约由政府实现 12.36 万亿元，居民实现 28.8 万亿元，约占全国城乡居民收入合计总量的 64.32％。

从发展趋势来看，如图 2-9 所示，三类消费支出总量在持续增长，但是从增长率看，波动幅度较大，2011 年以来均出现较大回落。但是，农村消费和政府消费支出增长率近年来开始回升，2018 年约为 12％，对比之下，城镇居民消费呈现逐步下滑态势，2018 年更是出现快速下降至 9.96％，创下 2010 年以来的新低。

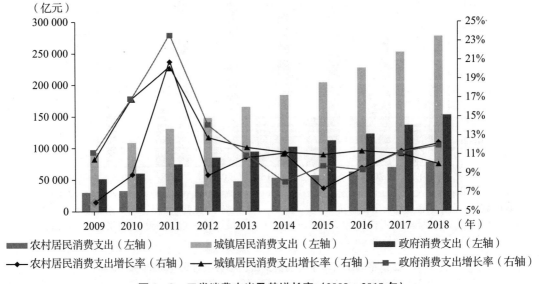

图 2-9 三类消费支出及其增长率（2009—2018 年）

从结构上看，尽管农村居民人均消费支出增长率自 2011 年以来持续高于城镇居民，但是由于城镇整体人口结构的持续增长和农村人口总量的持续流出，因此农村部

分的消费总量增长率除个别年分外，一直低于城镇部分，城镇居民消费在三类消费中占比从 2005 年的 53.5% 左右提高到 2018 年的 54.71%，农村消费的比重则降低至 15.25%，呈现逐步缓慢下滑态势。但这一趋势在 2017 年开始反转，农村消费支出增长率大于城镇 0.21 个百分点，2018 年扩大至 2.19 个百分点。

2.2.4　网络零售增速仍处高位，占比继续提升

从网络零售的总量上看，根据国家统计局统计公报[①]，2019 年全年网上零售额为 10.63 万亿元[②]，按可比口径计算，比上年增长 16.5%[③]，增速回落了 7.4 个百分点。折合每天约为 291.3 亿元，全国人均约为 7 594 元。按照全国互联网上网人数 9.04 亿人折算，人均网上零售额为 11 761.5 元。

其中，全年实物商品网上零售额为 85 239 亿元，按照统计公报口径，比上年增长 19.5%，增速回落了 5.9 个百分点，占社会消费品零售总额的比重为 20.7%，比上年提高 2.3 个百分点。另外，本报告按照商品零售额口径，计算 2018 年网上商品零售额的占比约为 23.36%。

如图 2-10 所示，从网上零售的发展趋势来看，如果按照当年统计公报的网上零售数据计算，之前年份按照统计年鉴进行追溯调整后计算，网上零售额 2019 年增长率为 18.05%，出现了明显下降，但整体仍然保持了一个非常高的增速，其占社零额的比重在过去的五年里从 10.26% 提高到 25.83%。

图 2-10　网上零售及其增长率和占比（2014—2019 年）

---

①　国家统计局从 2015 年 2 月开始，在当年的国民经济和社会发展统计公报中公布前一年网络零售商业的发展情况和基本数据，2019 年统计公报中是第 6 次公布。

②　网上零售额是指通过公共网络交易平台（主要从事实物商品交易的网上平台，包括自建网站和第三方平台）实现的商品和服务零售额。

③　本数据系《中华人民共和国 2019 年国民经济和社会发展统计公报》中直接披露的增长率数据。

从网上商品零售额的发展趋势来看，因为网上零售额增速回落更快，导致 2018 年、2019 年出现了网上商品零售额增长率高于网上零售额增长率的情况，但也相比于前几年的高速增长有所放缓到 21.43％，其占全国商品零售额比重也较 2015 年的 12.07％，在五年里提高了约 11.29 个百分点，达到了 23.36％。

2.3 零售商业与经济发展的结构比例

2.3.1 社会物流总量持续优化，零售商业与工农业生产的比例趋稳

在过去五年间，中国的农业、工业生产保持了基本稳定的增长势头，但是近五年年均增速仅分别为 4.04％（2018 年农林牧渔业总产值口径）和 0.39％（2018 年工业总产值口径），对比中国零售商业中商品零售额 9.24％（2019 年数据）的年均增长速度，有大约 6～9 个百分点的差距，导致了农林牧渔业总产值、规模以上工业企业工业总产值[①]这两个指标与商品零售额的比例逐年下降，从 2011 年的 0.50 和 5.16 降低至 2018 年的 0.34 和 3.10，如表 2-2 所示。同时，全年全部工业增加值占商品零售额比重呈现波动态势，2019 年为 0.90。

表 2-2　零售商业和工农业生产及运输（2014—2019 年）

项目	2014 年	2015 年	2016 年	2017 年	2018 年	2019 年	单位
农林牧渔业总产值（亿元）	97 823	101 894	106 479	109 332	113 580		亿元
规模以上工业企业工业总产值	1 107 033	1 109 853	1 158 999	1 133 161	1 049 491		亿元
全年全部工业增加值	233 856	236 506	247 878	278 328	305 160	317 109	亿元
农林牧渔业总产值和商品零售额比例	0.42	0.38	0.36	0.33	0.34		
规模以上工业企业工业总产值和商品零售额比例	4.72	4.13	3.91	3.47	3.10		
全年全部工业增加值和商品零售额比例	1.00	0.88	0.84	0.85	0.89	0.90	
每万元商品零售额所拥有货物运输总量	17.77	15.55	14.79	14.71	15.21	15.22	吨/万元
每元商品零售额所拥有货物运输周转量	0.77	0.66	0.63	0.60	0.61	0.61	吨公里/元
全国社会物流总额	213.5	219.2	229.7	252.8	283.1	298	万亿元
社会物流总费用	10.6	10.8	11.1	12.1	13.3	14.6	万亿元
物流业总收入	7.1	7.6	7.9	8.8	10.1	10.3	万亿元

---

① 由于国家统计局的统计口径变化，因此规模以上工业企业工业总产值口径指标基本上被规模以上工业企业主营业务收入指标所替代。

2019 年中国的全年货物运输出现回落，货物运输总量为 471 亿吨，货物运输周转量为 19.9 万亿吨公里，"十三五"期间这两个指标虽然整体有增长态势，但增长率受到中国实体经济下滑的影响而呈现低位波动，2019 年总量出现较大回落，最终拉低了近五年来的年均增速，分别仅为 1.42％和 1.41％。

从全国社会物流总额对应的角度看[①]，2019 年实现 298 万亿元，近五年的年均增速为 6.9％，估算平均每吨货物的货值约为 6 332 元，平均周转里程约为 423 公里[②]。社会物流总费用为 14.6 万亿元，近五年年均增速为 6.61％，占 GDP 比重从 2013 年的 18％下降到 14.7％。

对应到中国的零售商业发展，每万元商品零售额所拥有货物运输总量"十二五"期间以来有明显相对下降情形，从 2010 年的 23.26 吨/万元降低至 2019 年的 15.22 吨/万元。同期，每元商品零售额中所拥有货物运输周转量也从 2010 年的 1.02 吨公里/元逐渐下滑至 2019 年的 0.61 吨公里/元。这也反映出流通改革和零售发展，缩短了商品流通渠道，优化了路途周转和运输时间。

2.3.2　快递物流仍处高速增长阶段，单位成本降幅趋缓

中国目前拥有全世界最大规模的互联网上网人口数量，2019 年达到 9.04 亿人，互联网宽带接入户数 2018 年将近 4.07 亿户。受此推动，中国的网上零售和快递物流发展迅猛。

从快递物流的发展情况看，全国快递业务量在过去的五年间保持了年均 35.4％的高速增长，2019 年达到 635.2 亿件，快递业务收入年均增长率为 29.67％，达到 7 498 亿元。从发展趋势来看，快递业务量的爆发期是 2011—2013 年，每年的增长率高达 57.04％、54.79％和 61.58％，近两年增速有所下滑，但也保持在 26％～28％区间。

从降本增效角度看，"十二五"以来快递业务的大发展，推动了行业效率提升以及成本和运费下降，如图 2-11 所示，每件快递成本（收入）已经从"十一五"末期的 24.57 元，下降到"十二五"末期的 13.4 元，2019 年进一步降低至 11.8 元，成本的下降又相应推动快递业务愈发普及，形成良性循环。

从全国商品零售和快递物流的关系来看，"十二五"期间，全国商品零售额中每万元使用快递业务量从"十一五"末期的 1.68 件增长到 7.69 件，2019 年进一步扩大至 17.41 件。结合前述，虽然快递业务本身的单价有所下降，但是综合下来，每万元商品零售额中发生快递费用也从"十一五"末期的 41.23 元增长到 2019 年的 205.47 元，近五年年均增速为 18.7％。

---

①　中国的社会物流指标数据，根据中国物流与采购联合会、中国物流信息中心等公布的历年"全国物流运行情况通报"汇总整理得出。

②　平均每吨货物的货值计算公式为全国社会物流总额/货物运输总量，平均周转里程计算公式为货物运输周转量/货物运输总量，进行估算得出。

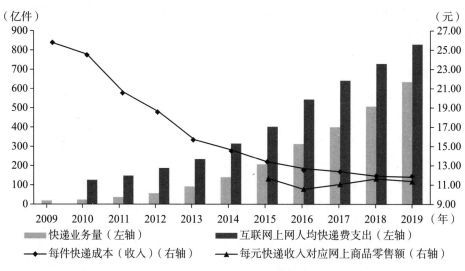

图 2-11 快递业务量、成本及其与物流零售（2009—2019 年）

从网络零售与新兴快递物流关系来看，按照 2019 年全国互联网上网人数 9 亿人折算，互联网上网人口的人均全年网上零售额从 2014 年的 4 300 元增长到 2019 年的 11 761 元，人均快递量 2019 年增长到 70.27 件，是"十一五"末期 5.1 件的 13.8 倍，人均支出快递费约为 829.42 元，是"十一五"末期 125.65 元的 6.6 倍。2019 年快递应用更加普及，平均每件快递对应网上商品零售额约为 134.19 元，每元快递业务收入对应网上商品零售额约为 11.37 元。详情如表 2-3 所示。

表 2-3 网上零售与快递物流发展（2015—2019 年）

项目	2015 年	2016 年	2017 年	2018 年	2019 年	单位
快递业务量	206.70	312.80	400.60	507.1	635.2	亿件
快递业务收入	2 769.60	3 974.40	4 957.10	6 038.40	7 498	亿元
快递营业网点数	18.30		21.00	19.90	21	万个
快递汽车数	190 000	219 000	222 000	239 000	237 000	辆
互联网上网人数	68 826	73 125	77 198	82 851	90 359	亿人
互联网宽带接入用户	25 947	29 721	34 854	40 738		亿户
互联网普及率	50.3%	53.2%	55.8%	59.6%		
快递业务量和商品零售额比例	7.69	10.55	12.27	14.99	17.41	件/万元
快递业务收入和商品零售额比例	103.10	134.04	151.77	178.50	205.47	元/万元
快递业务量和全年网上商品零售额比例	63.75	74.58	73.09	72.24	74.52	件/万元
每件快递对应网上商品零售额	156.87	134.09	136.81	138.43	134.19	元/件
每元快递收入对应网上商品零售额	11.71	10.55	11.06	11.63	11.37	元/元
互联网上网人均全年网上零售额	5 633	7 050	9 294	10 864	11 761	元/人

续表

项目	2015 年	2016 年	2017 年	2018 年	2019 年	单位
互联网上网人均快递量	30.03	42.78	51.89	61.17	70.27	件/人
互联网上网人均快递费支出	402.41	543.51	642.13	728.35	829.42	元/人
每件快递成本（收入）	13.40	12.71	12.37	11.91	11.80	元/件
每元网上商品零售额中快递费占比	8.54%	9.48%	9.04%	8.60%	8.80%	
全年网上零售额占社零额比例	12.88%	15.51%	19.59%	23.64%	25.83%	
网上商品零售额占社零额比例	10.77%	12.62%	14.96%	18.43%	20.71%	
网上商品零售额占全国商品零售额比例	12.07%	14.15%	16.78%	20.75%	23.36%	

2.3.3　货币量增幅仍处高位，个人消费贷款方兴未艾

中国的货币流通和信贷发放仍保持高速增长，2019 年货币和准货币（M2）达到 198.6 万亿元，近五年的年均增长率高达 10.09%，高出了 GDP 约 3～4 个百分点，虽然进入"十三五"以来有所下调，但是整体增速仍然高出 GDP 增速约 2～3 个百分点。另外，2019 年狭义货币供应量（M1）达到 57.6 万亿元，流通中现金（M0）达到 7.72 万亿元；人民币存款达到 81.3 万亿元，五年间年均增长率为 10.1%。

据此折算，如图 2-12 所示，2019 年每元货币（M0）流通量所拥有社零额约为 5.35 元。每元货币（M1）流通量所拥有社零额约为 0.71 元。按照人民币存款余额口径计算的每元人民币存款所拥有社零额 2019 年为 0.51 元，近两年有所下降。

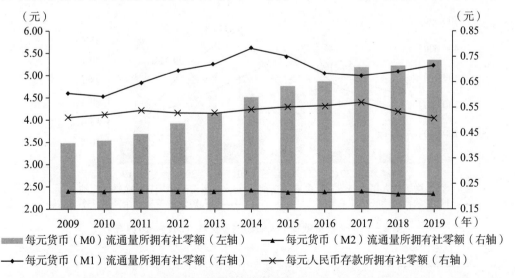

图 2-12　货币投放与社会消费品零售总额比值（2009—2019 年）

从发展趋势来看，每元货币（M2）流通量所拥有社零额在整个"十一五""十二五""十三五"时期都比较稳定，保持在 0.21～0.22 元水平，这是由于 M2 指标含有定

活期存款和保证金在内的储蓄存款，实质上是全社会消费支出的最终支付保证，也表明从社会消费的角度看货币投放量整体基本合理。

但是，由于流通中现金（M0）在"十二五"以来增速低于社零额增速，所以每元货币（M0）流通量所拥有社零额从 2010 年的 3.52 元增长到 2019 年的 5.35 元。每元货币（M1）流通量所拥有社零额增长出现波动，2014 年达到峰值 0.78 元之后已经连续下滑，2019 年为 0.71 元。

中国的消费贷款余额在过去五年间，出现快速增长的态势，到 2019 年，全部金融机构人民币消费贷款余额达到 44 万亿元，五年的年均增长率高达 23.4％，远高于同期 GDP 和社零额增速，每元社零额中所包含的消费贷款从 2011 年的 0.47 元增长到 2019 年的 1.07 元，折算到全国人均贷款为 31 404 元。

其中，作为零售消费核心指标的个人短期消费贷款余额增速更为惊人，过去五年间年均增长率高达 25％，到 2019 年，个人短期消费贷款余额达到 9.9 万亿元，折算到全国人均贷款为 7 087 元，实现了跨越式发展。每元社零额中所包含的个人短期消费贷款从 2011 年的 0.07 元快速增长到 2019 年的 0.24 元。这表明中国居民消费观念和支付形式的巨大变化，现代金融和信用消费已经成为新时期居民消费模式的主流之一。

从发展趋势看，如图 2-13 所示，全部消费贷款和个人短期消费贷款、个人中长期消费贷款增长率虽然有较大波幅，但仍能保持持续高位运行。受到房地产形势趋于稳定的影响，个人中长期消费贷款和全部消费贷款增长率呈现下滑态势。与此同时，近年来信贷消费方兴未艾[①]，但个人短期消费贷款增长率近年来波幅较大，2017 年达到 37.98％，随后逐年下降，2019 年跌至 12.76％。

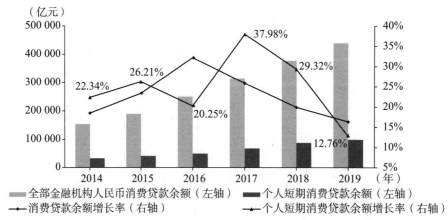

图 2-13　消费贷款及个人短期消费贷款（2014—2019 年）

---

① 2018 年 12 月 20 日，第一财经商业数据中心（CBNData）联合 20 余家数据源合作伙伴发布的《2018 中国互联网消费生态大数据报告》显示，90 后有明显的超前消费意识，信用消费习惯已经养成，是线上消费分期付款的核心人群。但 90 后的信用消费有节制，超过 90％的人不会把花呗的额度用完。

2.3.4　核心城市零售商业与地区发展较快，但近两年占比回落明显

根据国家统计局和《中国城市统计年鉴 2019》数据，2019 年中国有城市合计 684 个，其中，直辖市 4 个，副省级城市 15 个，地级城市 278 个，县级城市 387 个。大中型城市具有远超出其人口应有比例的生产能力和消费辐射能力，产业集聚和消费集聚继续深化。

从零售商业发展的城市地区结构分化来看，人口和消费的城市化集聚现象较为突出。中国的省会城市和计划单列市，作为国内的一线城市和二线城市的代表，2018 年仅用 19.37％的全国人口，创造了全国 38.73％的 GDP，占有 37.47％的城乡居民储蓄存款，贡献了 15 万亿元的社零额，占比为 39.67％。①

从发展趋势来看，中国的省会城市和计划单列市总人口保持了小幅增长流入态势，从"十一五"末期的 25 126 万人增长到 2018 年的 27 024 万人，占比也基本上稳定在 18％～19％。GDP 增长"十二五"期间经历了从 2010 年和 2011 年的 18.15％和 19.11％的相对高速，逐年回落到"十三五"以来的 8.6％，整体略快于全国水平，其占比形成了 M 形变化（见图 2－14）。相应的财富占有自 2004 年以来有一定波动，2010 年以后持续下降，2018 年省会城市和计划单列市城乡居民储蓄年末余额占全国比例相较于"十五"末期下降约 4.7 个百分点。社会消费水平自"十二五"以来基本保持稳定，消费能力占比大约维持在 40％左右。这表明中国的特大型城市集聚能力相对稳定，但是增长后劲相对开始减缓。

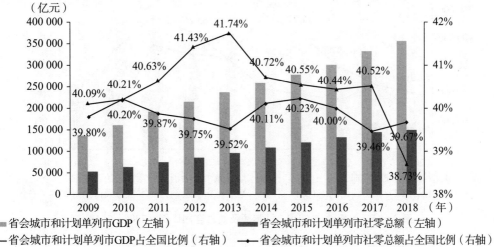

图 2－14　省会城市和计划单列市 GDP、社零额及其占全国比例（2009—2018 年）

中国的地级城市，按照市辖区口径，即一般意义上包含了一线、二线、三线和部

---

① 数据系根据国研网区域经济数据库的市级数据库中全部省会城市和计划单列市数据加总得来。

分四线城市的中国全部城市市区（即国家统计局口径的地级以上城市的市辖区）。截至 2018 年底，中国的地级城市拥有 35.09% 的全国人口，创造了全国 59.5% 的 GDP，实现了 23.28 万亿元的社零额，占比为 61.63%。①

中国的地级以上城市的市辖区在"十一五"和"十二五"两个五年规划期间，出现了较为明显的扩张态势，核心表现在市辖区城市土地面积和人口的双扩张上。一方面，所有地级城市市辖区土地面积从 2005 年的 57.4 万平方公里增加到 2016 年的 78.48 万平方公里，2017 年更是跳跃式地增长到 96.9 万平方公里，但 2018 年略有回落至 94.5 万平方公里，占全国的比例也从 2017 年的 10.09% 回落至 9.83%；另一方面，人口也有明显增长，从 2005 年的 3.6 亿人增长到 2018 年的 4.9 亿人，占全国的比例达到 35%，特别是"十二五""十三五"期间的城市人口加速流入，仅这 9 年占比就增加了约 6 个百分点。这充分反映了中国特色的城市化进程在近年间有加速的迹象，特别是以传统城市的面积扩张和人口涌入为主要推动力量。

在以上两个因素推动下，全部地级城市市辖区的 GDP 增速和消费增速在"十一五""十二五""十三五"时期，都呈现扩张态势。如图 2-15 所示，GDP 占比从"十一五"末期的 61.31% 提高到 2013 年的 63.87%，增长了 2.56 个百分点，但是 2014 年和 2015 年增速回落，占比也相应回落至 62.32% 和 62.45%，2016 年回升至 62.77%。需要注意的是，2017、2018 年 GDP 占比连续出现较大幅度回落，降至 59.50%，这说明了城市经济形势恶化的严峻局面。

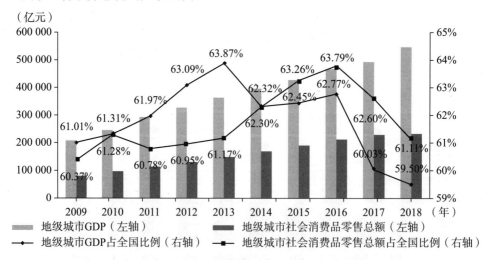

图 2-15　地级城市 GDP、社零额及其占全国比例（2009—2018 年）

全部地级城市市辖区的社会消费品零售总额占全国比例也呈现出类似规律，但是有一定的滞后性。社零额占比在"十二五"期间出现小幅度增长趋势，从"十一五"

① 数据系根据国研网区域经济数据库的市级数据库中，全部省会城市和计划单列市数据加总得来。其他各项数据，来源于《中国城市统计年鉴 2019》地级以上城市数据。

末期的 61.28%，提高到 2016 年的 63.79%，上升了 2.51 个百分点。但 2017 年后出现反转，连续两年下降了 2.68 个百分点。

2.4　中国零售业发展综述

由于行业数据获取原因，因此本节的数据涉及年份在各小节中有所差别：

（1）2.4.1 中国限额以上零售业发展、2.4.2 中国连锁零售业发展部分，采用 2018 年国家统计局数据；（2）2.4.3 中国综合零售业发展、2.4.4 中国专业零售业发展部分，采用 2018 年国家统计局数据和本报告撰写小组收集和监测的 2019 年数据；（3）2.4.5 中国零售业的管理、运营与综合事务部分，采用本报告撰写小组收集和监测的 2019 年数据。

2.4.1　中国限额以上零售业发展

由于行业数据，国家统计局仅公布了限额以上口径，且有一年滞后期，因此本报告根据《中国贸易外经统计年鉴 2019》中公布的 2018 年限额以上批发和零售业企业数据，汇总整理成为表 2-4 限额以上批发和零售业企业基本情况（2018 年），其中数据归口有所调整，具体说明如下：

（1）限额以上批发业指标加上限额以上零售业指标，等于限额以上批发和零售业总计指标；（2）按登记注册类型分，内资企业指标、港澳台商投资企业指标、外商投资企业指标等 3 项合计等于限额以上零售业指标；（3）按国民经济行业分，本报告的"行业：综合零售业"指标加"行业：专业零售业"指标等于限额以上零售业指标，但是，其中的"行业：综合零售业"不是原始统计年鉴中的综合零售，是本报告对原始年鉴中的综合零售业指标、货摊无店铺及其他指标等 2 项的合计，"行业：专业零售业"指标是本报告对原始统计年鉴中 7 项专门零售指标的合计；另外，原始统计年鉴中的百货零售指标、超级市场零售指标加总小于原始的综合零售指标，中间差值部分，本报告用"其他综合零售业"一栏来反映；（4）按零售业态分，"业态：综合零售业态"指标是本报告对原始统计年鉴中的超市指标、大型超市指标、百货店指标、无店铺零售指标等 4 项的合计，"业态：专业零售业态"是本报告对原始统计年鉴中的专业店指标、专卖店指标等 2 项的合计；本报告的"业态：综合零售业态"指标加"业态：专业零售业态"指标要小于限额以上零售业指标，中间差值部分，本报告用"业态：其他业态"一栏来反映；（5）按有无店铺分，有店铺零售、无店铺零售均是原始统计年鉴指标，合计等于限额以上零售业指标。

中国限额以上批发和零售业 2018 年实现商品销售额总计 69.1 万亿元，其中限额以上零售业实现 12.5 万亿元，如图 2-16 所示，扭转了上一年负增长的态势。从限额以上零售业发展的总体情况看，其商品销售总额"十三五"期间年均增速由"十二五"期间的 14.71% 下降至 3.04%，拉低了近五年的年均增长率下滑至 4.88%，显著低于消费增长率。

表 2-4 限额以上批发和零售业企业基本情况（2018 年）

项目	法人企业数（个）	年末从业人数（万人）	年末零售营业面积（万平方米）	商品销售额（亿元）	资产总计（亿元）	主营业务收入（亿元）	毛利润（亿元）	净利润（亿元）	毛利率	净利率	企均销售额（万元/企）	人均销售额（万元/人）	坪效（万元/平方米）
限额以上批发和零售业总计	211 515	1 184.5		691 162.1	309 482.2	607 683.3	46 811.0	11 663.9	7.70%	1.92%	32 677	583.5	
一、限额以上批发业	113 696	526.9		566 174.2	247 653.8	499 369.4	33 099.4	9 387.2	6.63%	1.88%	49 797	1 074.6	
二、限额以上零售业	97 819	657.6	33 764.8	124 987.9	61 828.3	108 313.9	13 711.6	2 276.6	12.66%	2.10%	12 777	190.1	3.70
1.按登记注册类型分													
国有控股	4 865	80.8	6 282.7	24 989.3	13 937.8	20 245.1	2 229.4	522.1	11.0%	2.6%	51 365	309.4	3.98
内资企业	95 563	567.8	29 875.0	108 532.1	52 599.2	94 196.3	10 912.6	1 952.6	11.6%	2.1%	11 357	191.2	3.63
港、澳、台商投资企业	1 328	46.8	1 824.1	7 723.9	4 186.3	6 747.1	1 340.9	136.6	19.9%	2.0%	58 162	164.9	4.23
外商投资企业	928	43.0	2 065.7	8 731.9	5 042.9	7 370.4	1 458.1	187.4	19.8%	2.5%	94 094	202.8	4.23
2.按国民经济行业分													
(1)行业：综合零售	19 754	248.0	14 674.7	35 440.1	19 239.7	30 203.1	4 529.6	623.0	15.0%	2.06%	17 941	142.9	2.42
百货零售	5 910	91.3	8 194.1	12 843.4	10 177.1	10 238.3	1 746.4	398.1	17.1%	3.89%	21 732	140.6	1.57
超级市场零售	5 269	117.7	5 350.4	9 612.2	5 036.9	8 528.4	1 268.3	114.1	14.9%	1.34%	18 243	81.6	1.80
其他综合零售	1 239	10.6	391.9	888.4	483.4	801.3	161.1	-13.8	20.1%	-1.73%	7 170	84.1	2.27
货摊、无店铺及其他零售业	7 336	28.4	738.3	12 096.1	3 542.3	10 635.2	1 353.8	124.7	12.7%	1.17%	16 489	426.5	16.38
(2)行业：专业零售	78 065	409.6	19 090.1	89 547.8	42 588.6	78 110.7	9 182.0	1 653.6	11.8%	2.12%	11 471	218.6	4.69
食品、饮料及烟草制品专门零售	8 728	37.0	973.2	4 038.5	2 492.6	3 579.2	804.8	237.0	22.5%	6.62%	4 627	109.1	4.15
纺织、服装及日用品专门零售	5 127	57.8	1 684.6	6 097.2	3 600.7	5 310.7	1 624.2	191.3	30.6%	3.60%	11 892	105.4	3.62
文化、体育用品及器材专门零售	4 311	24.3	735.2	3 329.4	2 906.3	2 982.8	654.2	154.5	21.9%	5.18%	7 723	136.9	4.53

续表

项目	法人企业数（个）	年末从业人数（万人）	年末零售营业面积（万平方米）	商品销售额（亿元）	资产总计（亿元）	主营业务收入（亿元）	毛利润（亿元）	净利润（亿元）	毛利率	净利率	企均销售额（万元/企）	人均销售额（万元/人）	坪效（万元/平方米）
医药及医疗器材专门零售	4 746	60.8	1 222.1	4 837.4	3 079.8	4 281.1	777.3	109.3	18.2%	2.55%	10 193	79.6	3.96
汽车、摩托车、燃料及零配件专门零售	38 391	170.2	11 167.9	58 739.5	23 809.9	51 052.6	3 967.9	720.3	7.8%	1.41%	15 300	345.2	5.26
家用电器及电子产品专门零售	11 074	43.9	2 020.7	9 748.1	5 268.6	8 503.6	893.4	120.8	10.5%	1.42%	8 803	221.9	4.82
五金、家具及室内装饰材料专门零售	5 688	15.6	1 286.4	2 757.9	1 430.7	2 400.8	460.2	120.5	19.2%	5.02%	4 849	176.9	2.14
3. 按零售业态分													
(1) 业态：综合零售业态	30 707	327.3	17 128.1	48 783.5	25 490.7	42 015.2	6 163.8	886.7	14.7%	2.11%	15 887	149.0	2.85
超市	8 115	56.3	1 559.9	3 830.1	2 038.7	3 544.8	599.1	105.0	16.9%	2.96%	4 720	68.1	2.46
大型超市	2 231	114.1	7 040.1	11 366.2	6 334.4	9 549.8	1 394.4	148.4	14.6%	1.55%	50 947	99.6	1.61
百货店	5 579	85.2	6 338.8	11 616.0	9 000.6	9 582.5	1 727.6	392.1	18.0%	4.09%	20 821	136.3	1.83
无店铺零售	14 782	71.7	2 189.4	21 971.1	8 117.0	19 338.1	2 442.6	241.1	12.6%	0.68%	14 863	306.3	10.04
(2) 业态：专业零售业态	63 496	346.6	15 701.1	75 349.2	36 381.5	65 848.7	7 622.1	1 378.5	11.6%	2.09%	11 867	217.4	4.80
专业店	30 659	168.9	8 182.8	34 943.1	18 123.3	30 204.3	3 609.9	752.2	12.0%	1.14%	11 397	206.8	4.27
专卖店	32 837	177.7	7 518.3	40 406.1	18 258.3	35 644.3	4 012.2	626.3	11.3%	2.07%	12 305	227.4	5.37
(3) 业态：其他业态	3 616	−16.3	935.7	855.2	−43.9	450.0	−74.3	11.4	−16.5%	2.54%	2 365	(−52.5)	0.91
4. 按有无店铺分													
(1) 有店铺零售	85 999	610.4	32 439.5	107 084.2	55 589.0	92 602.6	11 852.4	2 101.9	12.8%	2.27%	12 452	175.4	3.30
(2) 无店铺零售	14 782	71.7	2 189.4	21 971.1	8 117.0	19 338.1	2 442.6	241.1	12.6%	0.68%	14 863	306.3	10.04

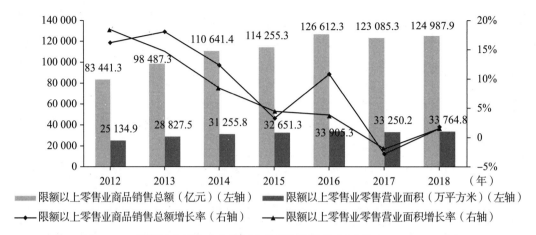

图 2-16　限额以上零售业商品销售总额与零售营业面积（2012—2018 年）

与此同时，限额以上零售业门店面积的扩张速度较低，年末零售营业面积自 2012年以来一直处于增速下滑态势，2018 年有所回暖，整体由 2016 年的 3.39 亿平方米下降至 2018 年底的 3.38 亿平方米。受上述因素影响，零售业的坪效指标亦从 2016 年的3.73 万元/平方米下滑至 3.7 万元/平方米，拖累了近五年的增长率下降至 1.62%。这反映出行业发展势头总量规模扩张的同时，增长率在逐年下降，单位零售营业面积的生产率虽有较大提高，但波动亦较大。

具体到限额以上零售业近年来的发展情况，如表 2-5 所示，近年来行业进入热情较高，限额以上零售业的法人企业数量增长较快，从"十一五"末期的 5.23 万个增长到 2017 年底的 9.92 万个，但是，同样在"十三五"期间出现了明显下滑，年均增速由"十二五"期间的 11.77% 降至 2.34%，特别是 2018 年出现负增长，导致近五年年均增速降至 4%。吸纳的就业人数整体上也有一定程度的增长，从"十一五"末期的501.3 万人增长到 2016 年底的 697.7 万人，但 2017 年、2018 年分别减少了 20.2 万人和 19.9 万人，拖累了"十三五"期间年均增长率为 -1.25%。

表 2-5　限额以上零售业发展整体情况（2012—2018 年）

指标项目	2012 年	2013 年	2014 年	2015 年	2016 年	2017 年	2018 年
法人企业数（个）	65 921	80 366	87 652	91 258	98 305	99 182	97 819
年末从业人数（万人）	575.2	655.3	681.9	682.8	697.7	677.5	657.6
年末零售营业面积（万平方米）	25 134.9	28 827.5	31 255.8	32 651.3	33 905.3	33 250.2	33 764.8
商品销售额（亿元）	83 441.3	98 487.3	110 641.4	114 255.3	126 612.3	123 085.3	124 987.9
资产总计（亿元）	37 727.31	44 438.44	50 824.92	53 507	60 436	61 206	61 828
主营业务收入（亿元）	72 718	86 225	96 889	99 453	110 428	107 016	108 314
毛利润（亿元）	8 124.6	10 398.0	11 242.8	11 692.1	13 011.0	13 124.0	13 711.6

续表

指标项目	2012 年	2013 年	2014 年	2015 年	2016 年	2017 年	2018 年
利润总额（亿元）	1 628.1	2 556.6	2 526.8	2 433.6	3 396.2	3 055.9	2 782.0
净利润（亿元）	1 258.2	2 108.5	2 028.4	1 984.2	2 885.9	2 524.9	2 276.6
毛利率	11.2%	12.1%	11.6%	11.8%	11.8%	12.3%	12.7%
净利率	1.73%	2.45%	2.09%	2.00%	2.61%	2.36%	2.10%
企均销售额（万元/企）	12 658	12 255	12 623	12 520	12 880	12 410	12 777
人均销售额（万元/人）	145.1	150.3	162.3	167.3	181.5	181.7	190.1
坪效（万元/平方米）	3.32	3.42	3.54	3.50	3.73	3.70	3.70

　　和销售额的变动对应，限额以上零售业的劳动效率"十三五"以来继续增长，但增速出现较大下滑，由"十二五"期间的 7.84% 降低为 4.8%，2018 年底为190 万元/人。同时，限额以上零售业的利润率情况不容乐观，毛利率近四年来有所回暖，从 2014 年的 11.6% 增长至 2018 年的 12.7%，但是净利润的总量和净利率在 2017 年、2018 年两年出现了双下降，这也是行业内部竞争加剧、部分企业经营困难的反映。

　　从按登记注册类型分的限额以上零售业发展情况看，如图 2－17 所示，内资企业仍然是限额以上零售业的主力，但是，近年来情势和"十二五"期间有较大变化，特别是"十三五"以来，内资零售业年均增速下滑至 2.3%，拖累了近五年年均增长率降低至 4.53%，反映出整体市场形势的恶化。而港澳台资和外资企业虽然近五年增速也分别下滑至 8.67% 和 6.38%，但相较于内资，高出了约 2～4 个百分点。

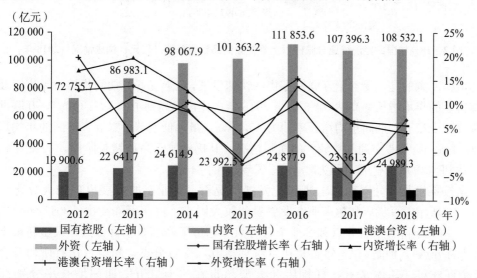

图 2－17　按登记注册类型分限额以上零售业商品销售总额（2012—2018 年）

　　从按国民经济行业分的限额以上零售业发展情况看，专业零售业一直是中国限额以上零售业的主导力量，占比在 71.6% 左右，"十二五"期间保持了较高增长速度，年均增长率为 15.33%,"十三五"期间大幅下降至 2.98%。综合零售业"十三五"期间年均增长率降为 3.19%,但在 2018 年有所恢复,增长了 6.1%,整体占比也较上一年提高了 1.3 个百分点。

从九类细分行业结构看,汽车、摩托车、燃料及零配件零售业占有最大比重,其在"十一五"末期占比高达 47.7%,"十二五"期间由于年均增长率在五类专业细分零售行业中最低,导致其在 2015 年末占比下降至 44.3%,但"十三五"期间,由于除食品、服装、文体以及汽车外,其他各类专业零售业增速回落较为明显,导致汽车类占比回升至 47%,如图 2-18 所示。同时,综合零售业中的百货零售业和超级市场零售业发展受到一定冲击,增长率也较低,"十三五"期间分别出现 5.33% 和 2.81% 的下降,致使到 2018 年底其比重分别降低至 10.3% 和 7.7%。

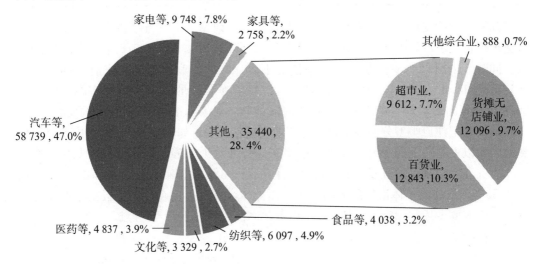

图 2-18　按国民经济行业分限额以上零售业商品销售总额（亿元）构成情况（2018 年）

值得注意的是,受益于互联网零售的快速发展,"十三五"期间货摊、无店铺及其他零售业的年均增长率高达 31.65%,2018 年占比也提高到了 9.7%。其中,互联网零售部分"十三五"期间年均增长率约为 45.89%,虽远低于"十二五"期间的年均增长率 61.4%,但是考虑到基数较大的实际情况,其仍然属于高速增长阶段,2018 年销售总额达到 10 908.5 亿元,约为"十一五"末期的 34 倍。

从按零售业态分限额以上零售业发展情况看,各业态的发展出现较大分化,如图 2-19 所示,百货店和超市业态发展遇到较大困难,占比下降突出,2017 年分别较 2010 年占比下降 3 个百分点和 2.6 个百分点(超市下降 2.3 个百分点,大型超市下降 0.3 个百分点),但是 2018 年百货店继续回落 0.5 个百分点,超市占比有所回升合计 1.5 个百分点。具体来看,百货店和大型超市在"十二五"期间增长率分别高达 14.65% 和 16.54%,但是进入"十三五"以后,分别恶化至 -6.5% 和 3.51%,拉长周期来看,近五年的增长率也分别降至 -2.91% 和 5.05%,低于行业平均水平。

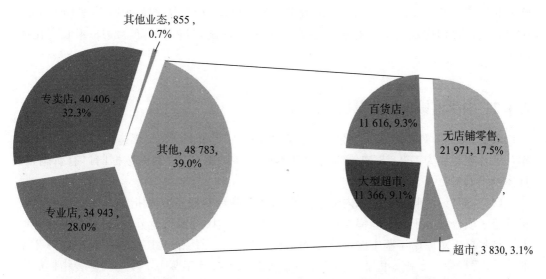

图 2-19　按零售业态分限额以上零售业商品销售总额（亿元）构成情况（2018 年）

专业店和专卖店业态"十三五"以来出现分化。专卖店虽然相比于"十二五"期间，也呈现增速下滑态势（降为 7.83%），但好于专业店的负增长（-4.87%）局面，最终占比专卖店较上年度提高了 1.9 个百分点，专业店降低了 5.9 个百分点。

从按有无店铺分限额以上零售业发展情况看，有店铺零售业始终是限额以上零售业的主导力量，如图 2-20 所示，两者仍然存在数量级差别，但差距在逐渐缩小，2018 年有店铺零售业销售额约为无店铺的 4.87 倍。从发展趋势来看，可以用冰火两重天来形容，有店铺零售业"十二五"期间销售总额接近翻倍，年均增长率约为 13.44%，但"十三五"期间增速骤降为 0%，拖累了近五年的年均增速降低至 2.4%。同期无店铺零售业增速保持在 45.25%，近五年年均增长率也保持在 45.57%，虽然较"十二五"期间年均增长率 70.29% 有较大差距，但这种增速也属高速增长，从趋势上看始终在下

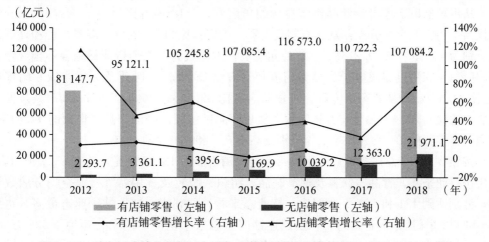

图 2-20　按有无店铺分限额以上零售业商品销售总额构成情况（2012—2018 年）

降，2017 年低至 23.1%，但 2018 年数据大增 77%，最终占比较 2010 年增加了 15.3 个百分点。两相比较之下，有店铺零售业占全行业比重持续下降，2018 年底占比约为 82.4%。

2.4.2 中国连锁零售业发展

本报告根据《中国贸易外经统计年鉴 2019》中公布的 2018 年连锁零售业企业数据，汇总整理成为表 2-6 连锁零售业基本情况（2018 年），其中数据归口有所调整，具体说明如下：

（1）按登记注册类型分，内资企业指标、港澳台商投资企业指标、外商投资企业指标等 3 项合计等于连锁零售业总数指标；（2）按国民经济行业分，"行业：综合零售业"是本报告对原始年鉴中的综合零售指标，货摊、无店铺及其他零售业指标等 2 项的合计，"行业：专业零售业"指标是本报告对原始统计年鉴中 7 项专门零售指标的合计，同时，本报告的"行业：综合零售业"指标加"行业：专业零售业"指标要小于等于连锁零售业总数指标，需要再加上批发业指标才等于总数指标；（3）按零售业态分，本报告的"业态：综合零售业态"指标加"业态：专业零售业态"指标，再加"其他"指标等 3 项合计等于连锁零售业总数指标，其中，"业态：综合零售业态"指标是本报告对原始统计年鉴中的便利店指标、折扣店指标、超市指标、大型超市指标、仓储会员店指标、百货商店指标、厂家直销中心指标等 7 项的合计，"业态：专业零售业态"是本报告对原始统计年鉴中的专业店指标、专卖店指标、家居建材店指标等 3 项的合计；"其他"是原始年鉴中的"其他"指标。

2018 年中国连锁零售业实现商品销售额总计 3.8 万亿元，其中，内资占比 80.5%，仍是最大份额，但较上年减少了 1.8 个百分点，港澳台资和外资占比分别为 8.2% 和 11.3%；从行业角度看，综合零售业实现 1.32 万亿元，专业零售业实现 1.5 万亿元；从业态角度看，综合零售业态实现 1.27 万亿元，专业零售业态实现 2.47 万亿元。

从占限额以上零售业商品销售总额的角度看，2018 年占比为 30.41%，较上一年度提高了约 1.5 个百分点；从所有制角度看，内资占比为 28.21%，港澳台资和外资占比分别为 40.15% 和 49.21%；从行业角度看，占比最高的三个行业是综合零售（占比56.46%）、家用电器及电子产品专门零售（占比 38.2%）、医药及医疗器械专门零售（占比 34.67%）；从业态角度看，百货商店占比 32.55%，专业店占比 62.61%，但专卖店占比仅 6.87%。另外，连锁零售业实现商品销售额占全国商品零售额的 11.64%，占全国社零额的 10.38%，较上年分别提高了 0.7 和 0.6 个百分点。

按照 2 934 个总店来计算，平均每个企业销售额为 12.96 亿元，约有 85.1 个门店。其中按行业来看，食品、饮料及烟草制品，纺织、服装及日用品等行业企均分店数最多，分别达到 131 和 104.5 个门店；按业态来看，便利店、加油站等业态最多，达到236 和 110 个门店/企业。同时，按照连锁门店总数平均的店均销售额为 1 522 万元，人均销售额为 159 万元，门店店均营业面积为 718 平方米，坪效为 2.12 万元/平方米。

表2-6 连锁零售业基本情况（2018年）

项目	连锁总店数	连锁门店总数	年末从业人员	年末零售营业面积	商品销售总额	连锁门店商品购进总额	其中：统一配送商品购进额	统一配送率	总店店均销售额	门店店均销售额	门店店均零售营业面积	人均销售额	坪效
	个	个	万人	万平方米	亿元	亿元	亿元		万元/总店	万元/店	平方米/店	万元/人	万元/平方米
连锁零售业总数	2 934	249 711	239.0	17 924.7	38 012.7	32 133.0	24 294.4	76%	129 559	1 522	718	159.0	2.12
1.按登记注册类型分													
(1) 内资企业	2 667	224 100	184.8	14 376.2	30 614.7	26 212.9	20 666.0	79%	114 791	1 366	642	165.7	2.13
(2) 港澳台商投资企业	121	13 329	26.6	1 833.4	3 101.0	2 716.4	1 891.8	70%	256 281	2 327	1 375	116.6	1.69
(3) 外商投资企业	146	12 282	27.5	1 715.1	4 296.9	3 203.8	1 736.6	54%	294 308	3 499	1 396	156.3	2.51
2.按国民经济行业分													
按行业汇总连锁零售业	2 621	209 466	216.4	14 805.9	28 167.6	23 326.4	16 629.8	71%	107 469	1 345	707	130.2	1.90
(1) 行业：综合零售业	822	65 683	123.5	8 728.3	13 220.0	11 541.9	7 422.3	64%	160 827	2 013	1 329	107.0	1.51
综合零售	809	64 899	123.0	8 715.5	13 180.5	11 511.7	7 409.9	64%	162 923	2 031	1 343	107.2	1.51
货摊、无店铺及其他零售业	13	784	0.5	12.8	39.5	30.3	12.4	41%	30 385	504	163	79.0	3.09
(2) 行业：专业零售业	1 799	143 783	92.9	6 077.6	14 947.6	11 784.5	9 207.5	78%	83 088	1 040	423	160.9	2.46
食品、饮料及烟草制品专门零售	178	23 306	9.3	144.3	470.3	337.8	251.0	74%	26 421	202	62	50.6	3.26
纺织、服装及日用品专门零售	187	19 539	14.1	399.2	1 314.4	767.4	522.2	68%	70 289	673	204	93.2	3.29
文化、体育用品及器材专门零售	93	1 790	3.6	174.8	891.3	833.1	811.7	97%	95 839	4 979	977	247.6	5.10
医药及医疗器材专门零售	909	73 632	35.0	904.0	1 677.2	1 338.4	1 145.1	86%	18 451	228	123	47.9	1.86
汽车、摩托车、燃料及零配件专门零售	213	16 770	12.8	2 979.9	6 787.8	4 959.8	4 121.2	83%	318 676	4 048	1 777	530.3	2.28
家用电器及电子产品专门零售	203	8 299	17.4	1 424.1	3 723.3	3 499.8	2 321.7	66%	183 414	4 486	1 716	214.0	2.61

续表

项目	连锁总店数 个	连锁门店总数 个	年末从业人员 万人	年末零售营业面积 万平方米	商品销售总额 亿元	连锁门店商品购进总额 亿元	其中：统一配送商品购进进额 亿元	统一配送率	总店店均销售额 万元/总店	门店店均销售额 万元/店	门店店均零售营业面积 平方米/店	人均销售额 万元/人	坪效 万元/平方米
五金、家具及室内装饰材料专门零售	16	447	0.7	51.3	83.3	48.1	34.5	72%	52 063	1 864	1 148	119.0	1.62
3. 按零售业态分													
(1) 业态：综合零售业态	775	68 619	122.3	8 502.3	12 736.8	11 179.3	7 124.9	64%	164 346	1 856	1 239	104.1	1.50
便利店	122	28 895	10.0	273.8	542.0	445.7	351.8	79%	44 426	188	95	54.2	1.98
折扣店	2	72	0.1	8.0	14.5	12.1	0.0	0%	72 500	2 014	1 111	145.0	1.81
超市	386	28 164	40.3	2 061.1	3 431.0	3 137.6	2 449.7	78%	88 886	1 218	732	85.1	1.66
大型超市	156	4 760	45.1	3 562.4	4 665.4	4 126.2	2 825.1	68%	299 064	9 801	7 484	103.4	1.31
仓储会员店	2	100	1.3	71.4	235.3	214.0	26.8	12%	176 500	23 530	7 140	181.0	3.30
百货商店	100	5 942	25.1	2 508.6	3 781.4	3 186.7	1 415.4	44%	378 140	6 364	4 222	150.7	1.51
厂家直销中心	7	686	0.4	17.0	67.2	57.0	56.3	99%	96 000	980	248	168.0	3.95
(2) 业态：专业零售业态	2 086	171 268	112.3	9 088.2	24 690.6	20 538.6	16 902.3	82%	118 363	1 442	531	219.9	2.72
专业店	1 689	137 136	88.7	8 439.1	21 879.3	18 502.0	15 612.7	84%	129 540	1 595	615	246.7	2.59
其中：加油站	322	35 551	23.8	5 453.0	14 153.8	11 703.7	9 987.4	85%	439 559	3 981	1 534	594.7	2.60
专卖店	384	34 054	23.4	629.9	2 776.2	2 012.3	1 279.3	64%	72 297	815	185	118.6	4.41
家居建材商店	13	78	0.2	19.2	35.1	24.3	10.4	43%	27 000	4 500	2 462	175.5	1.83
(3) 其他	73	9 824	—	—	0.1	—	—	—	—	—	—	139.4	1.75

从连锁零售业企业发展的总体趋势情况看，如图 2-21 所示，其商品销售总额在近年来增长乏力，特别是 2013 年以来的销售总额出现多个下滑年份，2014 年、2015 年、2017 年都是负增长的严峻局面，远低于限额以上零售业和全国社零额的增长速度，导致占比出现大幅度下滑，但 2018 年有所好转，增长率恢复到了 6.69%。

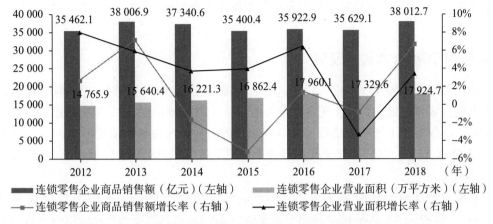

图 2-21　连锁零售业企业商品销售总额与零售营业面积（2012—2018 年）

与此同时，中国连锁零售业的门店面积虽有所增长，但扩张速度不快，"十二五"期间年均增长率约为 5.74%，但"十三五"期间年均增长率降至 2.06%，2018 年底零售营业面积为 1.79 亿平方米，其中，内资企业的营业面积增速最低，港澳台商投资企业增速最高。连锁零售业的坪效指标较 2011 年的 2.52 万元/平方米大幅度下降至 2016 年的 2 万元/平方米，近两年有所回升，至 2018 年的 2.12 万元/平方米。

从按登记注册类型分的连锁零售业发展情况看，内资连锁零售企业在各项总量指标中均占有最大比重，其总店数、门店总数、从业人员数量、营业面积等较之港澳台资、外资企业等都不在一个数量级上，占有绝对的地位。但是，港澳台资、外资企业则在门店店均销售额高出了内资企业约 2~3 倍的水平，其店均营业面积也在内资企业的 2 倍以上；人均效率方面，内资企业略高于外资企业，港澳台资企业显著低于前两者水平。从商品销售总额增速来看，近五年外资企业年均为 6.62%，好于港澳台资企业的年均 4.24% 增速，内资企业由于 2014 年以来的下滑，甚至出现了年均 1.11% 的下降。

从按国民经济行业分的连锁零售业发展情况看，综合零售业的销售总额在大部分年份中低于专业零售业，近五年的年均增速差距在 3.6 个百分点左右。近五年年均增速最高的行业是纺织、服装及日用品专门零售，货摊、无店铺及其他零售业，分别达到 28.4% 和 20.97% 的增速，医药及医疗器械专门零售和文化、体育用品及器材专门零售也达到 16.47% 和 14.47% 的较高年均增速，年均增速最低的是汽车类和综合类，分别为 0.66% 和 0.95%，行业差距明显。在营业面积、从业人员等方面，综合零售业占有绝对优势，但是比较总店数、门店总数，则专业零售业均高于综合零售业，行业特点比较突出。

从按零售业态分的连锁零售业发展情况看，专业业态也是绝对的主力，占有全部连锁零售业商品销售额的近 2/3。但是近五年来专卖店年均增速达到 11.89%，专业店甚至是－0.55%。从综合业态情况看，仅有便利店一个业态近五年年均增速超过 10%，为 11.73%，其他各业态中，除厂家直销中心外①，年均增速均未超过 5%，甚至折扣店业态为－15.12%。连锁零售行业发展遇到较大困难局面。

2.4.3　中国综合零售业发展

中国的综合零售业（本报告口径包含百货零售、超级市场零售在内的综合零售以及含互联网零售在内的货摊、无店铺及其他零售业等合计）在 2017 年发展遭遇较大困难局面，不仅终结了近年来销售总量持续增长的态势，出现绝对值的下降，2017 年为3.34 万亿元（行业口径），较上年减少 2 200 亿元，但 2018 年增长了 6.1%，恢复至3.54 万亿元。

从行业角度看，综合零售业在 2018 年出现明显分化，互联网零售增速高达43.76%，带动货摊、无店铺及其他零售业增长 32.3%，百货零售和超级市场零售仍然分别下降 1.4% 和 4.9%，但较上年降幅有所收窄。

从业态角度看，综合零售业态（含超市、大型超市、百货商店、无店铺零售等四种业态合计）有回暖迹象，其中无店铺零售暴增了 77%，达到 21 971 亿元，超市、大型超市都出现明显回暖，增速分别为 15% 和 15.8%，百货商店继续呈现负增长，增速为－3.6%，但降幅较上一年有所收窄，导致总量增长了 29.9%，达到 4.88 万亿元规模。

从连锁零售业的业态变化趋势看，各业态的发展继续呈现分化的局面。从业态角度来看，"十三五"以来便利店销售总额年均增长 11.86%，门店数量更是年均增长17.8%，达到 2.9 万个，成为零售行业中最闪耀的明星，同时从业人数仅年均增长6.2%，反映出行业技术化水平在提升，多种数字技术和无人店等如火如荼的尝试降低了人工的使用。连锁超市和大型连锁超市的从业人数"十三五"以来出现了－2.54%和－6.93% 的年均减少，目前分别为 40.3 万人和 45.1 万人。百货商店业态从业人数也出现年均－1.64% 的降幅，2018 年减少到 25.1 万人。

中国的百货市场，转型升级的压力继续增大，开关店数量多年持续倒挂，经营效率未有明显改善，降本增效成为关键。整体销售额增长乏力，到 2018 年限额以上百货行业增长率连续第三年下滑，但收窄为－1.4%。百货企业 2019 年普遍采取了布局调整、形象和结构改造、品类升级等各类措施，在百货购物中心化趋势下，纯百货门店开业数锐减，多以类购物中心形式面世并运营。百货业数字化程度不断加深，例如南京新百也致力打造支持线上下单、快递到家或自提的"新百购"微商城，银泰的线上线下两个场已实现 24 小时不打烊、门店落地合作的店仓一体化。

---

① 根据《中国贸易外经统计年鉴 2019》公布的数据，2018 年厂家直销中心销售额为 67.2 亿元，近五年年均增速为 43.28%，怀疑此数据可能有统计口径误差。

　　中国的超级市场，行业整体的销售规模（行业口径）呈现稳步上升的状态，但每年的增长率波动幅度较大，2017 年和 2018 年连续两年负增长，分别为－7.8% 和－4.5%。2018 年末营业面积达到 5 350.4 万平方米，从业人数为 117.7 万人，比 2017 年末下降 1.8 万人。2019 年超市企业分化愈加明显，中国超市百强销售规模为 9 792 亿元，同比增长 4.1%，同时，在本土超市品牌和各类新物种的"夹击"下，外资零售的麦德龙、家乐福被中国企业收购，卜蜂莲花也退市了。但是，德国 ALDI 和美国 Costco 分别在 2019 年 6 月和 8 月，正式以实体店形式进驻中国市场，首站均选在上海。这说明超市行业未来的竞争格局仍有较大不确定性。

　　中国的购物中心，近五年全年开业的商业项目情况、开业数量整体呈现稳定的趋势，涨跌起伏不大，从区域上看，经济发达、消费力强的华东地区一如既往的强势。更多购物中心开始重视体验，追求便捷、娱乐、社交及情感的需求。未来，购物中心将作为一个平台，"拉"动更多价值观和兴趣爱好相仿的消费者，将他们聚集在一起，利用社群，在他们喜好的场景下形成消费与购买。在追求年轻消费、发力夜间经济的同时，顺应体育运动趋向娱乐化、社交化的趋势，购物中心也在极力引进年轻消费圈的知名品牌，适应新的消费玩法，以沉浸式体验，从场景上打造消费者感官升级。

　　中国的便利店业态，在 2018 年继续高歌猛进，成为零售业的一个关键流量入口，其高速增长，在实体零售中一枝独秀，门店数量继续创历史新高，单店日均销售额也较上年同期有所增长。连锁便利店的商品销售额达到 542 亿元，同比增长 12.03%，营业面积达到 273.8 万平方米，同比增长 43.51%，门店数总计 28 895 家，增长率为 20.10%。特别是以 2018 年 10 月上线的兴盛优选为代表的社区团购，在 2019 年大放异彩，2019 年初上线的美宜佳选、苏宁的苏小团，主要业务都是围绕生鲜，这与互联网、百货、超市等其他参与者形成了直接竞争。社区团购行业目前来看竞争激烈，尾部企业生存较为困难。

　　中国的无店铺零售，扣减了其中的限额以上零售业-互联网零售的数据（行业口径），在销售额、法人企业数、营业面积、从业人数等核心指标上，全部是负增长，分别为－23.7%、－14.4%、－7.1%、－16.7%，局面不容乐观。2018 年，仅有一家企业拿到直销牌照。我国直销行业管理已经进入史上最严监管期，特别是 2019 年 1 月国家十三部委联合开展整治"保健"市场乱象的"百日行动"，和对直销行业进行冰冻式监管，停止审批直销相关业务。2019 年 4 月，商务部才恢复暂停了两个月的办理直销相关的审批、备案等业务。整体来看，利用现代网络技术手段，依托电商、微商、网红经济及移动社交等新的直销宣传和运营模式，无店铺零售正在形成新的趋势。

　　中国的网络零售，从发展趋势看，互联网零售每年的销售额增长率虽有动荡，但也基本保持在高位，2018 年增速为 43.76%。但是，按照网络交易平台数据计算的 2018 年全国网上零售额达 106 324 亿元，同比增长 16.5%，增速较上年回落 7.4 个百分点。2019 年互联网与传统企业继续深化结合，1 月，阿里巴巴首次召开的 ONE 大会提出把自身各类数字化能力，体系性地赋能给传统商业领域。高鑫零售旗下大润发、欧尚门店宣布彻底进行数字化改造，还要把门店向偏生鲜食品型的大卖场转型。但与此同时，失败平台不在少数，2019 年有至少 22 家电商平台倒闭，其中倒闭的零售电商中生鲜电商占比最大，达到了 5 家，其次是社交电商，为 4 家。此外，电商平台不断深入下沉市场，进一步满足农村地区的消费需求，同时也对全国扶贫工作给予了帮助。

2.4.4　中国专业零售业发展

中国的专业零售业（行业口径含 7 类专门零售，业态口径含专业店、专卖店、家居建材商店等），呈现逐年稳步提升的增长态势，整体发展形势向好，2018 年商品销售总额行业口径为 8.95 万亿元，业态口径为 7.5 万亿元，限额以上行业和限额以上业态口径下专业零售业占零售业的比重分别为 71.65％和 60.3％，占据着绝对主体地位。专业零售业态的销售额增长率自 2011 年以来逐年下降，特别是"十三五"以来年均增速降低至 1.15％，拖累了近五年的年均增速降低至 3.12％，远低于"十二五"期间 13.65％的年均增速。

连锁口径的专业零售业，按照连锁行业口径，专业零售业的商品销售总额"十三五"以来实现了 8.78％的年均增速，门店总数和营业面积分别实现了 16.45％和 9.43％的年均增长，但从业人数年均增速仅为 5.34％，2018 年为 92.9 万人。从连锁业态的口径看，在包含加油站的前提下，2018 年专业店的销售额为 2.2 万亿元，较上年有 7.3％的恢复增长；但是在不包含加油站的前提下，其销售额为 7 725 亿元，较上一年减少了 39 亿元。专业零售业态门店总数较"十三五"以来实现了年均 8.49％的增长，而营业面积和从业人数年均增长率分别仅为 0.4％和 1.55％。

食品、饮料及烟草制品专门零售，行业销售额在 2017—2018 年出现了连续两年的负增长。法人企业数、年末从业人数、零售营业面积在 2018 年均出现了负增长，分别同比下降了 6.34％、2.26％和 2.73％。但是，连锁口径下，上述三大指标分别同比增长了 4.08％、10.85％和 14.23％，连锁总店数和门店总数分别为 178 个和 23 306 个，连锁化程度仍在提升。行业企业围绕消费者需求，不断提升自身数字化、智能化技术水平，构建智慧零售生态系统。一些传统线下企业积极寻找合作伙伴，谋求数字化发展。例如，2019 年味多美与美团点评达成战略合作，对门店进行线上线下一体化的数字化升级；周黑鸭也在全国门店中上线了海信信息化系统，并推出了休闲食品行业首个 24 小时无人店。

纺织、服装及日用品专门零售，自 2015 年来占零售业销售总额（行业口径）的比例较为稳定，在 6％~7％之间。但是，连锁口径下，行业销售额近三年来呈快速增长趋势，2018 年销售额为 1 314.4 亿元，同比增长 89.8％，从业人数和年末经营面积保持着高速增长态势，分别同比增长 73.22％和 34.13％。2018 年，平均每家企业拥有门店 104 个，连锁化程度进一步提升。随着全渠道融合逐渐成为行业趋势，提升数字化水平也成为服饰零售企业的重要战略方向。大量美妆新零售物种在资本扶持下加速扩张，如

LITTLE B、THE COLORIST 等美妆方式概念店在灯光美学、空间设计、门店定位方面更符合新生代消费者的需求。各渠道进行联动、发挥协同效应的基础在于数据的积累和共享，行业内许多企业通过与互联网企业合作，提升数字化运营水平，打造自身数据体系。

文化、体育用品及器材专门零售，2018 年商品销售总额为 3 329.4 亿元，已经连续两年出现负增长。法人企业数和从业人数分别同比减少了 3.66％和 1.26％，但营业面积同比增加了 1.99％。实体书店在经历低谷后，正逐步转型为生活方式售卖者，通过探索多业态融合和精细化运营拓展盈利空间；办公文具和户外用品行业企业也通过对产品、渠道的优化，探索新的利润增长点。目前，许多实体书店已经在门店中引入了人脸识别系统、电子标签等智慧设备，为消费者提供便利的同时，也帮助书店更好地进行运营决策。户外行业通过为专业户外运动团队提供装备支持、赞助相关运动赛事打造推广"专业"形象；通过加强研发及推广产品科技的性能特性来营造自身"科技"实力；通过与明星达人进行合作、推出联名系列产品、积极利用短视频等进行内容营销来打造"时尚"形象。

医药及医疗器械专门零售，2018 年行业销售总额为 4 837.4 亿元，同比下降 14.4％。法人企业数、年末从业人数分别同比下降了 4.3％和 1.4％，但是，连锁口径下，行业扩张趋势明显，连锁门店总数为 73 632 个，同比增长 16.6％，平均每家连锁企业开设分店数 81 个。2018—2019 年，以老百姓大药房为代表的一批连锁医药零售企业以自主扩张、收购、扩张等方式积极布局线下零售网络。在门店扩张过程中，行业企业注重"城市＋乡镇"立体化的店群经营，加速渠道下沉。同时，在布局的线下门店中，零售药店积极拥抱新技术，开设智慧门店，提供更多增值服务。专业化服务将成为医药零售企业的核心竞争力，线下零售药店将不断向 DTP 专业药房、分销专业药房、智慧药房等创新模式转型。在"互联网＋"的赋能下，医药零售企业将逐渐从单一的"售药"角色向大健康领域服务角色进行转变。

汽车、摩托车、燃料及零配件专门零售，行业口径下销售增速逐渐放缓至 2％左右。法人企业数和营业面积 2018 年同比分别增长 2.4％、2.7％。但是连锁口径的 2018 年销售额为 6 787.8 亿元，较 2017 年上升了 11.4％，连锁门店总数和营业面积分别同比增长了 8.6％和 20％，仍是连锁专业零售业中比重最大的行业。2019 年，行业企业加强销售网络建设，积极抢占高效市场和战略区域优质站点，大力开发加油站以增加零售能力。例如，中石化与中石油先后与百胜中国签订合作协议，共同开发加油站餐饮业务；中石化易捷设立了独立品牌咖啡店，由互联网咖啡品牌连咖啡作为幕后供应商。除加油站数量扩张外，行业企业也注重通过数字化、智能化提升各零售终端的运营效率和服务能力。部分企业结合互联网技术，推进智能加油站建设，致力于为消费者提供更优质的服务体验。

家用电器及电子产品专门零售，2018 年零售市场规模延续了 2017 年的缩小趋势，同比下降 3％，行业销售额连续两年出现负增长。法人企业数、年末从业人数较 2017 年均有所下降，分别为 11 074 个和 43.9 万人。但是，连锁口径下，行业总体呈扩张趋势，连锁门店总数、年末从业人数、年末营业面积分别同比增长了 8.6%、4.7% 和 10.3%。面对新零售的发展趋势，家用电器及电子产品专门零售行业面临着渠道变革、大量新兴品牌涌现、行业竞争加剧等挑战。在消费需求年轻化、个性化、差异化的驱使下，如何升级消费体验、提升产品与需求的适配度、提升自身竞争力是各企业未来发展需要面临的挑战。2019 年在线上方面，除了在京东、淘宝等传统电商平台上设立旗舰店外，行业企业也更加重视直播带货、内容电商、社交电商等新型电商。随着低线城市的消费能力日益提升，行业企业也加速推进渠道下沉。同时，行业企业积极开拓新业务，家电家居融合成大势所趋。

五金、家具及室内装饰材料专门零售，2018 年限额以上口径的销售额为 2 757.9 亿元，同比下降了 17.3%，连续两年出现负增长。连锁口径下销售额为 83.3 亿元，同样呈下降趋势。随着消费者需求从单一购物向多元化升级，2019 年各大型连锁家居企业陆续推动传统卖场转型为综合性生活空间，在卖场中融入餐饮、休闲、娱乐等业态，一站式满足消费者多方面需要，同时增强卖场引流能力。家居零售线下卖场在场景体验方面具有先天优势，行业内企业更加注重门店场景打造，增强消费者购物过程中的互动性、提升购物体验。除场景化构建外，家居零售企业也注重对门店进行数字化升级，既提升消费便利度，又为企业经营决策提供数据支撑。随着市场竞争日趋激烈，为争夺更多市场份额、提高客单价，并更好地满足消费者一站式购物的需求，个性化定制和全屋整装逐渐成为行业企业发展方向。

2.4.5 中国零售业的管理、运营与综合事务

在本报告监测范围内，2019 年中国零售业收购兼并事件达到 66 起，较上年有所减少，零售企业并购以产业整合为主，品牌商和大型传统零售企业仍是大额并购主力军；电商企业并购活动频繁，但单笔交易金额相对较小。2019 年，线下传统零售企业在积极推动与互联网巨头的战略合作的同时，积极拓展全渠道业务，提升自身技术与服务水平及运营质量。但目前中国零售业线上线下融合程度依然较低，深化融合、建立全渠道布局，仍是零售业并购发展的一大趋势。

中国零售业的高管变动。高管变动事件 2019 年有 116 起，较上年有较大减少。近五年是移动电子商务飞速发展、传统业态积极求变、零售企业谋求转型的时期，各业态之间的高管流动性强。2019 年，零售行业进一步蜕变，新业态、新物种不断涌现，在此背景下，众多企业探索升级服务模式、进行战略调整，行业内高管变动较为频繁。

中国零售业公司的营销活动。本报告对中国连锁经营协会 2020 年 6 月发布的 2019 年中国连锁百强企业中的 20 家代表性零售企业（几乎均在官网公布有促销活动信息）的 93 起促销事件进行监测。2019 年，不仅是电子商务的促销活动，其他几种业态的促销活动也大都集中于购物节。"6·18""双 11""双 12"等大型购物节都是从电商发端，并逐步进入线下零售企业，成为重要的促销时机。

中国零售业公司的网络技术运用活动。本报告监测 2019 年中国连锁百强企业中的 74 家，开通集团微博、地区或门店微博、网上商城微博的占比分别为 81%、81% 和 57%，开通网络零售的高达 86.4%。一般而言，零售企业网络零售多采取两种形式：一是建立自己的网上商城，比如国美、小米商城、苏宁易购等；二是依托已有的电商平台，建立淘宝、天猫、京东旗舰店，进驻淘鲜达等。

中国零售业公司公共关系与社会责任。本报告选择 2019 年中国连锁百强企业作为研究样本企业，对其中公司官方网站披露公共关系活动的 37 家大型零售企业，共计 53 项 2018 年公共关系活动进行汇总、分类和监测。2019 年公益活动形式丰富多彩，反映了新时代下对零售企业公共关系活动的新要求。随着年轻消费者对线上消费的熟悉和追捧，零售企业应当关注如何更好地调动起消费者参与公益的热情并通过生动有趣的形式在举办公益活动的同时提升品牌知名度、展示良好的企业形象。

中国零售业的政策法规情况。本报告统计和监测了 2019 年以商务部为政策发布主体，国务院办公厅、国家发改委等为补充的中国主要零售业政策法规和行业标准 48 项，其中有法律、法规和规定等计 21 项，约占 44%，零售行业标准计 27 项，约占 56%。2019 年度的政策法规主要集中在流通体系的完善与发展、加强行业市场监管、优化营商环境以及平台经济发展等方面；行业标准主要包括零售业经营管理规范和技术要求以及各类产品的质量标准等方面。

本报告还监测了 2019 年主要零售业案件纠纷 150 起，数量与 2018 年持平。2019 年，案件纠纷由以往的企业与消费者之间为主转向企业内部为主，纠纷原因大多是裁员、亏损、门店关闭、盲目扩张等问题。在各个业态中，电子商务和超市纠纷事件出现最为频繁。

本报告还监测了 2019 年全国范围内的主要零售业与商贸流通领域代表性会展 52 场。2019 年，随着 5G 技术的发展与运用，在"新技术"基础上，整个零售行业也在思考未来整个零售和商贸流通领域的新布局。与此同时，"走出去"也成为 2019 年会展的热词之一。

另外，本报告还监测了 2019 年度全国主要零售业培训项目 47 场。2019 年，我国出版的零售与流通领域代表性图书共有 69 本，其中零售类书籍 54 本、流通类书籍 15 本，内容涉及新零售、社交电商、供应链等内容。

最后，本报告还对代表性海外国家经济、消费与零售商业 2018—2019 年的发展情况进行了监测和分析，主要包括美国、日本、英国等国家。

2.5 中国零售商业的一天

本报告根据中国零售商业与国民经济发展的 2018—2019 年数据，制作一览表以反映全国零售商业一天的情况，按照每年 365 天以及当年人口数，分别对 2018 年和 2019 年的中国零售商业进行综合展示，反映中国零售商业发展的基本情况。具体见表 2-7、表 2-8。

表 2-7 中国零售商业的一天（2018 年数据）

序号	项目	2018 年总量（按照 2018 年统计年鉴口径）		中国市场的一天（平均每天值，按照 365 天/年计）		全国人均值（按照中国 2018 年人口计算）	
		数额	单位	数额	单位	数额	单位
1	GDP	919 281	亿元	2 518.58	亿元/天	65 880.34	元/年/人
	第三产业	489 701	亿元	1 341.65	亿元/天	35 094.44	元/年/人
	其中：批发和零售业	88 904	亿元	243.57	亿元/天	6 371.29	元/年/人
	农林牧渔业总产值	113 580	亿元	311.18	亿元/天	8 139.68	元/年/人
	规模以上工业企业主营业务收入	1 049 491	亿元	2 875.32	亿元/天	75 211.84	元/年/人
	全年全部工业增加值	301 089	亿元	824.90	亿元/天	21 577.58	元/年/人
2	全年公共财政收入	183 360	亿元	502.36	亿元/天	13 140.50	元/年/人
	其中：税收收入	156 403	亿元	428.50	亿元/天	11 208.62	元/年/人
	国内增值税	61 531	亿元	168.58	亿元/天	4 409.61	元/年/人
	国内消费税	10 632	亿元	29.13	亿元/天	761.93	元/年/人
	进口货物增值税、消费税	16 879	亿元	46.24	亿元/天	1 209.63	元/年/人
	出口货物退增值税、消费税	−15 914	亿元	−43.60	亿元/天	−1 140.47	元/年/人
	以上主要流转类税收合计	73 128	亿元	200.35	亿元/天	5 240.69	元/年/人
3	全社会固定资产投资合计						
	批发和零售业						
	住宿和餐饮业						
	投资额：城镇、零售业						
	本年资金来源：城镇、零售业						
	新增固定资产：城镇、零售业						
	固定资产交付使用率：城镇零售业						
	50 万元以上施工项目：城镇零售业						
	其中新开工项目：城镇零售业						
	全部建成投产项目：城镇零售业						

续表

序号	项目	2018 年总量（按照 2018 年统计年鉴口径）		中国市场的一天（平均每天值，按照 365 天/年计）		全国人均值（按照中国 2018 年人口计算）	
		数额	单位	数额	单位	数额	单位
4	国家外汇储备	30 727.12	亿美元	84.18	亿美元/天	2 202.06	美元/年/人
	外商直接投资合同项目批发零售	22 853	个	62.61	个/天		
	外商直投实际使用金额：批发零售	976 689	万美元	2 675.86	万美元/天	7.00	美元/年/人
	对外直接投资净额：批发零售	1 223 791	万美元	3 352.85	万美元/天	8.77	美元/年/人
	对外直接投资存量：批发零售	23 269 268	万美元	63 751.42	万美元/天	166.76	美元/年/人
5	支出法 GDP	915 774	亿元	2 508.97	亿元/天	65 629.03	元/年/人
	最终消费支出	506 135	亿元	1 386.67	亿元/天	36 272.19	元/年/人
	其中：居民消费支出	354 124	亿元	970.20	亿元/天	25 378.35	元/年/人
	其中：农村居民	77 209	亿元	211.53	亿元/天	5 533.15	元/年/人
	其中：城镇居民	276 916	亿元	758.67	亿元/天	19 845.20	元/年/人
	其中：政府消费支出	152 011	亿元	416.47	亿元/天	10 893.85	元/年/人
6	城镇居民人均可支配收入	39 251	元	107.54	元/天		
	农村居民人均纯收入	14 617	元	40.05	元/天		
7	全年社会消费品零售总额	377 783	亿元	1 035.02	亿元/天	27 073.85	元/年/人
	城镇消费品零售额	325 637	亿元	892.16	亿元/天	23 336.80	元/年/人
	乡村消费品零售额	55 350	亿元	151.64	亿元/天	3 966.66	元/年/人
	商品零售额	338 271	亿元	926.77	亿元/天	24 242.21	元/年/人
	餐饮收入额	42 716	亿元	117.03	亿元/天	3 061.24	元/年/人
	全年网上零售额	90 065	亿元	246.75	亿元/天	6 454.51	元/年/人
	其中：网上商品零售额	70 198	亿元	192.32	亿元/天	5 030.74	元/年/人

续表

序号	项目	2018 年总量 （按照 2018 年统计 年鉴口径）		中国市场的一天 （平均每天值， 按照 365 天/年计）		全国人均值 （按照中国 2018 年 人口计算）	
		数额	单位	数额	单位	数额	单位
8	按主要行业分的法人企业数	21 787 273	个				
	批发和零售业法人企业数	6 499 161	个				
	限额以上零售业商品购进额	100 440	亿元	275.18	亿元/天	7 198.03	元/年/人
	限额以上零售业商品销售额	124 988	亿元	342.43	亿元/天	8 957.27	元/年/人
	限额以上零售业期末商品库存额	10 915	亿元	29.90	亿元/天	782.23	元/年/人
	限额以上零售业年末零售营业面积	33 765	万平方米			0.24	平方米/年/人
9	全年货物运输总量	5 146 000	万吨	14 098.63	万吨/天	36.88	吨/年/人
	货物运输周转量	205 452	亿吨公里	562.88	亿吨公里/天	14 723.70	吨公里/年/人
	快递业务量	507	亿件	1.39	亿件/天	36.34	件/年/人
	快递业务收入	6 038	亿元	16.54	亿元/天	432.74	元/年/人
10	各项存款余额	1 825 158	亿元	5 000.43	亿元/天	130 800.07	元/年/人
	其中：住户存款	724 439	亿元	1 984.76	亿元/天	51 916.97	元/年/人
	其中：人民币	716 038	亿元	1 961.75	亿元/天	51 314.91	元/年/人
	货币和准货币（M2）	1 827 000	亿元	5 005.48	亿元/天	130 932.08	元/年/人
	货币（M1）	552 000	亿元	1 512.33	亿元/天	39 559.12	元/年/人
	流通中现金（M0）	73 000	亿元	200.00	亿元/天	5 231.55	元/年/人
	全部金融机构人民币消费贷款余额	377 903	亿元	1 035.35	亿元/天	27 082.44	元/年/人
	个人短期消费贷款余额	87 994	亿元	241.08	亿元/天	6 306.10	元/年/人
	个人中长期消费贷款余额	289 909	亿元	794.27	亿元/天	20 776.35	元/年/人

表 2 - 8　中国零售商业的一天（2019 年数据）

序号	项目	2019 年总量（按照当年统计公报口径）		中国市场的一天（平均每天值，按照 365 天/年计）		全国人均值（按照中国 2019 年人口计算）	
		数额	单位	数额	单位	数额	单位
1	GDP	990 865	亿元	2 714.7	亿元/天	70 774	元/年/人
	第一产业	70 467	亿元	193.1	亿元/天	5 033	元/年/人
	第二产业	386 165	亿元	1 058.0	亿元/天	27 582	元/年/人
	第三产业	534 233	亿元	1 463.7	亿元/天	38 158	元/年/人
	全年全部工业增加值	317 109	亿元	868.8	亿元/天	22 650	元/年/人
	全年公共财政收入	190 382	亿元	521.6	亿元/天	13 598	元/年/人
	其中：税收收入	157 992	亿元	432.9	亿元/天	11 285	元/年/人
	国内增值税	62 346	亿元	170.8	亿元/天	4 453	元/年/人
	国内消费税	12 562	亿元	34.4	亿元/天	897	元/年/人
	进口货物增值税、消费税	15 812	亿元	43.3	亿元/天	1 129	元/年/人
	出口货物退增值税、消费税	−16 503	亿元	−45.2	亿元/天	−1 179	元/年/人
	以上主要流转类税收合计	74 217	亿元	203.3	亿元/天	5 301	元/年/人
2	固定资产投资（不含农户）	551 478	亿元	1 510.9	亿元/天	39 390	元/年/人
	其中：批发和零售业						
	其中：住宿和餐饮业						
3	国家外汇储备	31 079	亿美元			2 219.85	美元/人
	非金融领域新批外商直接投资企业数：批发和零售业	13 837	家				
	非金融领域外商直接投资实际使用金额：批发和零售业	90.1	亿美元	0.25	亿美元/天	6.43	美元/年/人
	非金融领域对外直接投资额：批发和零售业	125.7	亿美元	0.34	亿美元/天	8.98	美元/年/人
4	快递业务量	635.2	亿件	1.74	亿件/天	45.37	件/年/人
	快递业务收入	7 498	亿元	20.54	亿元/天	535.55	元/年/人
	互联网上网人数	9.04	亿人				

续表

序号	项目	2019年总量（按照当年统计公报口径）		中国市场的一天（平均每天值，按照365天/年计）		全国人均值（按照中国2019年人口计算）	
		数额	单位	数额	单位	数额	单位
5	全年全国居民人均可支配收入	30 733	元	84.2	元/天/人		
	城镇居民人均可支配收入	42 359	元	116.1	元/天/人		
	农村居民人均纯收入	16 021	元	43.9	元/天/人		
	全国居民人均消费支出	21 559	元	59.1	元/天/人		
	城镇居民人均消费性支出	28 063	元	76.9	元/天/人		
	农村居民人均生活消费支出	13 328	元	36.5	元/天/人		
6	全年社会消费品零售总额	411 649	亿元	1 127.8	亿元/天	29 402	元/年/人
	城镇消费品零售额	351 317	亿元	962.5	亿元/天	41 408	元/年/人
	乡村消费品零售额	60 332	亿元	165.3	亿元/天	10 937	元/年/人
	商品零售额	364 928	亿元	999.8	亿元/天	26 065	元/年/人
	餐饮收入额	46 721	亿元	128.0	亿元/天	3 337	元/年/人
	全年网上零售额	106 324	亿元	291.3	亿元/天	7 594	元/年/人
	其中：网上商品零售额	85 239	亿元	233.5	亿元/天	6 088	元/年/人
7	货币和准货币（M2）	198.6	万亿元			141 852	元/年/人
	货币（M1）	57.6	万亿元			41 141	元/年/人
	流通中现金（M0）	7.7	万亿元			5 500	元/年/人
	各项存款余额，其中：人民币	813 017	亿元			58 071	元/年/人
8	全部金融机构人民币消费贷款余额	439 669	亿元			31 404	元/年/人
	个人短期消费贷款余额	99 226	亿元			7 087	元/年/人
	个人中长期消费贷款余额	340 443	亿元			24 316	元/年/人

（王　强）

第3章 中国零售业产业发展分析报告

本章从产业集中度、产业规模与结构角度对中国零售业产业发展进行监测与分析，并就零售行业盈利能力、费用控制、劳动效率、企业效率和经营效率进行分析，既涵盖了中国零售业发展的整体情况，也包含对零售业内部各行业、业态以及所有制之间发展情况的比较分析。

本章所有数据、资料均通过公开渠道获得，主要包括国家统计局发布的月度、年度、公报等数据，历年《中国贸易外经统计年鉴》，中经网和国研网的数据。此外，本章还参考了"中国连锁经营协会""中国商业联合会""联商网"等行业协会和专业网站信息。本章共有附表12张，请读者扫描本报告附录的二维码免费下载查阅。

3.1 中国零售业产业集中度分析

3.1.1 中国零售业整体集中度分析

3.1.1.1 零售业整体集中度（CR4、CR8）

产业集中度也称市场集中度，是描述产业市场结构性状和企业市场支配能力的概念，用于衡量产业的竞争性和垄断性，通常采用产业中排名前几位企业的某一指标（如生产量、销售量、资产总额等）的合计占整个产业相应指标的百分比来表示。占比越高，则表示产业集中度越高。在实践中通常用产业中前四家或者前八家企业的销售额占全产业总销售额的百分比来描述产业集中度，分别表示为CR4和CR8。根据美国产业组织学家贝恩（Joe S. Bain）对产业结构的分类标准，当CR4≤30%或CR8≤40%时，该产业处于完全竞争状态。本节采用零售业CR4、CR8两个指标来度量零售业产业集中度。本节数据来源于《中国贸易外经统计年鉴》、国家统计局统计公报以及中经网统计数据库。

如图3-1所示，2006—2019年，中国零售业CR4和CR8分别保持在3.5%和5%水平以下，体现出零售产业集中度水平较低的特点，并在此期间集中度呈现波动下降趋势。较低水平的集中度反映出行业组织化水平不高，竞争较为激烈，可能影响规模经济的发挥和行业整体效率的提升，但是也反映出零售行业活力充沛。2019年CR4、CR8分别为1.78%、2.64%，较2018年有微幅提升。

3.1.1.2 中国限额以上口径零售企业集中度分析

本节使用零售业限额以上口径产业集中度，具体而言，使用限额以上零售企业的总销售额占全国社会消费品零售总额的比重、零售业前四家以及前八家企业销售额之和占限额以上零售企业销售额总额比重来度量限额以上口径零售业集中度。

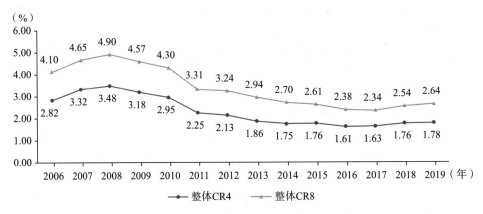

图 3-1　中国零售业整体集中度（2006—2019 年）

如图 3-2 所示，2006—2018 年，限额以上零售企业总销售额占比呈现先升后降的趋势，2018 年较 2017 年下降约 0.8％，达到 32.81％，体现出我国大中型零售商整体自 2014 年以来发展遇到困境，销售收入波动下降的趋势。限额以上零售业 CR4、CR8 在 2006—2018 年波动下降，CR4 由 10.94％下降至 5.38％，CR8 由 15.9％下降至 7.74％，与整体集中度的变化趋势基本一致。但是 2017 年、2018 年限额以上集中度水平有所提升，一方面限额以上销售占比在下降，另一方面集中度水平提升，体现出限额以上企业内部资源整合和集中，有利于汇集竞争优势。

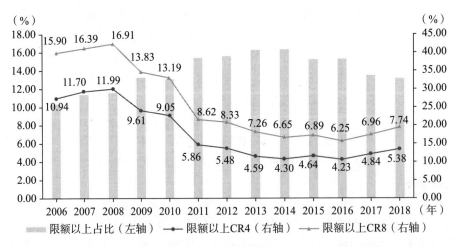

图 3-2　中国零售业限额以上口径集中度（2006—2018 年）

3.1.1.3　中国连锁百强口径集中度分析

本节以中国连锁百强口径度量产业集中度，具体而言，以中国连锁百强企业销售总额占全国社会消费品零售总额的百分比，以及中国连锁百强企业中排名前四家和前八家企业销售额占百强企业销售总额的百分比进行分析。本节中国零售百强数据来源于中国连锁经营协会。

如图 3-3 所示，中国连锁百强企业销售额占比在 2006—2019 年呈波动下降趋势，2019 年销售额占比为 5.14％。与限额以上集中度变化趋势相比，其不同之处在于连锁百强口径的 CR4、CR8 在 2014 年以来有所上升，究其原因，可能在于整体百强总量的相对下降速度更快，而业内龙头企业发展更快，有一定集中化倾向。

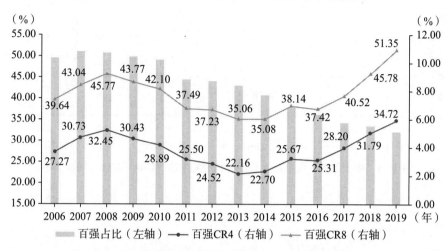

图 3-3　中国连锁百强口径集中度（2006—2019 年）

3.1.2　中国零售业按行业分类的集中度分析

3.1.2.1　中国零售业区分行业的集中度分析

鉴于零售业集中度在不同行业之间存在较大异质性，本节将根据《中国贸易外经统计年鉴》中的行业分类，选取百货零售、超级市场零售、家用电器及电子产品专门零售以及专业零售①四个子行业分析其各自的 CR4 和 CR8 值。如图 3-4 所示，2006—2018 年，四个子行业按照 CR4 指标由高到低依次为：家用电器及电子产品专门零售、超级市场零售、百货零售、专业零售。2006—2016 年四个分行业的集中度都呈现波动下降趋势。相较于 2017 年，2018 年家用电器及电子产品专门零售、超级市场零售、百货零售和专业零售 CR4 都有所提升，反映出这四个子行业的企业规模相对有所提高，其中家用电器及电子产品专门零售、超级市场零售的 CR4 值超过 30％，整体上这两个细分零售行业处于垄断竞争态势。

CR8 指标在各行业的排序与 CR4 略有差异。如图 3-5 所示，2006—2010 年，各行业 CR8 指标由高到低排序为家用电器及电子产品专门零售、超级市场零售、百货零售和专业零售，2011 年后超级市场零售超越家用电器及电子产品专门零售成为四个子

---

①　专业零售包括：食品、饮料及烟草制品专门零售，文化、体育用品及器材专门零售，医药及医疗器械专门零售，汽车、摩托车、燃料及零配件专门零售，家用电器及电子产品专门零售，以及五金、家具及室内装饰材料专门零售。

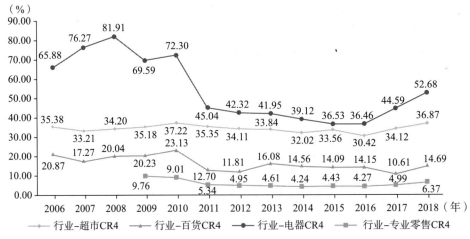

图3-4 中国零售业限额以上口径分行业集中度（CR4）（2006—2018年）

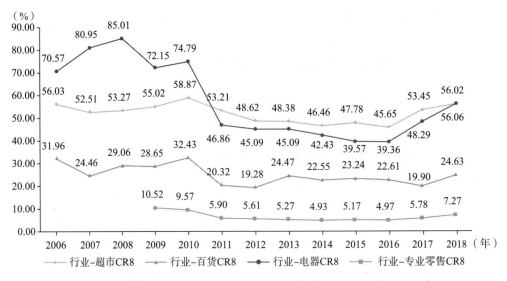

图3-5 中国零售业限额以上口径分行业集中度（CR8）（2006—2018年）

行业中产业集中度最高的行业。2010—2011年，家用电器及电子产品专门零售的集中度由74.79％降为46.86％，且在2011年之后维持递减趋势，但在2016年呈现递增趋势，2018年集中度为56.06％，究其原因是2016—2018年家用电器及电子产品专门零售行业整体零售额呈现轻微递减趋势，而业内龙头企业的零售额逐年递增，有一定集中化趋势。2018年限额以上口径行业集中度由高到低依次为：家用电器及电子产品专门零售、超级市场零售、百货零售和专业零售。

3.1.2.2　调整后的中国零售业分行业集中度

由于上述对子行业集中度的分析采用限额以上统计口径的零售数据，由此计算的产业集中度有被高估的可能，因此本节引入一个调整系数，即限额以上零售额占全国零售额比重，以降低限额以上统计口径反映的产业集中度的偏误。表 3－1 报告了 2008—2018 年各年的调整系数，以及经过调整系数矫正之后各行业的集中度。相比于调整之前，2018 年各细分行业集中度根据调整系数有所下降，以 CR4 为例，超级市场零售由 36.87％降低为 12.10％，百货零售由 14.69％降低为 4.82％，家用电器及电子产品专门零售由 52.68％降低为 17.28％，专业零售由 6.37％降低为 2.09％。

表 3－1　中国零售业限额以上口径分行业调整后集中度（2008—2018 年）

时间	调整系数	超级市场零售		百货零售		家用电器及电子产品专门零售		专业零售	
		CR4	CR8	CR4	CR8	CR4	CR8	CR4	CR8
2008 年	28.98％	9.91％	15.44％	5.81％	8.42％	23.74％	24.64％		
2009 年	33.07％	11.63％	18.19％	6.69％	9.47％	23.01％	23.86％	3.23％	3.48％
2010 年	32.57％	12.12％	19.17％	7.53％	10.56％	23.55％	24.36％	2.93％	3.12％
2011 年	38.37％	13.56％	20.41％	4.87％	7.79％	17.28％	17.98％	2.05％	2.27％
2012 年	38.91％	13.27％	18.92％	4.59％	7.50％	16.47％	17.54％	1.93％	2.18％
2013 年	40.56％	13.72％	19.62％	6.52％	9.92％	17.01％	18.29％	1.87％	2.14％
2014 年	40.69％	13.03％	18.91％	5.92％	9.17％	15.92％	17.27％	1.72％	2.01％
2015 年	37.97％	12.74％	18.14％	5.35％	8.82％	13.87％	15.02％	1.68％	1.96％
2016 年	38.10％	11.59％	17.39％	5.39％	8.62％	13.89％	15.00％	1.63％	1.89％
2017 年	33.61％	11.47％	17.96％	3.57％	6.69％	14.98％	16.23％	1.68％	1.94％
2018 年	32.81％	12.10％	18.38％	4.82％	8.08％	17.28％	18.39％	2.09％	2.39％

3.1.3　中国零售业按业态分类的集中度分析

3.1.3.1　中国零售业分业态集中度分析

鉴于中国零售业不同业态之间集中度存在较大异质性，本节将根据《中国贸易外经统计年鉴》中的行业分类，选取超市、百货、专业店三种主要业态，仍然采用 CR4 和 CR8 两个指标，分析其市场集中度。此外，由于统计口径变动以及数据发布年限的原因，本节的数据分析区间为 2009—2018 年。如图 3－6、图 3－7 所示，2009—2018 年，中国零售各业态按照 CR4 由高到低排序为：超市、百货、专业店。相较于 2017 年，百货零售业态和专业店零售业态 2018 年 CR4 有所上升，分别达到 16.24％和 7.57％，而超市业态在 2018 年 CR4、CR8 均有明显下降。

3.1.3.2　调整后的中国零售业分业态集中度

与分行业集中度测算类似，由于上述针对各业态集中度的分析是采用限额以上统计口径的零售数据，真实的集中度有被高估的可能，因此本节引入一个调整系数，即限额以上零售额占全国零售额比重，以降低限额以上统计口径反映的产业集中度的偏误。表 3－2 报告了 2009—2018 年各年的调整系数，以及经过调整系数矫正之后各业态

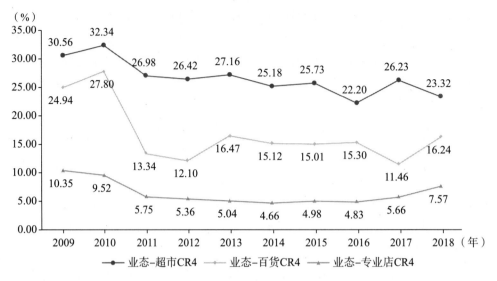

图 3-6　中国零售业限额以上口径分业态集中度（CR4）（2009—2018 年）

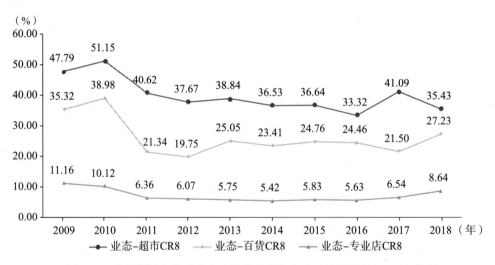

图 3-7　中国零售业限额以上口径分业态集中度（CR8）（2009—2018 年）

的集中度。各业态集中度根据调整系数有不同程度的下降。调整后 2018 年各业态 CR4 分别为：超市 7.65％、百货 5.33％、专业店 2.49％。

表 3-2　中国零售业限额以上口径分业态调整后集中度（2009—2018 年）

时间	调整系数	超市		百货		专业店	
		CR4	CR8	CR4	CR8	CR4	CR8
2009 年	33.07％	10.11％	15.80％	8.25％	11.68％	3.42％	3.69％
2010 年	32.57％	10.53％	16.66％	9.05％	12.69％	3.10％	3.30％
2011 年	38.37％	10.35％	15.58％	5.12％	8.19％	2.20％	2.44％

续表

时间	调整系数	超市		百货		专业店	
		CR4	CR8	CR4	CR8	CR4	CR8
2012 年	38.91%	10.28%	14.66%	4.71%	7.69%	2.09%	2.36%
2013 年	40.56%	11.02%	15.75%	6.68%	10.16%	2.04%	2.33%
2014 年	40.69%	10.25%	14.86%	6.15%	9.53%	1.89%	2.20%
2015 年	37.97%	9.77%	13.91%	5.70%	9.40%	1.89%	2.21%
2016 年	38.10%	8.46%	12.70%	5.83%	9.32%	1.84%	2.14%
2017 年	33.61%	8.82%	13.81%	3.85%	7.23%	1.90%	2.20%
2018 年	32.81%	7.65%	11.62%	5.33%	8.93%	2.49%	2.83%

3.2　中国零售业产业规模与结构分析

3.2.1　中国零售业产业分所有制规模与结构分析

本节将从企业所有制类型、行业和业态三个角度，通过法人企业数、年末从业人数、年末零售营业面积、资产总额、销售总额五个指标衡量中国零售业产业规模与结构。本报告 3.2～3.7 节的分析数据均来源于《中国贸易外经统计年鉴》。由于《中国贸易外经统计年鉴》仅收录限额以上批发与零售业数据，因此在本节中，所有分析基于限额以上的零售业数据。

如表 3-3 所示，2018 年在三类所有制类型零售企业中，内资企业在法人企业数、年末从业人数、年末零售营业面积、资产、销售总额上都占据绝对优势，港澳台商投资企业和外商投资企业法人企业占比分别为 1.36% 和 0.95%，与 2017 年基本保持一致；与 2017 年相比，国有控股法人企业数有所减少。

表 3-3　中国零售业分所有制的规模与结构（2018 年）

所有制		内资企业	国有控股	港澳台商投资企业	外商投资企业	限额以上零售业合计
法人企业	个数（个）	95 563	4 865	1 328	928	97 819
	占比	97.69%	4.97%	1.36%	0.95%	100.00%
年末从业人数	人数（万人）	567.752 1	80.776	46.832 5	43.049 5	657.634 1
	占比	86.33%	12.28%	7.12%	6.55%	100.00%
年末零售营业面积	面积（万平方米）	29 874.961 7	6 282.704 6	1 824.115 5	2 065.701	33 764.778 2
	占比	88.48%	18.61%	5.40%	6.12%	100.00%
资产总额	金额（亿元）	52 599.194 3	13 937.810 8	4 186.272 6	5 042.874 4	61 828.341 3
	占比	85.07%	22.54%	6.77%	8.16%	100.00%

续表

所有制		内资企业	国有控股	港澳台商投资企业	外商投资企业	限额以上零售业合计
销售总额	金额（亿元）	108 532.121 4	24 989.272 3	7 723.853 2	8 731.934 7	124 987.909 3
	占比	86.83%	19.99%	6.18%	6.99%	100.00%

3.2.2 中国零售业产业分行业规模与结构分析

本节将依据《中国贸易外经统计年鉴》中的行业划分将零售业分为 11 个分行业：
（1）食品、饮料及烟草制品专门零售；（2）纺织、服装及日用品专门零售；（3）文化、体育用品及器材专门零售；（4）医药及医疗器械专门零售；（5）汽车、摩托车、燃料及零配件专门零售；（6）家用电器及电子产品专门零售；（7）五金、家具及室内装饰材料专门零售；（8）百货零售；（9）超级市场零售；（10）货摊及无店铺零售；（11）其他综合零售。其中，第（8）～（11）属于综合零售业。本节分析从法人企业数、年末从业人数、年末零售营业面积、资产总额和销售总额 5 个维度展开。

3.2.2.1 中国零售业分行业法人企业数结构分析

总体而言，零售业法人企业数在 2017—2018 年从 99 182 个下降到 97 819 个，各行业法人企业数均有所减少，但其比例关系基本保持稳定。如图 3-8 所示，2018 年中国零售业分行业法人企业数量分解中，汽车、摩托车、燃料及零配件专门零售，家用电器及电子产品专门零售的法人企业数占比最高，分别为 39.25% 和 11.32%；综合零售业中，百货零售、货摊及无店铺零售和超级市场零售占比分别为 6.04%、7.50%、5.39%。其余分行业占比均低于 10%。与 2017 年数据相比，各细分行业法人企业数与相对比例关系基本保持不变。

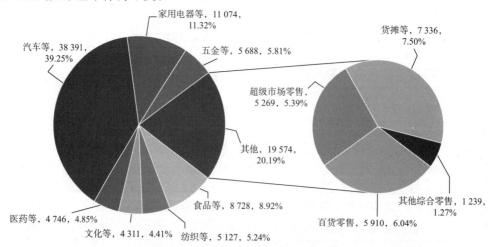

图 3-8　中国零售业分行业法人企业数（个）的行业结构（2018 年）

3.2.2.2　中国零售业分行业年末从业人数结构分析

2017—2018 年，零售业年末从业人数由 677.5 万人降低至 657.6 万人。如图 3-9 所示，综合零售业依托其经营特征，在细分行业中保持着最强的就业吸纳能力，该行业 2018 年末从业人数为 247.99 万人，占限额以上零售业总体就业人数的 37.71%，较 2017 年有所下降，其中超级市场零售和百货零售分别吸纳了全部零售业年末从业人员的 17.90% 和 13.89%，汽车、摩托车、燃料及零配件专门零售占比达到 25.87%。其余行业年末从业人员占比均低于 10%，结构与 2017 年基本保持一致。

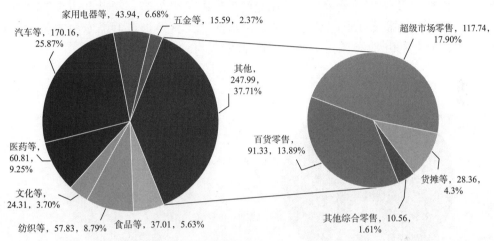

图 3-9　中国零售业分行业年末从业人数（万人）的行业结构（2018 年）

3.2.2.3　中国零售业分行业年末零售营业面积结构分析

如图 3-10 所示，总体而言，2018 年末零售营业面积较 2017 年有所增加，从 33 250.2 万平方米增加至 33 764.8 万平方米，各分行业结构与 2017 年基本一致。其中，

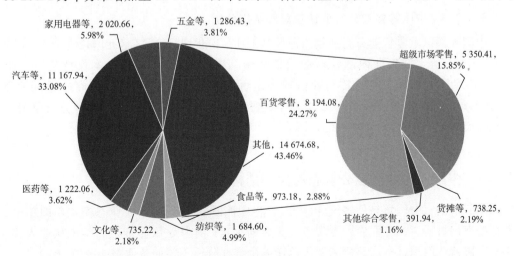

图 3-10　中国零售业分行业年末零售营业面积（万平方米）的行业结构（2018 年）

综合零售业营业面积达到 14 674.68 万平方米,占总营业面积的 43.46%,其中百货零售和超级市场零售分别占零售业营业面积的 24.27% 和 15.85%。汽车、摩托车、燃料及零配件专门零售占 33.08%,其余分行业占比均在 10% 以下。

3.2.2.4 中国零售业分行业资产总额结构分析

中国零售业各行业的资产总额相较于 2017 年有所增加,各行业结构保持基本稳定。如图 3-11 所示,资产总额最大的为汽车、摩托车、燃料及零部件专门零售,占比为零售业资产总额的 38.51%;其次是综合零售业,占比为 31.12%。百货零售占零售业资产总额的 16.46%。医药及医疗器械专门零售占比在 2017—2018 年由 5.56% 降至 4.98%,而家用电器及电子产品专门零售,食品、饮料及烟草制品专门零售占比在 2017—2018 年分别由 8.28%、3.60% 升至 8.52%、4.03%。

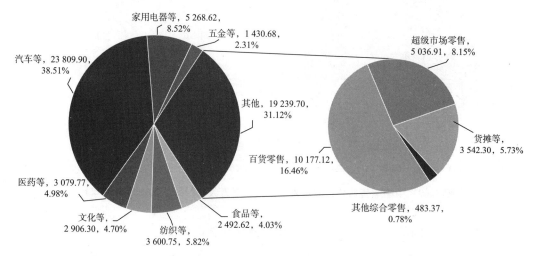

图 3-11 中国零售业分行业资产总额(亿元)的行业结构(2018 年)

3.2.2.5 中国零售业分行业销售总额结构分析

中国限额以上零售业分行业销售总额从 2017 年的 123 085.3 亿元增长为 2018 年的 124 987.9 亿元,零售业内部各行业销售总额结构与 2017 年相比基本保持稳定。如图 3-12 所示,2018 年综合零售业占零售业商品销售总额的 28.35%,商品零售额合计 35 440.14 亿元。另外,汽车、摩托车、燃料及零配件专门零售为零售业分行业销售总额占比最大的行业。

3.2.3 中国零售业产业分业态规模与结构分析

本节依据《中国贸易外经统计年鉴》,将中国零售业分为六大业态模式,即超市、大型超市、百货店、专业店、专卖店及无店铺零售,并从法人企业数、年末从业人数、年末零售营业面积、资产总额和销售总额五个维度分析零售业各业态的规模与结构。

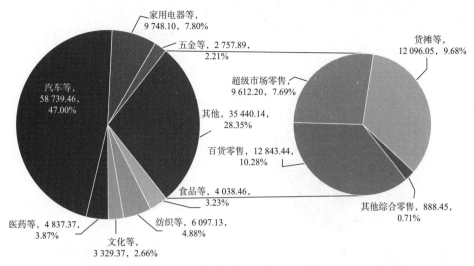

图 3-12　中国零售业分行业销售总额（亿元）的行业结构（2018 年）

3.2.3.1　中国零售业分业态法人企业数结构分析

如图 3-13 所示，专卖店和专业店占比最高，专卖店 2018 年法人企业数为 32 837 个，占零售业法人企业数的 33.57％，专业店 2018 年法人企业数为 30 659 个，占零售业法人企业数的 31.34％。其中，专业店与无店铺零售 2017—2018 年变化较大，专业店占比从 40.63％下降到 31.34％，无店铺零售占比从 7.38％增长到 15.11％。大型超市、百货店和其他业态占比均在 10％以下。

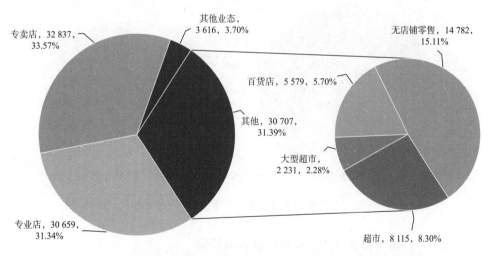

图 3-13　中国零售业分业态法人企业数（个）的业态结构（2018 年）

3.2.3.2　中国零售业分业态年末从业人数结构分析

如图 3-14 所示，专业店、专卖店、大型超市和百货店吸纳了 81.02％的零售业从业人员，共计吸纳从业人员 545.93 万人。四种业态从业人员占比均高于 10%，这主要是自身属性要求所决定的。无店铺零售从业人数占比出现大幅上涨，从 2017 年的 5.8%增长至 2018 年的 10.64%。

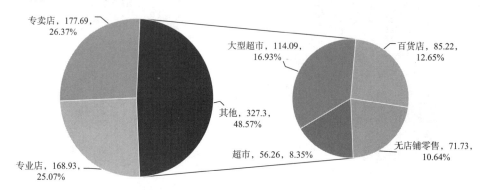

图 3-14　中国零售业分业态年末从业人数（万人）的业态结构（2018 年）

3.2.3.3　中国零售业分业态年末零售营业面积结构分析

如图 3-15 所示，与从业人数占比结构相似，专业店、专卖店、大型超市和百货店占零售业全部营业面积的绝大部分，2018 年占比为 86.12%，这也从侧面印证了零售业作为劳动力密集型行业，空间与人员之间的紧密联系。百货店和大型超市占比分别为 18.77%和 20.85%，体现出综合零售业态的特点。

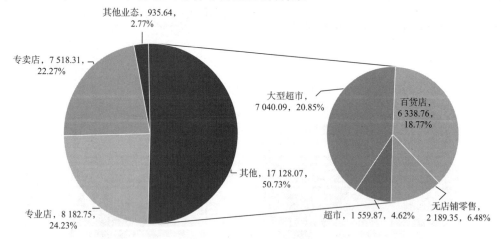

图 3-15　中国零售业营业面积总量（万平方米）的业态结构（2018 年）

3.2.3.4　中国零售业分业态资产总额结构分析

如图 3-16 所示，资产总额从高到低的前三种业态分别为专卖店、专业店和百货店，占比分别为 29.51%、29.29%、14.55%。无店铺零售业态增长较为迅速，2017—2018 年，占比从 7.57%增长为 13.12%。

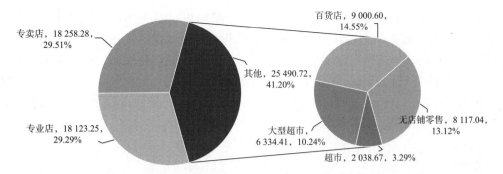

图 3-16　中国零售业分业态资产总额（亿元）的业态结构（2018 年）

3.2.3.5　中国零售业分业态销售总额结构分析

如图 3-17 所示，专业零售业态中，2018 年专卖店和专业店商品销售额分别为 40 406.09 亿元和 32 943.1 亿元，占零售业商品销售总额比重分别为 32.33％和 27.96％。其他零售业态中，按照占比排序分别为无店铺零售业态、百货店业态、大型超市业态和超市业态，占比分别为 17.58％、9.29％、9.09％、3.06％。

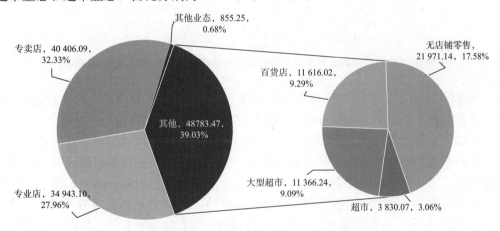

图 3-17　中国零售业分业态销售总额（亿元）的业态结构（2018 年）

3.2.4　中国零售业批零比率的总体分析

本节使用《中国贸易外经统计年鉴 2019》及国研网统计数据，对中国零售业批零比率（批发额和零售额的比值）做总体分析。由于数据均来自限额以上批发和零售企业的商品购销存情况中的批发业和零售业，本节所涉及的批零比率指标都是基于限额以上口径。本节通过四种方式比较批零比率：销售总额、法人企业数、年末从业人数、资产总额。①

---

①　由于《中国贸易外经统计年鉴 2019》及国研网统计数据未公布销售类值的数据，故 2018 年以资产总额指标替代销售类指标。

如图 3-18 所示，以四种方式度量的批零比率均在 2011—2016 年波动下降，但是2016—2018 年有较大幅度抬升，这是批发业销售总额增加而零售业销售总额减少的共同作用。从销售总额来看，批发业销售总额远高于零售业销售总额，批发业销售总额在 2011—2018 年波动上升，在 2018 年达到 516 111.59 亿元的水平。零售业销售总额波动较为平稳，在 2018 年销售总额为 124 987.91 亿元。一般而言，批零比率越低，代表商品流通速度越快、流通效率越高。

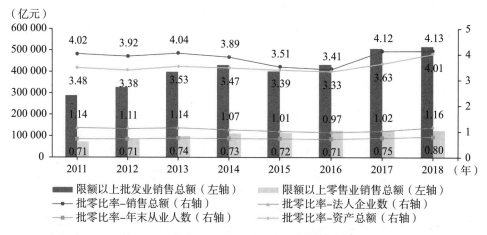

图 3-18　中国限额以上批发业与零售业销售总额及批零比率（2011—2018 年）

表 3-4 展示了 2011—2018 年中国限额以上批发业与零售业的其他各项主要指标对比。批发业和零售业的毛利率和净利率在稳定中略有波动，毛利率分别处在 7%、12%上下波动，净利率均在 2% 上下波动，零售业的毛利率和净利率均略高于批发业。毛利率与净利率之差反映了企业控制费用的效率，而较低的毛利率和净利率一方面反映了行业差异，另一方面也是竞争加剧的结果。从企业所有制类型角度出发，销售总额指标的批零比率在不同所有制之间表现出明显差异，内资企业该指标在波动中下降，2018 年达到 4.06，港澳台商投资企业和外商投资企业在波动中上升，2018 年分别达到3.01 和 5.94，反映出向供应链上游整合的趋势。此外，法人企业数、主营业务收入与净利润维度的批零比率指标总体上呈现下降趋势（2018 年有所回升），零售业在流通渠道中的地位凸显。

表 3-4　中国限额以上批发业与零售业主要批零比率指标（2011—2018 年）

指标	2011 年	2012 年	2013 年	2014 年	2015 年	2016 年	2017 年	2018 年
批零比率-销售总额	4.02	3.92	4.04	3.89	3.51	3.41	4.12	4.13
销售总额批零比率-内资企业	4.05	3.94	4.02	3.8	3.39	3.29	4.02	4.06
销售总额批零比率-港澳台商投资企业	2.31	2.09	2.55	3.12	3.2	3.08	3.36	3.01

续表

指标	2011 年	2012 年	2013 年	2014 年	2015 年	2016 年	2017 年	2018 年
销售总额批零比率-外商投资企业	5	5.29	5.54	5.77	5.59	5.5	6.09	5.94
批零比率-法人企业数	1.14	1.11	1.14	1.07	1.01	0.97	1.02	1.16
批零比率-年末从业人数	0.71	0.71	0.74	0.73	0.72	0.71	0.75	0.80
批零比率-资产总额	3.48	3.38	3.53	3.47	3.39	3.33	3.63	4.01
批零比率-主营业务收入	4.09	4.02	4.15	4	3.6	3.48	4.17	4.61
批零比率-净利润	3.49	3.95	3.33	2.99	3	2.61	2.88	4.12
毛利率-批发业	6.62%	6.35%	6.69%	6.25%	6.84%	7.10%	6.47%	6.12%
毛利率-零售业	11.29%	11.17%	12.06%	11.60%	11.76%	11.78%	12.26%	12.26%
净利率-批发业	1.89%	1.70%	1.97%	1.57%	1.66%	1.96%	1.63%	1.88%
净利率-零售业	2.22%	1.73%	2.45%	2.09%	2.00%	2.61%	2.36%	2.10%

3.3　中国零售业盈利能力分析

本节从毛利率、购销差价比、营业利润率、净利率、净资产收益率以及资本金收益率六个维度对中国零售企业盈利能力进行分析。具体而言，毛利率即为主营业务利润率，是主营业务利润与主营业务收入的比值；购销差价比，表示为销售总额与购进总额的差价与销售总额的比值，采用流转角度的购销总额数据进行分析；营业利润率为营业利润与销售收入的比值；净利率为净利润与销售收入的比值；净资产收益率为净利润与所有者权益的比值；资本金收益率为净利润与实收资本的比值。本节数据来源于《中国贸易外经统计年鉴 2019》。基于数据统计口径约束，本节分析依然针对限额以上零售业企业。

3.3.1　中国零售业主要所有制类型盈利能力分析

如表 3-5 所示，在以主营业务利润率、购销差价比、营业利润率、净利率指标衡量的盈利水平上，港澳台商投资企业和外商投资企业都优于内资和国有控股企业，其中，主营业务利润率均高出内资企业 8 个百分点。国有控股企业与内资企业总体盈利能力相差不大，2018 年国有控股企业购销差价比为 28.60%，显著高于内资企业平均水平，略高于港澳台商投资企业，体现出较强的渠道控制能力。净资产收益率从高到低依次为内资企业、外商投资企业、港澳台商投资企业和国有控股企业。另外，国有控股企业的资本金收益率最高，2018 年达到 24.89%。

表 3-5　中国零售业主要所有制类型的盈利能力（2018 年）

指标	所有制类型				限额以上零售业均值
	内资企业	国有控股企业	港澳台商投资企业	外商投资企业	
主营业务利润率	11.20％	10.71％	19.39％	19.36％	12.26％
购销差价比	18.60％	28.60％	22.02％	30.43％	19.64％
营业利润率	2.47％	0.57％	2.99％	3.41％	2.57％
净利率	2.07％	2.58％	2.02％	2.54％	2.10％
净资产收益率	12.32％	9.95％	9.98％	11.37％	12.07％
资本金收益率	11.77％	24.89％	14.55％	18.69％	12.28％

3.3.2　中国零售业分行业盈利能力分析

如图 3-19 所示，六大盈利能力指标值在各行业之间有较大异质性。在购销差价比上，纺织、服装及日用品专门零售，百货零售表现突出，2018 年购销差价比分别为 33.98％和 30.58％。家用电器及电子产品专门零售的购销差价比为 13.17％，在各分行业中处于最低。从毛利率来看，纺织、服装及日用品专门零售，食品、饮料及烟草制品专门零售在分行业中最高，分别为 30.58％和 22.48％，最低为汽车、摩托车、燃料及零配件专门零售，2018 年毛利率为 7.77％。

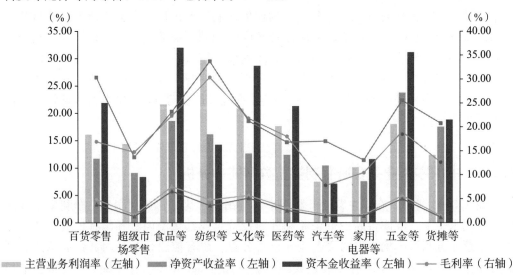

图 3-19　中国零售业分行业盈利能力（2018 年）

各分行业的营业利润率差异较小，各分行业的净利率与营业利润率排序基本一致，最高的为食品、饮料及烟草制品专门零售，2018 年营业利润率和净利率分别为 7.56％和

6.62%，最低的为货摊及无店铺零售，2018 年营业利润率和净利率分别为 1.48% 和 1.17%。

在净资产收益率上，2018 年综合零售业和专业零售业平均净资产收益率分别为 11.94% 和 12.12%。五金、家具及室内装饰材料专门零售的净资产收益率超过 20%，在分行业中最高，达到 23.96%。从资本金收益率来看，2018 年专业零售业和综合零售业平均分别为 11.20% 和 16.30%，排名前三的分行业为食品、饮料及烟草制品专门零售，五金、家具及室内装饰材料专门零售，文化、体育用品及器材专门零售，资本金收益率分别为 32.22%、31.41% 和 28.91%。

3.3.3 中国零售业分业态盈利能力分析

图 3-20 展示了 2018 年中国零售业分业态盈利能力的相关指标。具体而言，在毛利率与购销差价比指标上，百货店均高于其他零售业态，其 2018 年毛利率与购销差价比分别为 18.03%、30.99%。与 2017 年相比，在毛利率指标上，无店铺零售有所下降，其余业态有所上升。而在购销差价比指标上，所有业态均有所上升。在净利率指标上，无店铺零售的净利率最低，仅为 0.68%，但该指标最高的业态百货店达到 4.09%。所有业态的净资产收益率均在 10% 以上，其中最高的业态为超市，达到 14.66%，最低的业态是大型超市，为 10.11%。除了专卖店外，其余五种业态的资本金收益率均在 10% 以上，2018 年专卖店资本金收益率为 8.65%。

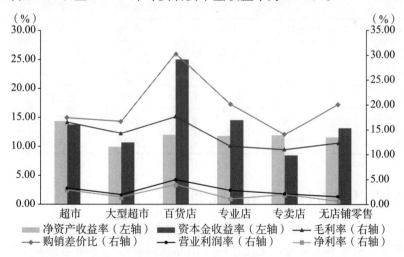

图 3-20 中国零售业分业态盈利能力（2018 年）

3.4 中国零售业费用控制分析

本节将用销售费用率、管理费用率、财务费用率以及总费用率四个指标对中国零售业的费用控制情况进行分析。费用率为各项费用与主营业务收入的比重，总费用率为前三项费用之和与主营业务收入的比重。本节数据来源于《中国贸易外经统计年鉴

2019》，全部采用限额以上口径。

3.4.1 中国零售业主要所有制类型费用控制分析

如表 3-6 所示，从绝对额来看，2018 年中国零售业费用总额约为 11 877.86 亿元，相较于 2017 年的 11 225.96 亿元有所增加，主营业务收入由 107 015.80 亿元升为 108 313.87 亿元，总费用率由 10.49% 上升至 10.97%。从结构上来看，三大费用率由高到低为销售费用率、管理费用率、财务费用率，分别为 7.26%、3.14%、0.57%，销售费用率和管理费用率较 2017 年均有上升，财务费用率有所下降。从不同所有制类型来看，港澳台商投资企业和外商投资企业的总费用率分别为 19.49% 和 18.39%，分别高出内资企业 9.72 和 8.62 个百分点，主要是较高的销售费用率和管理费用率所致。

表 3-6 中国零售业主要所有制类型的费用控制（2018 年）

指标	所有制类型				限额以上 零售业合计
	内资企业	国有控股 企业	港澳台商 投资企业	外商投资企业	
主营业务收入（亿元）	94 196.30	20 245.06	6 747.13	7 370.44	108 313.87
费用总额（亿元）	9 207.48	1 801.75	1 314.84	1 355.54	11 877.86
总费用率	9.77%	8.90%	19.49%	18.39%	10.97%
销售费用（亿元）	5 897.94	1 304.40	946.08	1 015.05	7 859.07
销售费用率	6.26%	6.44%	14.02%	13.77%	7.26%
管理费用（亿元）	2 742.27	451.53	345.00	315.34	3 402.61
管理费用率	2.91%	2.23%	5.11%	4.28%	3.14%
财务费用（亿元）	567.27	45.82	23.76	25.15	616.18
财务费用率	0.60%	0.23%	0.35%	0.34%	0.57%

3.4.2 中国零售业分行业费用控制分析

如图 3-21 所示，零售业各子行业在各项费用率之间有较大差异，纺织、服装及日用品专门零售，超级市场零售，文化、体育用品及器材专门零售是所有子行业中总费用率最高的三个行业，2018 年总费用率分别为 26.21%、17.02% 和 16.69%，较 2017 年均有所上升。汽车、摩托车、燃料及零配件专门零售的总费用率为 6.21%，在所有子行业中处于最低水平。

在销售费用率方面，各行业的排序情况与总费用率一致，纺织、服装及日用品专门零售的销售费用率达 18.89%，销售费用率最低的汽车、摩托车、燃料及零配件专门零售，为 3.71%，货摊及无店铺零售的销售费用率为 8.88%。在管理费用率方面，纺织、服装及日用品专门零售，汽车、摩托车、燃料及零配件专门零售分别为子行业中最高和

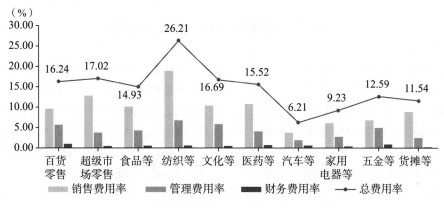

图 3-21　中国零售业分行业费用控制（2018 年）

最低的行业，管理费用率分别为 6.74％和 1.91％。在财务费用率方面，仅有百货零售的财务费用率超过 1％，其余均在 1％以下。汽车、摩托车、燃料及零配件专门零售有较为成熟和稳定的销售渠道，能够更好地管理相关费用率。此外，尽管纺织、服装及日用品专门零售有较高的总费用率，但是其购销差价和毛利率也较高，冲抵了这部分成本的压力。

3.4.3　中国零售业分业态费用控制分析

如图 3-22 所示，2018 年总费用率最高的业态为大型超市，达到 16.69％，专卖店和专业店的总费用率分别为 9.56％和 9.25％，为所有业态中最低水平。专卖店和专业店在费用控制方面表现突出，以百货店和超市为代表的综合零售业态虽然有优于专业零售业态的商品宽度和深度，但并没有同时实现规模经济和范围经济。在销售费用率方面，大型超市以 12.19％处于各业态最高水平，主要是激烈竞争导致销售费用高居不下。百货店的经营方式使得其管理费用率居所有业态之首，达到 5.46％，其余业态均在 3％～4％。在财务费用率方面，百货店以 0.83％的财务费用率处于所有业态最高水平。

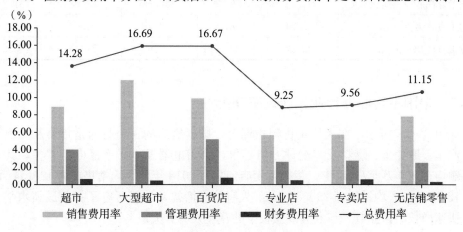

图 3-22　中国零售业分业态费用控制（2018 年）

3.5　中国零售业劳动效率分析

本节将从企业的所有制类型、行业和业态三个角度，通过人均销售额、人均营业面积、人均工资和单位工资产出四个指标衡量中国零售业劳动效率。其中，人均销售额是考核全员劳动效率的指标，即限额以上零售业商品销售额与年末从业人数的比值；人均营业面积为年末总营业面积与年末从业人数的比值；人均工资为应付职工薪酬与年末从业人数的比值；单位工资产出为人均主营业务收入与人均工资的比值。本节数据均来源于《中国贸易外经统计年鉴 2019》，全部采用限额以上口径。

3.5.1　中国零售业主要所有制类型劳动效率分析

相较于 2017 年，中国零售业的人均销售额、人均营业面积、人均工资、单位工资产出在 2018 年均有所上升。如表 3-7 所示，内资企业的人均销售额为 191.16 万元/人，其中有控股企业的人均销售额为 309.37 万元/人，高于港澳台商和外商投资企业。在人均营业面积方面，内资企业高于港澳台商和外商投资企业。在人均工资指标上，港澳台商和外商投资企业仍然高于内资企业，并相较于 2017 年均有所上升。单位工资产出指标反映出每一单位工资投入对主营业务收入的贡献程度。内资企业和国有控股企业在这一指标上基本持平，且均高于港澳台商和外商投资企业。限额以上单位工资产出相较于 2017 年略有下降，从 26.22 万下降到 25.27 万元。

表 3-7　中国零售业主要所有制类型的劳动效率（2018 年）

指标	所有制类型				限额以上零售业合计
	内资企业	国有控股企业	港澳台商投资企业	外商投资企业	
人均销售额（万元/人）	191.16	309.37	164.93	202.83	190.06
人均营业面积（平方米/人）	52.62	77.78	38.95	47.98	51.34
人均工资（万元/人）	6.24	9.36	8.48	8.02	6.52
单位工资产出（万元）	26.57	26.77	16.99	21.35	25.27

3.5.2　中国零售业分行业劳动效率分析

如图 3-23 所示，在人均销售额指标上，排名最高的三个行业是货摊及无店铺零售，汽车、摩托车、燃料及零配件专门零售，家用电器及电子产品专门零售，其人均销售额均在 200 万元/人以上。货摊及无店铺零售 2018 年的人均销售额为 426.54 万元/人，较 2017 年人均销售额 290.86 万元/人有较大增幅，处于所有子行业最高水平，这与其快速增长的营业收入与利润以及较少的营业人员有关。

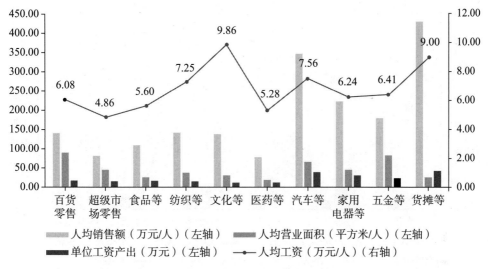

图 3-23　中国零售业分行业劳动效率（2018 年）

在人均营业面积指标上，百货零售，五金、家具及室内装饰材料专门零售居前两位，人均营业面积分别为 89.72 平方米/人和 82.50 平方米/人，这与商品的属性和对展示陈列的需要有关。在单位工资产出方面，货摊及无店铺零售，汽车、摩托车、燃料及零配件专门零售表现突出，分别为 41.66 万元和 39.68 万元，相较于 2017 年均有所增长。最低的两个行业为文化、体育用品及器材专门零售，纺织、服装及日用品专门零售，分别为 12.44 万元和 12.67 万元。人均工资排名由高到低前三的行业为：文化、体育用品及器材专门零售，货摊及无店铺零售，汽车、摩托车、燃料及零配件专门零售，人均工资分别为 9.86 万元/人、9.00 万元/人和 7.56 万元/人。各子行业的人均工资与行业盈利水平和分配制度有关，且与人均销售额基本对应。

3.5.3　中国零售业分业态劳动效率分析

如图 3-24 所示，在人均销售额方面，排名最高的三种业态为：无店铺零售、专卖店、专业店，其人均销售额分别为 306.31 万元/人、227.40 万元/人、206.84 万元/人。在人均营业面积指标上，百货店和大型超市位居前两位，人均营业面积分别为 74.38 平方米/人和 61.71 平方米/人，人均营业面积最低的业态为超市，为 27.72 平方米/人。人均营业面积与各业态的经营规模有关，与 2017 年相比，2018 年各零售业态的人均营业面积排序相对规模保持不变。

在单位工资产出指标上，专业店、专卖店和无店铺三种业态表现突出，分别为 26.20 万元、27.38 万元和 32.33 万元。无店铺零售的高单位工资产出凸显了网络零售的飞速发展，相较于有店铺零售业态，无店铺零售在降低人员成本、提升净利率和劳动效率方面有突出表现。人均工资与人均销售额基本对应，由高到低依次为：无店铺零售、专卖店、专业店、百货店、大型超市、超市。

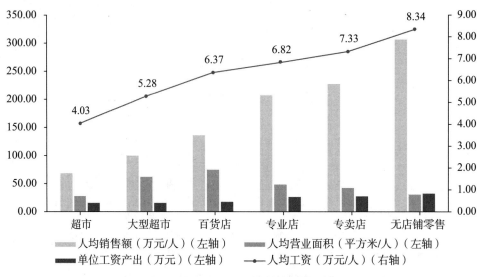

图3-24　中国零售业分业态劳动效率（2018年）

3.6　中国零售业企业效率分析

本节将从企业所有制类型、行业和业态三个角度，通过企均销售额、企均资产、企均营业面积、企均从业人数四个指标衡量中国零售业企业效率。其中，企均销售额为总销售额与法人企业数的比值，企均资产为行业总资产与法人企业数的比值，企均营业面积为年末营业面积与法人企业数的比值，企均从业人数为年末零售业从业人数与法人企业数的比值。本节数据均来源于《中国贸易外经统计年鉴2019》，全部采用限额以上口径。

3.6.1　中国零售业主要所有制类型企业效率分析

如表3-8所示，在四项企业效率指标上，内资企业都明显低于国有控股、港澳台商投资和外商投资企业。2018年限额以上零售业企均销售额为12 777.47万元，港澳台商投资企业和外商投资企业的企均销售额分别为58 161.55万元和94 094.12万元，国有控股企业企均销售水平也高于内资企业平均水平。2018年限额以上零售业企均资产为6 320.69万元，港澳台商投资企业和外商投资企业分别为31 523.14万元和54 341.32万元。国有控股企业企均资产为28 649.15万元，显著高于内资企业平均水平。

表3-8　中国零售业主要所有制类型的企业效率（2018年）

指标	所有制类型				限额以上 零售业均值
	内资企业	国有控股 企业	港澳台商 投资企业	外商投资 企业	
企均销售额（万元）	11 357.13	51 365.41	58 161.55	94 094.12	12 777.47

续表

指标	所有制类型				限额以上 零售业均值
	内资企业	国有控股 企业	港澳台商 投资企业	外商投资 企业	
企均资产（万元）	5 504.14	28 649.15	31 523.14	54 341.32	6 320.69
企均营业面积（平方米）	3 126.21	12 914.09	13 735.81	22 259.71	3 451.76
企均从业人数（人）	59.41	166.03	352.65	463.90	67.23

3.6.2　中国零售业分行业企业效率分析

如图 3-25 所示，在零售业各分行业中，百货零售、超级市场零售等综合零售业的企均销售额、企均资产、企均营业面积和企均从业人数都明显高于其他专业零售业。2018 年综合零售业中百货零售的企均销售额和企均资产分别为 21 731.70 万元和 17 220.17 万元，超级市场零售为 18 242.93 万元和 9 559.52 万元，百货零售是零售分行业中唯一企均销售额超过 2 亿元的行业；在专业零售业中，2018 年企均销售额超过 1 亿元的有纺织、服装及日用品专门零售，医药及医疗器械专门零售，汽车、摩托车、燃料及零配件专门零售，货摊及无店铺零售等。食品、饮料及烟草制品专门零售的企均销售额最低，这与其商品属性、单价以及经营形式有关。

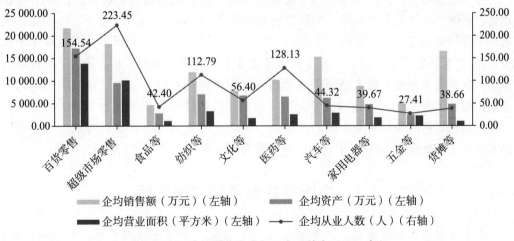

图 3-25　中国零售业分行业企业效率（2018 年）

企均资产和企均销售额在排名上基本一致，分行业中企均资产超过 1 亿元的仅有百货零售，2018 年达到 17 220.17 万元，企均资产最低的为五金、家具及室内装饰材料专门零售。基于业态分化的经营形式和规模特点，百货零售和超级市场零售 2018 年的企均营业面积分别高达 13 864.76 平方米和 10 154.52 平方米，其他各行业的企均营业面积均不足 3 000 平方米。

3.6.3 中国零售业分业态企业效率分析

如图 3-26 所示，中国零售业企业效率在各业态之间有较大差异。具体而言，在企均销售额指标上，大型超市表现最为突出，2018 年企均销售额高达 50 946.84 万元，相较于 2017 年的 42 790 万元增长 19.06%。大型超市是唯一企均销售额超过 5 亿元的零售行业。

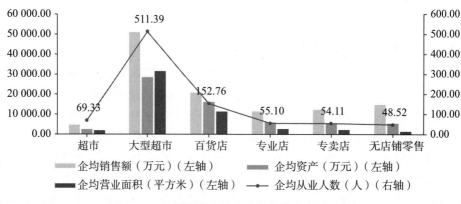

图 3-26　中国零售业分业态企业效率（2018 年）

分业态企均资产指标与企均销售额排名基本一致，大型超市仍居首位，2018 年企均资产超过 2.8 亿元，位居第二的百货店企均资产近 1.61 亿元。专业店、专卖店、无店铺零售均略高于 5 000 万元，较 2017 年有一定提升。超市企均资产在所有业态中最少，2018 年为 2 512.23 万元。在企均营业面积上，大型超市和百货店远大于其他零售业态，在所有业态中，仅大型超市的企均营业面积超过 3 万平方米，百货店的企均营业面积超过 1 万平方米，超市、专业店、专卖店的企均营业面积均在 2 000 平方米左右，无店铺零售的企均营业面积为 1 481.09 平方米。在企均从业人数方面，大型超市仍然远高于其他业态，2018 年企均从业人数为 511.39 人，百货店为 152.76 人。

3.7　中国零售业经营效率分析

本节从企业所有制类型、行业和业态三个角度，通过存货周转率、资产周转率、坪效三个指标衡量中国零售业企业经营效率。其中，存货周转率反映存货流动性高低，不仅可以衡量企业生产经营中的存货运营效率，还可以反映企业经营绩效。本节采用两种口径来度量该指标：口径 1 为商品销售口径，利用商品购进额与平均存货的比值衡量；口径 2 为存货周转口径，利用主营业务成本与平均存货的比值衡量；资产周转率反映了企业整体资产的营运能力，一般而言，周转速度越快，营运能力就越强。该指标度量同样采用两种口径度量：口径 1 为商品销售额与资产总额的比值，口径 2 为主营业务收入与资产总额的比值；坪效为每平方米的销售收入，用以反映商场的经营效率。该指标同样从两种口径进行度量：口径 1 为商品销售额与年末零售业营业面积的比值，口径 2 为主营业务收入与年末零售业营业面积的比值。本节数据均来源于《中国贸易外经统计年鉴 2019》，全部采用限额以上口径。

3.7.1　中国零售业主要所有制类型经营效率分析

如表 3-9 所示，两种口径下的企业经营效率指标略有差异，但总体变化趋势一致。在存货周转率指标上，外商投资企业与内资企业水平相近，在两种口径上均明显高于港澳台商投资企业。资产周转率在两种口径下由高到低依次为内资企业、外商投资企业、港澳台商投资企业、国有控股企业。港澳台商投资企业 2018 年在两种口径下的坪效分别为 42 343 元/平方米和 36 989 元/平方米，均高于内资企业、外商投资企业和国有控股企业。

表 3-9　中国零售业主要所有制类型的经营效率（2018 年）

指标	所有制类型				限额以上零售业均值
	内资企业	国有控股企业	港澳台商投资企业	外商投资企业	
口径 1 存货周转率	8.91	8.27	7.35	9.81	8.85
口径 2 存货周转率	10.33	14.19	7.99	11.86	10.24
口径 1 资产周转率	2.09	1.51	1.53	1.92	2.03
口径 2 资产周转率	1.81	1.34	1.34	1.62	1.76
口径 1 坪效（元/平方米）	36 329	38 189	42 343	42 271	37 017
口径 2 坪效（元/平方米）	31 530	33 726	36 989	35 680	32 079

3.7.2　中国零售业分行业经营效率分析

如图 3-27 所示，在存货周转率指标上，货摊及无店铺零售在两种口径下的存货周转率都居于各行业之首，反映出其轻资产、高周转的经营优势；文化、体育用品及器材专门零售，纺织、服装及日用品专门零售的存货周转率最低，其经营面临较大的库存压力并面临存货占压资金的风险。货摊及无店铺零售在口径 1 下的存货周转率由 2017 年的 18.20 增长至 20.59。在资产周转率方面，货摊及无店铺零售，汽车、摩托车、燃料及零配件专门零售处于行业最高水平，以口径 1 为例，货摊及无店铺零售，汽车、摩托车、燃料及零配件专门零售资产周转率分别为 3.45 和 2.53。百货零售在口径 1 资产周转率最低，仅为 1.19，资产运营效率有待提升。在坪效方面，货摊及无店铺零售表现最为突出，以口径 1 为例，坪效为 163 847.31 元/平方米。百货零售、超级市场零售和五金、家具及室内装饰材料专门零售的坪效最低，分别为 15 674.05 元/平方米、17 965.34 元/平方米和 21 438.38 元/平方米。

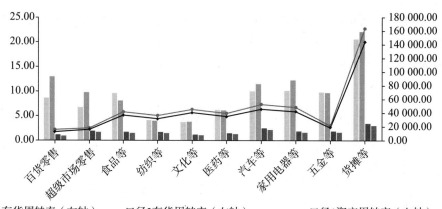

图 3-27 中国零售业分行业经营效率（2018 年）

3.7.3 中国零售业分业态经营效率分析

如图 3-28 所示，无店铺零售的存货周转率和资产周转率都处在各业态首位，口径 1 和口径 2 衡量的存货周转率分别为 15.43 和 16.38，口径 1 和口径 2 衡量的资产周转率分别为 3.45 和 3.03。在资产周转率方面，各零售业态由大到小，依次按照无店铺零售、专卖店、大型超市、专业店、超市、百货店的顺序排列。百货店的资产周转率按照两种口径分别为 1.24 和 1.03。这与百货店需要大规模的营业面积、装修资金等前期投入和流动资产的经营需求有关。在坪效方面，无店铺零售的坪效在两种口径下分别为 100 354.63 元/平方米和 88 328.15 元/平方米。其次是专卖店和专业店，在口径 2 下坪效分别为 47 410.04 元/平方米和 36 912.17 元/平方米。坪效最低的大型超市、百货店和超市在口径 1 下坪效分别为 16 145.02 元/平方米、18 325.38 元/平方米和 24 553.71 元/平方米。

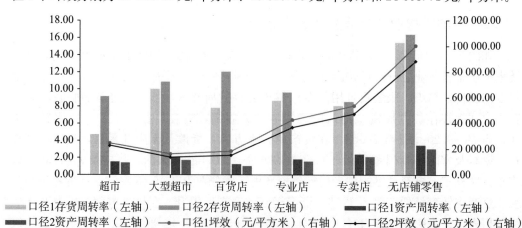

图 3-28 中国零售业分业态经营效率（2018 年）

（王翰斌）

第4章　中国零售业地区发展分析报告

本章旨在对中国零售业在全国主要区域层面、省级层面、地级以上城市层面三大层面的发展情况，以及农村零售业的发展情况进行监测与分析。本报告 2019 年数据采用各级政府和统计局 2020 年初官方公布的《2019 年国民经济和社会发展统计公报》及各地统计公报口径数据，本报告其他部分的数据主要采用《中国统计年鉴 2019》、《中国城市统计年鉴 2019》、《中国贸易外经统计年鉴 2019》、中经网统计数据库、国研网统计数据库、Wind 数据库、EPS 数据平台的 2018 年及以前年份数据。本章共有附表 10 张，请读者扫描本报告附录的二维码免费下载查阅。

4.1　中国经济区零售业发展分析

本部分为中国零售业在各主要经济区的发展分析，从人口与 GDP 分析、社会消费与零售业发展总体分析、零售业发展相对分析三个层次展开横向比较。经济区的划分方法采用两组口径：一是按照国家统计局四大区域口径，即东部（北京、天津、上海、河北、山东、江苏、浙江、福建、广东、海南）、中部（山西、河南、湖北、安徽、湖南、江西）、西部（内蒙古、新疆、宁夏、陕西、甘肃、青海、重庆、四川、西藏、广西、贵州、云南）和东北（黑龙江、吉林、辽宁）；二是按照国家发改委八大综合经济区口径，即东北综合经济区（黑龙江、吉林、辽宁）、北部沿海综合经济区（北京、天津、河北、山东）、东部沿海综合经济区（上海、江苏、浙江）、南方沿海综合经济区（广东、福建、海南）、黄河中游综合经济区（陕西、山西、河南、内蒙古）、长江中游综合经济区（湖北、湖南、江西、安徽）、大西南综合经济区（云南、贵州、四川、重庆、广西）、大西北综合经济区（甘肃、宁夏、青海、新疆、西藏）。

4.1.1　中国经济区人口与 GDP 分析

从四大区域角度看，各地区 GDP、人均值及年末常住人口如图 4-1 所示。相较于 2018 年数据，2019 年东部地区、东北地区出现下降，其他两个地区的 GDP 占比均有不同程度的提升。东部地区、中部地区、西部地区、东北地区人均 GDP[①] 分别为 9.44 万元、5.87 万元、5.37 万元、4.66 万元，除东北地区外，其他三个地区较 2018 年数据均有所增加。在常住人口方面，各地区常住人口占全国人口比重与 2018 年的数据相比整体变化不大。

---

　① 本报告各经济区人均 GDP 指标，系根据各经济区所属省份 GDP 合计值/该经济区年末常住人口合计值求得。

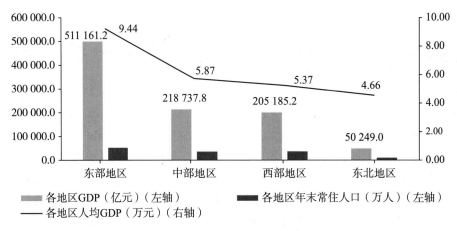

图 4-1　中国四大区域 GDP、人均值及年末常住人口（2019 年）

与 2018 年相比，2019 年东部、中部、西部三大地区的 GDP 总体呈上涨趋势，东北地区增速低于其他三大地区。从人口增长看，东北地区常住人口延续减少趋势，其余三大地区 2019 年人口与 2018 年相比均有增加。各地区人均 GDP 的变动情况与 GDP 总量变动类似，东北地区增速落后于其他三大地区。

从八大综合经济区角度看，2019 年各综合经济区 GDP、人均值及年末常住人口如图 4-2 所示。与 2018 年相比，2019 年南方沿海、长江中游、大西南综合经济区 GDP 的全国占比有所上升。从人口情况分析，2019 年各综合经济区常住人口占比与 2018 年基本持平，其中大西南和长江中游综合经济区 2019 年末常住人口占全国人口比重相对其他综合经济区较多，二者均超过了 17%。

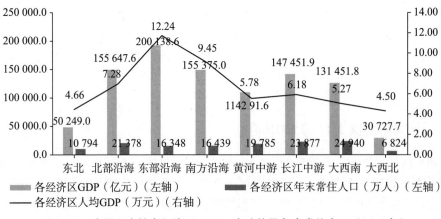

图 4-2　中国八大综合经济区 GDP、人均值及年末常住人口（2019 年）

从发展趋势看，与 2018 年相比，各综合经济区 GDP 总体呈上涨趋势，其中大西南和长江中游综合经济区涨幅在 8% 以上。从人口的变动看，除东北综合经济区外，各综合经济区年末常住人口变动均为正向。东北综合经济区仍面临人口流失问题。从人均 GDP 看，各综合经济区的人均 GDP 与 GDP 总量相适应，呈现良性上涨。其中，东部沿海综合经济区人均 GDP 仍居八大综合经济区首位，超 10 万元。大西北综合经济区取代东北综合经济区，人均 GDP 位居八大综合经济区之末。

4.1.2　中国经济区社会消费与零售业发展总体分析

2019 年四大区域的社会消费品零售总额及其人均值、人均可支配收入[①]和人均消费性支出[②]如图 4－3 所示。各地区人均可支配收入和人均消费性支出由各省级地区人均可支配收入和人均消费性支出按照人口数量加权得到。

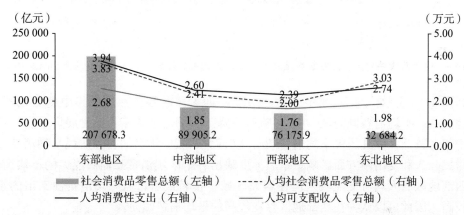

图 4－3　中国四大区域社零额及其人均值、人均可支配收入、人均消费性支出（2019 年）

2019 年八大综合经济区的社会消费品零售总额及其人均值、人均可支配收入和人均消费性支出如图 4－4 所示，各综合经济区之间呈现较大差距。其中，东部沿海的人均可支配收入和人均消费性支出水平均为最高，分别为 4.86 万元和 3.14 万元；大西北的人均可支配收入和人均消费性支出均为最低，仅为 2.15 万元和 1.67 万元。

4.1.3　中国经济区零售业发展相对分析

从零售业发展集中度看，中国各经济区零售业发展的集中度可以用各经济区社会消费品零售总额占比与地区 GDP 占比的比值，和各经济区社会消费品零售总额占比与地区常住人口占比的比值来表示，其比值越大于 1，表示该经济区单位 GDP 或单位人口基础上的零售业发展的集中度越高。两个比值分别反映了去除 GDP 和人口因素影响的相对消费水平。

---

①　本报告各经济区人均可支配收入指标，系根据（各经济区所属省份人均可支配收入×该省份年末常住人口合计值)/该经济区年末常住人口合计值求得。

②　本报告各经济区人均消费性支出指标，系根据（各经济区所属省份人均消费性支出×该省份年末常住人口合计值)/该经济区年末常住人口合计值求得。

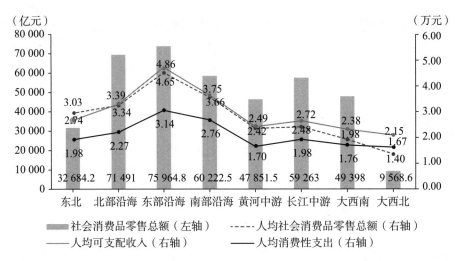

图 4-4　中国八大综合经济区社零额及其人均值、人均可支配收入、人均消费性支出（2019 年）

如图 4-5 所示，与 2018 年相比，2019 年四大区域零售业发展集中度变化不大，东北地区居民平均消费倾向较 2018 年略有下降。西部地区的零售业发展集中度在四大区域中相对较低，但其居民平均消费倾向①在四大区域中排名居首。居民平均消费倾向受到居民收入和支出两方面影响，本质上反映出各个区域消费意向和能力的不均衡性。由于西部地区的人均可支配收入值在四大区域中排名最后，但人均消费性支出的水平仍然较高，因此可以认为在西部地区存在较高的平均消费倾向。

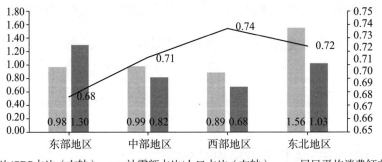

图 4-5　中国四大区域零售业发展集中度及居民平均消费倾向（2019 年）

如图 4-6 所示，与 2018 年相比，2019 年中国各综合经济区零售业发展集中度变化不大。以社零额占比与人口占比衡量的零售业发展集中度指标显示，东部沿海综合经济区零售业发展集中度仍位列八大综合经济区之首。在其他综合经济区中，东北、北部沿海、南部沿海综合经济区的零售业发展集中度也相对较高。关于八大综合经济区的居民平均消费倾向，排名最高的仍为零售业发展集中度排名靠后的大西北综合经

---

① 本报告各经济区居民平均消费倾向指标，系根据各经济区所属省份人均消费性支出/该经济区人均可支配收入求得。

济区，达 0.78，而东部沿海综合经济区排名最低，仅为 0.65。东部沿海综合经济区虽然绝对消费水平更高，但由于收入水平也很高，导致了较低的平均消费倾向；大西北综合经济区绝对消费水平较低，但相对于更低的收入水平，平均消费倾向反而更高。

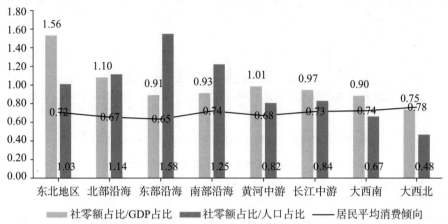

图 4 - 6　中国八大综合经济区零售业发展集中度及居民平均消费倾向（2019 年）

4.2　中国省级地区零售业发展分析

本部分为中国零售业在各个省级地区的发展分析，从总体情况、发展绩效水平、连锁零售企业三个方面，区分不同公司产权性质、国民经济行业及销售类值划分的零售企业发展状况等多个角度，监测与分析各个省级地区零售业发展。本部分搜集了中国 31 个省、自治区、直辖市的零售业基本数据，使用基本现状、流转效率、经营绩效和连锁企业指标，不仅在各省级地区内进行纵向比较，且在各省级地区间进行横向比较。

4.2.1　中国省级地区发展总体分析

4.2.1.1　中国省级地区 GDP 总体分析

2019 年各省级地区 GDP 及其增速如图 4 - 7 所示。从 GDP 增速来看，2019 年增速最高的是云南，增速达 11.22%，其次分别为西藏和福建，增速分别为 9.65%、9.58%，排名最末的吉林增速为 4.2%，较 2018 年有所增加。

4.2.1.2　中国省级地区人口总体分析

2019 年各省级地区常住人口数及其增速如图 4 - 8 所示。各省级地区人口数排名与 2018 年保持一致。广东、山东、河南、四川、江苏 5 个省的年末常住人口数均超过 8 000 万人。其中广东省的年末常住人口数为 11 521 万人，仍为全国第一人口大省。山东省的年末常住人口数为 10 070 万人，成为全国第二个常住人口破亿的省份。河北、湖南、安徽 3 个省的年末常住人口数均超过 6 000 万人。目前，东部沿海地区仍然是中国人口密度最高的地区，西北地区人口总数小、密度低。

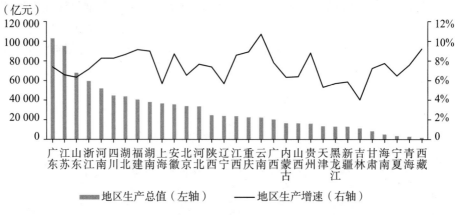

图 4-7 中国省级地区 GDP 及其增速（2019 年）

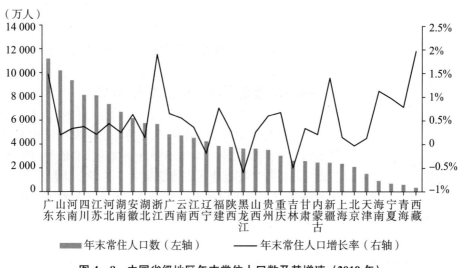

图 4-8 中国省级地区年末常住人口数及其增速（2019 年）

从常住人口增长率看，北京及东北三省继续保持常住人口负增长，其中北京常住人口增长率为－0.01%，人口流出规模略有收缩。黑龙江常住人口增长率为－0.59%，吉林常住人口增长率为－0.48%，辽宁常住人口增长率为－0.17%。其余省级地区均有不同幅度的人口上涨，其中西藏常住人口增长率仍位列第一，达 2.03%。浙江位列增速第二，常住人口增长率为 1.97%。此外，广东、新疆、海南、宁夏的常住人口增长率达到 1% 以上。

4.2.1.3 中国省级地区社会消费总体分析

2019 年各省级地区社会消费品零售总额及同比增速如图 4-9 所示。2019 年，中国全年社会消费品零售总额为 41.16 万亿元，较 2018 年增速有所上升。从各省级地区的发展水平和速度看，2019 年社会消费品零售总额超 1 万亿元的省级地区有广东、山东、江苏、浙江、河南、湖北、四川、河北、湖南、福建、辽宁、上海、安徽、北京

共 14 个。从增速上看，2019 年各省级地区社零额增长率差异较大，全国平均水平为
7.28%，共有 16 个省级地区增速在全国平均水平之上。其中，江西以 11.3% 的增速位列
各省级地区之首。增长率超过 10% 的省级地区还有安徽、云南、河南、四川、湖北、湖
南、福建 7 个省。天津社零额出现负增长，增速为 −0.31%，居各省级地区增速之末位。

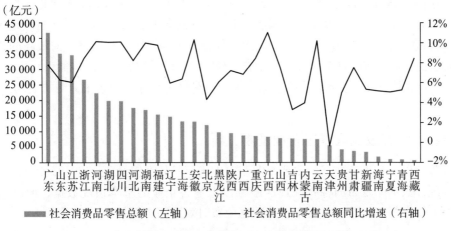

图 4 - 9　中国省级地区社会消费品零售总额及其增速（2019 年）

4.2.1.4　中国省级地区人均收入、支出与消费倾向分析

如图 4 - 10 所示，2019 年人均可支配收入超过 3 万元的省级地区有上海、北京、
浙江、天津、江苏、广东、福建、辽宁、山东、内蒙古共 10 个，其中上海、北京人均
可支配收入超 6 万元，分别为 6.94 万元、6.78 万元。全国人均可支配收入为 3.06 万
元，共有 9 个省级地区人均可支配收入超过全国平均水平。甘肃、西藏人均可支配收
入在 2 万元以下，分别为 1.91 万元、1.95 万元。

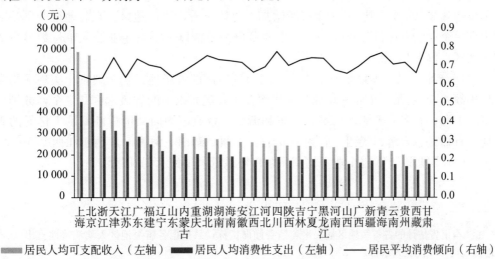

图 4 - 10　中国省级地区居民人均可支配收入与消费性支出、平均消费倾向（2019 年）

2019 年，共有 12 个省级地区居民人均消费性支出超过 2 万元。其中，上海、北京人均消费性支出在 4 万元以上，分别为 4.56 万元、4.3 万元，浙江和天津的人均消费性支出在 3 万元以上，分别为 3.2 万元、3.19 万元。全国居民人均消费性支出为 2.16 万元，共有 9 个省级地区居民人均消费性支出超过全国平均水平。

从居民平均消费倾向①分析，与 2018 年相比，2019 年全国大部分省级地区居民平均消费倾向进一步降低。2019 年，全国居民平均消费倾向为 0.71，共有 16 个省级地区居民平均消费倾向在全国平均水平之上。其中，甘肃省仍为居民平均消费倾向最高的省级地区，其居民平均消费倾向为 0.83，其余省级地区的居民平均消费倾向均低于 0.80。江苏、浙江、北京人均可支配收入较高，但居民平均消费倾向均为 0.64 左右，位居后列。

4.2.2　中国省级地区零售企业基本分析

本节及以后各小节数据，主要来源于《中国贸易外经统计年鉴 2019》以及国研网、中经网统计数据库发布的各省级地区限额以上零售企业的基本情况数据、商品流转数据、财务数据等三类数据，由于统计数据公布时效原因，都是 2018 年数据。

4.2.2.1　中国省级地区零售法人企业分析

2018 年，中国限额以上零售企业商品销售总额为 12.5 万亿元，全国限额以上零售企业法人单位数为 97 819 个，企业平均商品销售额②为 1.28 亿元。与 2017 年相比，全国限额以上零售企业商品销售总额及企业平均商品销售额均有所增加，而法人单位数有所减少。如图 4－11 所示，江苏超越广东，成为登记注册法人企业最多的省级地区，为 8 585 个，占全国限额以上零售企业法人单位数的 8.78%，其次为广东 8 224 个，占全国 8.41%。与 2017 年相比，排名前两位的省级地区，法人单位数均有所减少。此外，山东、福建、河南、湖南、浙江、安徽、湖北、四川、陕西共 9 个省登记注册法人单位数超 4 000 个，比 2017 年有所增加。总体来看，西部地区、东北地区全国限额以上零售企业法人单位分布较少，其中西藏仍为限额以上零售企业法人单位数最少的省级地区，仅有 90 家。

2018 年限额以上零售企业平均商品销售额最高的省级地区仍为北京，实现平均商品销售额 4.65 亿元。企业平均商品销售额在 1.5 亿元以上的省级地区共 7 个，分别为北京、上海、海南、天津、西藏、广东和浙江。企业平均商品销售额不足 1 亿元的省级地区有福建、云南、陕西、甘肃、安徽、贵州、湖南、河南、广西、江西共 10 个，其中江西省限额以上零售企业平均商品销售额最低，仅为 0.67 亿元。

---

　①　本报告估计的各省级地区居民平均消费倾向指标，系根据各省级地区人均消费性支出/该省级地区人均可支配收入求得。

　②　本报告企业平均商品销售额指标，系根据限额以上零售企业商品销售总额/限额以上零售企业法人单位数求得。

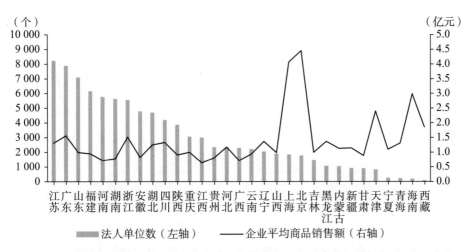

图 4-11　中国省级地区限额以上零售企业法人单位数及企业平均商品销售额（2018 年）

4.2.2.2　中国省级地区零售企业从业人员分析

2018 年，中国限额以上零售企业年末从业人员总数为 657.63 万人，相较 2017 年有所减少。限额以上零售企业就业人数最多的省级地区为广东，共计 67.9 万人，江苏排名第二，共计 51.41 万人。此外，山东、浙江、上海、河南、湖北、四川等其他 6 个省级地区，限额以上零售企业就业人数均在 30 万人以上。

2018 年全国限额以上零售企业人均商品销售额[①]为 190.06 万元。如图 4-12 所示，2018 年限额以上零售企业人均商品销售额在 250 万元以上的省级地区包括西藏、北京、天津，其中西藏以 297.4 万元超越天津，排名各省级地区人均商品销售额首位。此外，海南、浙江、福建、江苏、上海共 5 个省级地区的限额以上零售企业人均商品销售额在 200 万元以上。2018 年，限额以上零售企业人均商品销售额不足 130 万元的省级地区有河南、河北、宁夏，其中宁夏人均商品销售额仅为 118.37 万元。

4.2.2.3　中国省级地区零售业商品购销分析

2018 年中国限额以上零售企业商品购进额为 10.04 万亿元，相较 2017 年有所减少。2018 年，中国各省级地区限额以上零售企业的商品购进额、商品销售额和存货周转率如图 4-13 所示。

从商品购销规模来看，广东、江苏、北京、浙江、山东、上海、四川、福建、湖北等 9 个省级地区的商品流转规模明显超过其他省级地区，商品购进额和商品销售额均超过 4 000 亿元。其中，广东以 10 640.99 亿元的商品购进额和 13 403.11 亿元的商品销售额，商品流转规模排名各省级地区之首。而甘肃、海南、宁夏、青海、西藏等地区商品购进额和商品销售额均在 1 000 亿元以下。总体上，经济发达的北京、上海、

---

①　本报告人均商品销售额指标，系根据各省级地区零售企业商品销售总额/该省级地区零售企业年末从业人数求得。

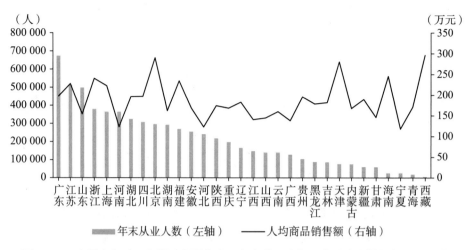

图 4-12 中国省级地区限额以上零售企业年末从业人数及人均商品销售额（2018 年）

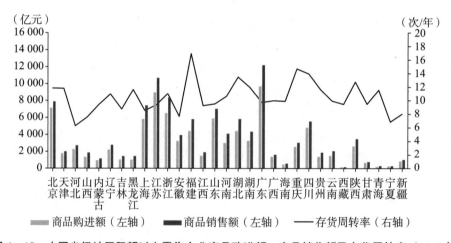

图 4-13 中国省级地区限额以上零售企业商品购进额、商品销售额及存货周转率（2018 年）

江苏、浙江等东部沿海省级地区的商品流转规模较大，而西部地区的商品流转规模相对较小，二者之间仍存在较大差距。

存货周转率反映了存货的流动性及存货资金占用量是否合理。2018 年中国限额以上零售企业存货周转率①大约为 11.01 次，继续呈现上升趋势。其中福建仍为存货周转次数最多的省级地区，达 17.5 次。此外，重庆、四川、湖北存货周转次数在 14 次以上，分别为 15.27 次、14.54 次、14.08 次。而存货周转速度较慢的省级地区有新疆、安徽、山西、宁夏、河北等省份，限额以上零售企业存货周转率不足 9 次。其中，河北存货周转率仅为 6.88 次，排名最后。

① 本报告存货周转率指标，系根据各省级地区销售额/平均库存额求得。平均库存额为期初库存与期末库存的平均值，其中期初库存用上一年的期末库存近似替代。

4.2.3　中国省级地区零售业企业绩效分析

4.2.3.1　中国省级地区零售企业主营业务收入分析

2018 年中国限额以上零售企业主营业务收入总额为 10.83 万亿元,相较 2017 年略有回升。2018 年,全国企业平均主营业务收入[①]为 1.11 亿元,较 2017 年增长 2.53%。如图 4-14 所示,2018 年限额以上零售企业主营业务收入最高的省级地区为广东,达 1.18 万亿元。此外,主营业务收入总额在 1 万亿元以上的还有江苏,西藏以 161.53 亿元排名最后。总体来看,西部地区限额以上零售企业主营业务收入较低,与东部沿海地区存在较大差距。

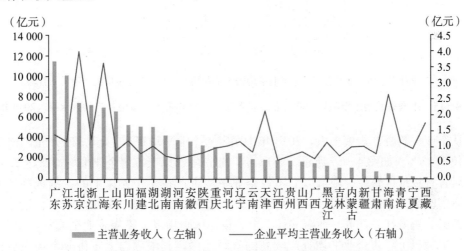

图 4-14　中国省级地区限额以上零售企业主营业务收入及企均值(2018 年)

限额以上零售企业平均主营业务收入方面,2018 年,企业平均主营业务收入在 2 亿元以上的省级地区有北京、上海、海南、天津,其中北京以 4.1 亿元位居首位。此外,西藏、广东、浙江、四川、江苏的限额以上零售企业平均主营业务收入在 1.2 亿元以上。限额以上零售企业平均主营业务收入不到 8 000 万元的省级地区有安徽、湖南、贵州、吉林、广西、河南、江西,其中江西限额以上零售企业平均主营业务收入仅为 6 031 万元,取代河南,成为限额以上零售企业平均主营业务收入最低的省级地区。

4.2.3.2　中国省级地区零售企业资产效率分析

2018 年中国各省级地区限额以上零售企业年末资产总计 6.18 万亿元。如图 4-15 所示,2018 年限额以上零售企业资产总额最高的省级地区为广东,总额达 7 236.39 亿元,限额以上零售企业资产总额在 4 000 亿元以上的省级地区还有江苏、北京、山东、

---

①　本报告企业平均主营业务收入指标,系根据各省级地区限额以上零售企业主营业务收入/限额以上零售企业法人单位数求得。

分别为 6 423.29 亿元、4 856.86 亿元、4 136.59 亿元，限额以上零售企业资产分布较为集中。吉林、广西等共计 10 个省级地区限额以上零售业资产总额不足 1 000 亿元，其中，西藏仅为 65.44 亿元，排名最后。

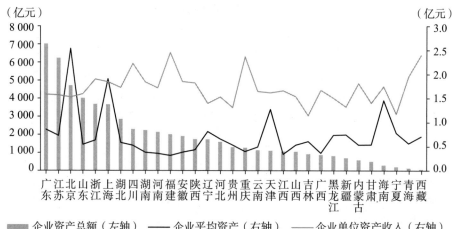

图 4 - 15　中国省级地区限额以上零售企业资产总额、平均资产、单位资产收入水平（2018 年）

从企业平均资产规模来看，2018 年中国零售企业平均资产[①]为 6 321 万元，比 2017 年增长 2.43%。如图 4 - 15 所示，2018 年，北京限额以上零售企业平均资产达 2.61 亿元，居各省级地区首位。限额以上零售企业平均资产在 1 亿元以上的省级地区还有上海、海南、天津，分别为 1.96 亿元、1.5 亿元、1.31 亿元。此外，广东、辽宁、宁夏、新疆、黑龙江、江苏、西藏共计 7 个省级地区限额以上零售企业平均资产超 7 000 万元。限额以上零售企业平均资产较高的省级地区，其限额以上零售业市场主要由大型零售企业主导，企业规模和资产集中度相对较高。2018 年，福建限额以上零售企业平均资产仅为 3 249 万元，排名最后。

2018 年中国限额以上零售企业单位资产收入[②]约为 1.75 亿元，与 2017 年基本持平。如图 4 - 15 所示，福建以 2.52 亿元企业单位资产收入水平，居各省级地区之首。此外，西藏、重庆、四川、青海的企业单位资产收入水平也超过 2 亿元。2018 年，共有 14 个省级地区限额以上零售企业单位资产收入水平在全国平均水平之上，吉林以 1.18 亿元的最低企业单位资产水平排名最后。

4.2.3.3　中国省级地区零售企业人员效率分析

2018 年中国限额以上零售企业年末从业人员总数为 657.63 万人，相较 2017 年减少了 3.02%。如图 4 - 16 所示，广东拥有最多限额以上零售企业年末从业人数，达

---

① 本报告企业平均资产指标，系根据各省级地区限额以上零售企业年末资产总额/限额以上零售企业法人单位数求得。

② 本报告企业单位资产收入指标，系根据各省级地区限额以上零售企业主营业务收入/限额以上零售企业资产总额求得。

67.6 万人。东部沿海地区经济发达，其限额以上零售企业年末从业人数相对较多。

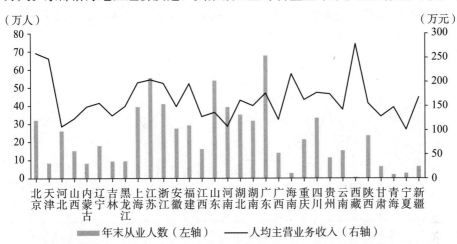

图 4-16　中国省级地区限额以上零售企业年末从业人数及人均主营业务收入（2018 年）

2018 年中国限额以上零售企业人均主营业务收入①为 164.7 万元，比 2017 年增长 4.27%。如图 4-16 所示，2018 年西藏以 275.13 万元，超越天津，居各省级地区限额以上零售企业人均主营业务收入之首。限额以上零售企业人均主营业务收入在 200 万元以上的省级地区还有北京、天津、海南、江苏。全国共有 12 个省级地区的限额以上零售企业人均主营业务收入高于全国平均水平。宁夏排名仍居末尾，其限额以上零售企业人均主营业务收入仅为 100.48 万元。

4.2.3.4　中国省级地区零售企业工资和费用控制分析

2018 年中国各省级地区限额以上零售企业应付职工薪酬总额为 4 287.06 亿元，较 2017 年增加 5.03%。2018 年中国各省级地区限额以上零售企业人均职工薪酬②为 6.52 万元/年，较 2017 年上升 8.13%。如图 4-17 所示，2018 年限额以上零售企业人均工资最高的省级地区为北京，达 10.74 万元/年。上海、吉林、西藏、天津、新疆共计 5 个省级地区也超过了 8 万元/年，分别为 9.56 万元/年、9.44 万元/年、8.91 万元/年、8.4 万元/年、8.19 万元/年。2018 年，中国所有省级地区限额以上零售企业人均工资均超过 3.5 万元/年，其中山西以 3.9 万元/年排名最后，各省级地区零售业内部用工成本存在较大差异。

2018 年中国各地区限额以上零售企业的单位工资产出③为 25.27，延续下降趋势。如图 4-17 所示，其中贵州以 32.88 排名各省级地区之首，山西以 31.43 紧随其后。全

---

①　本报告人均主营业务收入指标，系根据各省级地区限额以上零售企业主营业务收入/限额以上零售企业年末从业人数求得。

②　本报告人均职工薪酬指标，系根据各省级地区限额以上零售企业应付职工薪酬/限额以上零售企业年末从业人数求得。

③　本报告单位工资产出指标，系根据各省级地区限额以上零售企业主营业务收入/限额以上零售企业应付职工薪酬求得。

国共有 17 个省级地区的限额以上零售企业单位工资产出水平超过全国平均产出水平。2018 年限额以上零售企业单位工资产出最少的省级地区是吉林，是单位工资产出未达 20 的唯一省级地区，仅为 13.65。

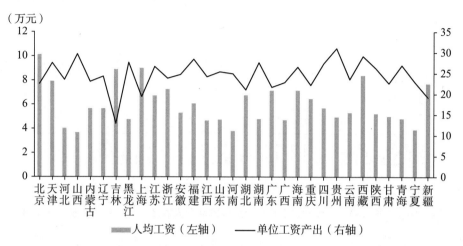

图 4-17　中国省级地区限额以上零售企业人均工资及单位工资产出（2018 年）

2018 年全国限额以上零售企业的三项费用合计总额为 11 877.86 亿元，较 2017 年略有上升。其中，销售费用为 7 859.07 亿元，管理费用为 3 402.61 亿元，财务费用为 616.18 亿元，销售费用、管理费用总额与 2017 年相比有所升高。三项费用比率①分别为 7.26%、3.14%、0.57%，三项费用合计占主营业务收入的 10.97%，费用比率与 2017 年相比有所上升。

限额以上零售企业的三项费用比率一定程度上反映了一个地区限额以上零售企业在运营过程中的费用控制水平。如图 4-18 所示，2018 年省级地区中限额以上零售企业的三项费用比率高于全国平均水平的有上海、宁夏、北京、吉林、广东、天津、辽宁、新疆、浙江、海南共计 10 个省级地区。其中上海三项费用比率分别为 14.19%、5.4%、0.36%，合计为 19.95%，位居首位。2018 年各省级地区中限额以上零售企业三项费用比率最低的省级地区为西藏，分别为 3.66%、2.22%、0.07%，合计为 5.95%，三项费用比率相较 2017 年进一步降低。

4.2.3.5　中国省级地区零售企业经营效益分析

2018 年全国限额以上零售企业平均毛利率②为 12.66%，较 2017 年略有上升。如图 4-19 所示，2018 年限额以上零售企业平均毛利率最高的省级地区为上海，达

---

①　本报告三项费用比率指标，系根据各省级地区限额以上零售企业销售费用/限额以上零售企业主营业务收入、限额以上零售企业管理费用/限额以上零售企业主营业务收入、限额以上零售企业财务费用/限额以上零售企业主营业务收入求得。

②　本报告毛利率指标，系根据各省级地区限额以上零售企业毛利润/限额以上零售企业主营业务收入求得，其中毛利润为主营业务收入与主营业务成本的差值。

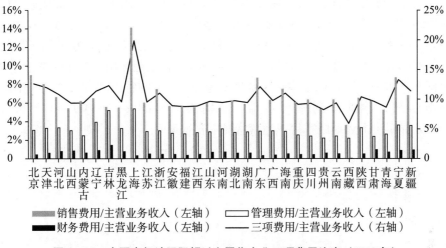

销售费用/主营业务收入（左轴）　　　管理费用/主营业务收入（左轴）
财务费用/主营业务收入（左轴）　　　三项费用/主营业务收入（右轴）

图 4 - 18　中国省级地区限额以上零售企业三项费用比率（2018 年）

20.48%。此外，海南、湖北、广东、河南、湖南 5 省的毛利率均超过 13%。2018 年，
共有 9 个省级地区毛利率超过全国平均水平。毛利率不足 10%的省级地区有辽宁、山
西、西藏，其中西藏的毛利率仅为 7.23%，排名最低。

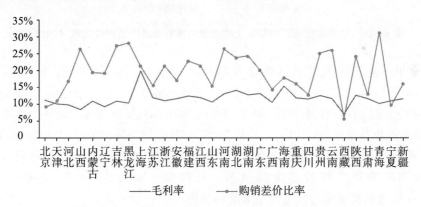

毛利率　　　购销差价比率

图 4 - 19　中国省级地区限额以上零售企业毛利率、购销差价比率（2018 年）

2018 年全国限额以上零售企业平均购销差价比率①为 19.64%，较 2017 年提高了
2.74%。购销差价比率在一定程度上反映了零售企业的议价能力。2018 年共有 17 个省
级地区购销差价水平超过全国平均水平。其中，青海以 32.26%的购销差价比率排名首
位，西藏仅为 5.85%，排名最低。

2018 年全国限额以上零售企业利润总额为 2 782.02 亿元，应交所得税为 505.38

---

① 本报告购销差价比率指标，系根据（各省级地区限额以上零售企业商品销售额－限额以上零
售企业商品购进额）/限额以上零售企业商品销售额求得。

亿元，净利率①为 2.1%，三项指标较 2017 年均有不同幅度的下降。如图 4-20 所示，2018 年限额以上零售企业净利率最高的省级地区为湖北，达 4.11%。此外，海南、贵州、福建、河南、湖南、江苏共 6 省的净利率在 3% 以上，分别为 3.74%、3.69%、3.65%、3.46%、3.13%、3.01%，全国共有 16 个省级地区限额以上零售企业净利率超过全国平均水平。限额以上零售企业净利率不足 1% 的省份共有 9 个，其中内蒙古、辽宁、山西和天津的净利率为负值，分别为 -0.08%、-0.1%、-0.92% 和 -1.19%，显示出上述地区零售业经营状况不容乐观。

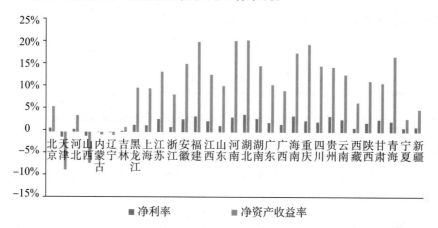

图 4-20　中国省级地区限额以上零售企业净利率及净资产收益率（2018 年）

2018 年，全国限额以上零售企业净资产收益率②为 12.07%，较 2017 年下降 6.3%。净资产收益率指标反映了投资带来的收益情况。如图 4-20 所示，2018 年，限额以上零售企业净资产收益率最高的省级地区为湖北，达 21.3%，此外，河南、安徽、重庆的净资产收益率在 20% 以上，分别为 21.15%、20.9%、20.33%。2018 年全国共有 13 个省级地区限额以上零售企业净资产收益率超过全国平均水平。内蒙古、辽宁、山西、天津的净资产收益率出现负值，分别为 -0.62%、-0.69%、-7.23%、-8.77%，反映出其整体的投资回报情况的恶化。

4.2.4　中国省级地区连锁零售业发展分析

2017 年，中国连锁零售企业实现商品销售额 3.8 万亿元，较 2017 年上升 6.74%。从业人员为 239 万人，较 2017 年增长 1.74%。连锁企业门店总数达 24.97 万家，较 2017 年增长 5.76%。连锁企业营业面积为 1.79 亿平方米，较 2017 年增长 3.47%。中

---

　　①　本报告净利率指标，系根据各省级地区限额以上零售企业净利润/限额以上零售企业主营业务收入求得，其中净利润由利润总额扣除应交所得税得到。

　　②　本报告净资产收益率指标，系根据各省级地区限额以上零售企业净利润/限额以上零售企业所有者权益合计求得。

国各省级地区的连锁零售企业发展与运营基本情况数据见附表 4－3"中国各省级地区连锁企业运营情况基本数据（2018）"。

4.2.4.1　中国省级地区连锁零售企业门店分析及单店销售分析

2018 年，中国连锁零售企业在各省级地区的分布如图 4－21 所示，各省级地区的门店数量差异很大。广东、浙江、上海、江苏、山东、四川、福建、安徽、湖南、湖北共计 10 个省级地区拥有 1 万家以上连锁零售企业门店，其中广东以 24 257 家连锁零售企业门店排名首位。而海南、青海、西藏的连锁零售企业门店数量尚未到 1 000 家，其中西藏仅有 110 家，连锁零售企业在各地区分布不均。

2018 年中国连锁零售企业单店销售额[①]全国平均值为 1 522.27 万元。如图 4－21 所示，2018 年单店销售额最多的省级地区为北京，达 3 403.27 万元，此外，海南、陕西、宁夏、天津、江苏、湖北、新疆的连锁零售企业单店销售额在 2 000 万元以上。部分省级地区如陕西，呈现出连锁零售企业门店数量少但单店销售额较大的特点。2018 年中国各省级地区中连锁零售企业单店销售额在 500 万元以下的省级地区有贵州、西藏、内蒙古，其中内蒙古单店销售额仅为 374.64 万元，排名最低。

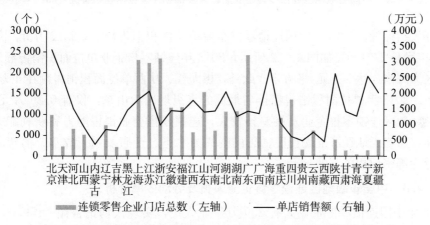

图 4－21　中国省级地区连锁零售企业门店总数及单店销售额（2018 年）

4.2.4.2　中国省级地区连锁零售企业营业面积及坪效分析

2018 年中国连锁零售企业营业面积为 1.8 亿平方米，较 2017 年增长 4.05%。连锁零售企业店均营业面积[②]为 717.82 平方米，较 2017 年减少 2.25%。如图 4－22 所示，2018 年中国连锁零售企业店均营业面积超过 1 000 平方米的省级地区有山东、宁夏、新疆，比 2017 年减少了 4 个省份。其中，店均营业面积最高的省级地区为山东，达 1 632.99 平方米。店均营业面积低于 500 平方米的省级地区有浙江、辽宁、贵州、四川、

---

①　本报告单店销售额指标，系根据各省级地区连锁零售企业销售额/连锁零售企业门店数求得。

②　本报告店均营业面积指标，系根据各省级地区连锁零售企业营业面积/连锁零售企业门店数求得。

吉林、内蒙古、黑龙江、西藏、云南9个省级地区。其中，云南的连锁零售企业店均营业面积仅为235.82平方米，排名最后，连锁零售企业经济规模相对较小。

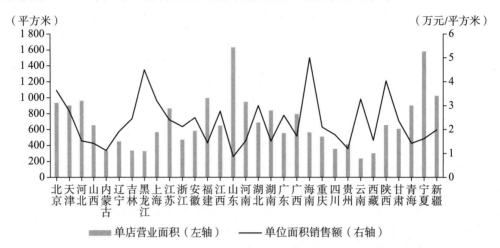

图4-22　中国省级地区连锁零售企业店均营业面积及单位面积销售额（2018年）

从坪效指标看，2018年中国连锁零售企业单位面积销售额①为2.12万元/平方米，较2017年增长2.91%。如图4-22所示，2018年连锁零售企业单位面积销售额最高的省级地区为海南，达5万元/平方米。此外，黑龙江、陕西单位面积销售额在4万元/平方米以上。2018年单位面积销售额排名最低的省级地区为山东，仅有0.86万元/平方米。可见，地区连锁零售企业发展差异较大，连锁零售企业销售能力和获利能力普遍有待提高，这与当地经济发展程度、居民购买力水平、开店及用工成本、消费品偏好及购买行为等密切相关。

4.2.4.3　中国省级地区连锁零售企业人员及劳动效率分析

2018年中国连锁零售企业共有239万从业人员，实现人均销售额②159.05万元，较2017年有所提升。如图4-23所示，2018年连锁零售企业人均销售额最高的省级地区为海南，人均销售额达440.4万元。此外，陕西、宁夏、天津、新疆、江西、广西、北京的人均销售额在200万元以上。共有16个省级地区连锁零售企业人均销售额在全国平均水平以下，其中四川、内蒙古、贵州、西藏、青海人均销售额不足100万元。各省连锁零售企业人均销售额差距较大，省际劳动效率差异大。

2018年中国连锁零售企业单店从业人数③平均为10人。除青海单店从业人员数为

---

①　本报告单位面积销售额指标，系根据各省级地区连锁零售企业销售额/连锁零售企业营业面积求得。

②　本报告人均销售额指标，系根据各省级地区连锁零售企业销售额/连锁零售企业从业人员数求得。

③　本报告单店从业人数指标，系根据各省级地区连锁零售企业从业人数/连锁零售企业门店数求得。

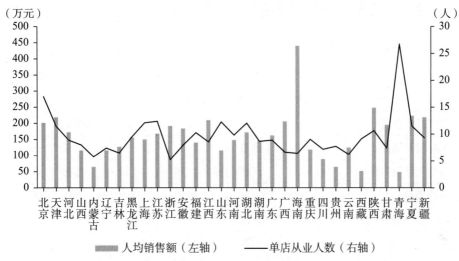

图 4-23　中国省级地区连锁零售企业人均销售额及单店从业人数（2018 年）

27 人以外，其余省级地区的单店从业人数都在 20 人以下。共有 11 个省级地区单店从业人数超过全国平均水平。单店从业人数最少的省级地区仍为浙江，仅为 6 人左右。

4.2.5　中国省级地区类别商品及零售分行业发展分析

本部分主要搜集整理了中国 31 个省、自治区、直辖市的限额以上零售业的按登记注册类型和国民经济行业划分的不同零售类别的法人企业数、年末从业人数、购进总额、销售总额、期末商品库存额、资产合计及主营业务收入。本部分重点监测了包含综合零售、食品、纺织、医药、家用电器等在内的 9 个国民经济行业的限额以上零售企业各省份的基本情况、流转效率、资产规模和利润状况[①]。

2018 年中国各省级地区分行业限额以上零售企业发展情况摘要如表 4-1 所示。各指标的具体情况详见附表 4-4"中国各省级地区分行业限额以上零售企业库存占销售额比重（2018）"、附表 4-5"中国各省级地区分行业限额以上零售企业平均销售额（2018）"、附表 4-6"中国各省级地区分行业限额以上零售企业人均销售额（2018）"、附表 4-7"中国各省级地区分行业限额以上零售企业净利润率（2018）"。

从存货周转情况看，2018 年中国各零售子行业中限额以上零售企业的库存占销售额比重最小的为无店铺及其他行业，仅为 4.23%。比重最大的为文化、体育用品及器材行业，达 21.91%。库存占销售额的比重越小，代表零售企业的存货周转情况越好。

①　由于统计口径变化，本报告对历年按照销售类值划分的主要零售类别商品的批发、零售额、批零比率无相关陈述。

97

表4-1　中国各省级地区分行业限额以上零售企业发展情况摘要（2018年）

零售子行业	库存占销售额比重①			平均销售额		
	全国平均值	最低值		全国平均值（万元）	最高值	
		地区	数值		地区	数值（万元）
综合零售	7.78%	黑龙江	3.99%	18 798.56	北京	72 105.86
食品、饮料及烟草制品	7.91%	湖北	4.32%	4 627.02	西藏	14 346.75
纺织、服装及日用品	16.07%	新疆	4.74%	11 891.26	上海	64 391.72
文化、体育用品及器材	21.91%	西藏	7.63%	7 722.96	北京	36 130.26
医药及医疗器械	13.22%	上海	6.96%	10 192.51	北京	31 867.95
汽车、摩托车、燃料及零配件	8.47%	海南	4.99%	15 300.32	海南	46 718.83
家用电器及电子产品	7.77%	上海	4.43%	8 802.69	北京	105 364.89
五金、家具及室内装饰材料	6.83%	青海	0.00%	4 848.62	新疆	25 957.82
无店铺及其他	4.23%	海南	0.39%	16 488.62	天津	108 449.58

零售子行业	人均销售额			净利率		
	全国平均值（万元）	最高值		全国平均值	最高值	
		地区	数值（万元）		地区	数值
综合零售	106.29	吉林	234.04	2.55%	甘肃	12.98%
食品、饮料及烟草制品	109.12	西藏	329.81	6.62%	湖北	12.90%
纺织、服装及日用品	105.44	西藏	498.92	3.60%	西藏	21.03%
文化、体育用品及器材	136.93	福建	421.60	5.18%	青海	20.99%
医药及医疗器械	79.55	北京	311.00	2.55%	西藏	9.58%
汽车、摩托车、燃料及零配件	354.20	西藏	537.86	1.41%	贵州	3.48%
家用电器及电子产品	221.87	北京	577.30	1.42%	江苏	4.11%
五金、家具及室内装饰材料	176.87	山西	402.05	5.02%	云南	10.41%
无店铺及其他	426.54	海南	3 980.16	1.17%	青海	13.81%

从企业平均销售额看，2018年中国限额以上零售企业平均销售额最高的零售子行业为综合零售行业，达18 798.56万元，最低的食品、饮料及烟草制品行业仅为4 627.02万元。

从人均销售额来看，2018年中国限额以上零售企业人均销售额最高的零售子行业为无店铺及其他，达到了426.54万元，最低的医药及医疗器械行业为79.55万元。

---

① 本报告库存占销售额比重指标，系根据各省级地区各类零售企业期末商品库存额/商品销售额求得。

从净利率来看，2018 年中国限额以上零售企业净利率最高的零售子行业为食品、饮料及烟草制品行业，达到 6.62％，最低的无店铺及其他行业为 1.17％。

4.3　中国地级及以上城市零售业发展分析

本部分监测分析中国各省份（不含港澳台）全部的地级及以上城市零售业基本数据，使用宏观经济状况、城市及市辖区消费市场规模、居民收入状况、用工成本、零售业发展集中度等指标，在城市间进行横向与纵向比较，以分析中国零售业在地级及以上城市发展所处的经济环境及发展状况。本部分数据的主要来源是国研网城市数据库，本报告据此编制了附表 4-8 "中国地级及以上城市零售与消费发展基本数据（2018）"。

2018 年中国地级及以上行政区划（不含港澳台）共有 337 个，本报告监测分析了其中 288 个地级及以上城市的相关数据。附表 4-8 中显示的是中国地级及以上城市的 GDP、人均 GDP、社会消费品零售总额、人均社会消费品零售总额、人口以及城镇居民人均可支配收入等核心数据在不同水平上的分布情况。其中人口数据以各地级及以上城市的年末常住人口数为准。附表 4-9 "中国地级及以上城市发展基本情况及区间分组表（2018）"、附表 4-10 "中国地级及以上城市排名（前 30 名）（2018）"则分别反映了这些核心数据的区间分组情况和前 30 名的排名情况。

4.3.1　中国地级及以上城市 GDP 发展分析

4.3.1.1　中国地级及以上城市 GDP 发展总体分析

2018 年中国地级及以上城市 GDP 基本情况及区间分组见附表 4-9 "中国地级及以上城市发展基本情况及区间分组表（2018）"。城市 GDP 处于万亿元级别的有上海、北京、深圳、广州、重庆、天津、苏州、成都、武汉、杭州、南京、青岛、无锡、长沙、宁波、郑州等 16 个城市，比 2017 年增加 2 个。这些城市 GDP 总和占全国 GDP 的 30.43％，较 2017 年上升了 3.35 个百分点。2018 年上海 GDP 仍居全国城市 GDP 榜首，达到 3.27 万亿元。中国 GDP 水平在 8 000 亿～10 000 亿元的城市有 5 个，分别是佛山、泉州、南通、西安和东莞，占全国 GDP 的 4.73％。中国 GDP 水平在 5 000 亿～8 000 亿元的城市有 21 个，占全国 GDP 的 14.67％。中国 GDP 水平在 2 000 亿～5 000 亿元的城市有 86 个，占全国 GDP 的 28.31％。其余地级市 GDP 水平在 2 000 亿元以下，其中 65 个城市的 GDP 水平在 1 000 亿元以下，比 2017 年减少了 11 个。2018 年，中国地级及以上城市 GDP 全部在 250 亿元以上，其中七台河以 250.33 亿元位列末位。

就人均 GDP 而言，2018 年人均 GDP 超过 10 万元的城市共 39 个，较 2017 年增加了 6 个。其中，人均 GDP 超过 15 万元的城市共 9 个，克拉玛依以 20 万元居首位。此外，东营、深圳、鄂尔多斯人均 GDP 均超过 18 万元，分别为 19.12 万元、18.60 万元和 18.11 万元。2018 年人均 GDP 在 10 万～15 万元的城市有 30 个，在 5 万～10 万元的城市有 103 个。其余地级市人均 GDP 水平均在 1 万～5 万元。定西人均 GDP 仅有 12.63 万元，排名最低。

4.3.1.2 中国城市 GDP 排名前 30 的地级及以上城市分析

2018 年中国地级及以上城市 GDP 及人均 GDP 排名（前 30 名）见附表 4－10 "中国地级及以上城市排名（前 30 名）（2018）"。2018 年中国 GDP 排名中前 10 位的城市分别是上海、北京、深圳、广州、重庆、天津、苏州、成都、武汉和杭州。前 10 位城市的 GDP 总和占全国 GDP 的 23.01％，比重较 2017 年下降了 4.74 个百分点。2018 年中国 GDP 排名中前 10 位的城市 GDP 均值为 2.12 万亿元，是全国各地级及以上城市 GDP 均值的 6.77 倍。2018 年中国 GDP 排名前 30 位的城市，其 GDP 总和占全国 GDP 的 42.44％，较 2017 年有所下降。

2018 年中国人均 GDP 排名中前 10 位的城市，分别是克拉玛依、东营、深圳、鄂尔多斯、无锡、苏州、珠海、广州、南京、常州。2018 年中国 GDP 排名中前 10 位的城市的人均 GDP 均值为 17.14 万元，是全国各地级及以上城市人均 GDP 均值的 2.80 倍，其中人均 GDP 最高的城市克拉玛依的人均 GDP 是全国各地级及以上城市平均水平的 3.26 倍。

4.3.1.3 中国地级城市市辖区 GDP 分析

2018 年市辖区 GDP 超过 1 万亿元的城市有上海、北京、深圳、广州、天津、重庆、武汉、南京、杭州和成都，分别为 3.27 万亿、3.03 万亿、2.42 万亿、2.29 万亿、1.88 万亿、1.78 万亿、1.48 万亿、1.28 万亿、1.25 万亿和 1.23 万亿。市辖区 GDP 最低的城市为黑河，仅为 35.86 亿元。2018 年中国地级城市市辖区 GDP 占全市 GDP 比重[①]总体较高，如图 4－24 所示，116 个城市的市辖区 GDP 占城市 GDP 比重在 50％以上，而市辖区 GDP 占全市 GDP 比重不到 20％的城市只有 19 个，占全国城市比重的 6.74％。

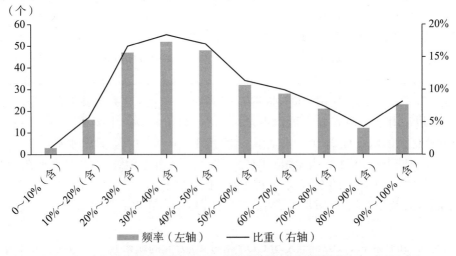

图 4－24 中国地级城市市辖区 GDP 占全市 GDP 比重的频率分布（2018 年）

① 本报告市辖区 GDP 占城市 GDP 比重指标，系根据各市市辖区 GDP/全市 GDP 求得。

4.3.2　中国地级及以上城市社会消费分析

4.3.2.1　中国地级及以上城市社会消费分析

2018 年中国地级及以上城市社会消费基本情况及区间分组见附表 4-9"中国地级及以上城市发展基本情况及区间分组表（2018）"。社会消费品零售总额超过 6 000 亿元的城市为上海、北京、广州、重庆、武汉、成都、深圳共计 7 个城市，合计占全国社会消费品零售总额的 16.13%。2018 年社会消费品零售总额在 4 000 亿~6 000 亿元的城市有 13 个，分别为南京、苏州、杭州、天津、青岛、长沙、福州、西安、济南、郑州、宁波、哈尔滨、沈阳，占全国社会消费品零售总额的 16.47%。社会消费品零售总额在 1 000 亿~4 000 亿元的城市有 80 个，占全国社会消费品零售总额的 38.40%。2018 年中国有 188 个城市的社会消费品零售总额低于 1 000 亿元，较 2017 年减少 7 个，其中社会消费品零售总额低于 500 亿元的城市有 86 个，较 2017 年减少 5 个。社会消费品零售总额大小不仅仅取决于当地的经济状况和人口总量，也和当地流通产业发展情况密切相关。

2018 年中国人均社会消费品零售总额[①]最高的城市为南京，为 69 136.04 元。全国有 110 个城市的人均社会消费品零售总额超过全国人均社会消费品零售总额水平，254 个城市的人均社会消费品零售总额超过 10 000 元，但仍有 3 个城市的人均社会消费品零售总额低于 5 000 元。中国各城市之间的零售业发展仍存在明显的差距。总体来看，随着越来越多的城市人均社会消费品零售总额进入万元时代，消费对经济增长的拉动作用将更为显著。中国消费品市场将进入更加广阔、容量更加巨大的发展空间，居民消费需求呈现升级、丰富、多元的特征，市场充满更多商机。

4.3.2.2　中国城市社会消费排名前 30 的地级及以上城市分析

2018 年中国地级及以上城市社零总额及人均社零总额排名（前 30 名）见附表 4-10"中国地级及以上城市排名（前 30 名）（2018）"。2018 年中国社会消费品零售总额排名中前 10 位的城市，分别是上海、北京、广州、重庆、武汉、成都、深圳、南京、苏州和杭州。2018 年中国社会消费品零售总额排名前 10 位的城市的社会消费品零售总额均值为 7 875.88 亿元，是全国各地级及以上城市平均社会消费品零售总额的 6.19 倍。2018 年中国社会消费总量排名前 30 位的城市，其社会消费品零售总额总和占全国社会消费品零售总额的 41.30%，相较 2017 年占比下降了 0.1 个百分点。

2018 年中国人均社会消费品零售总额排名前 10 位的城市，分别是南京、广州、武汉、珠海、福州、济南、长沙、杭州、无锡和大连。2018 年中国人均社会消费品零售总额排名前 10 位的城市的社会消费品零售总额均值为 60 171.33 元，是全国各地级及

---

①　本报告人均社会消费品零售总额指标，系根据各市社会消费品零售总额/该市年末常住人口数求得。

以上城市人均社会消费品零售总额的 2.49 倍，较 2017 年差距进一步缩小。

2018 年市辖区社会消费品零售总额在 6 000 万元以上的城市有上海、北京、广州、武汉、重庆、深圳，其社会消费品零售总额分别为 12 668.69 万元、11 747.68 万元、9 256.19 万元、6 843.90 万元、6 802.23 万元、6 168.87 万元。如图 4 - 25 所示，2018 年中国有 143 个城市市辖区的社会消费品零售总额占全市社会消费品零售比重[①]在 50% 以上，而中国城市的市辖区社会消费品零售总额占全市社会消费品零售比重低于 20% 的城市有 7 个。

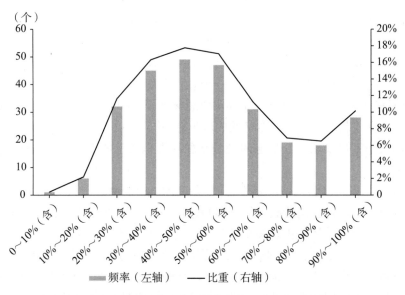

图 4 - 25　中国地级城市市辖区社会消费品零售总额占全市比重的频率分布（2018 年）

4.3.3　中国地级及以上城市人口、工资与消费倾向分析

4.3.3.1　中国地级及以上城市人口、工资与消费倾向基本分析

2018 年中国地级及以上城市人口、工资与消费倾向基本情况及区间分组见附表 4 - 9"中国地级及以上城市发展基本情况及区间分组表 2018 年"。2018 年末全国（不含港澳台）总人口为 13.95 亿人，其中重庆有 3 101.79 万人，为全国年末常住人口最多的城市。2018 年末常住人口超过 1 000 万人的城市有 16 个，人口总数占全国人口总数的 16.68%。中国地级及以上城市年末总人口低于 100 万人的城市有 11 个，其中嘉峪关市的年末常住人口仅为 25.20 万人，为年末常住人口最少的地级城市。已有地级及以上城市的数据显示，中国地级及以上城市的平均年末常住人口为 458.47 万人，

　　[①]　本报告市辖区社会消费品零售总额占全市社会消费品零售总额比重指标，系根据各市市辖区社会消费品零售总额/全市社会消费品零售总额求得。

城市总体人口规模相对较大①。

2018 年中国地级及以上城市的职工平均工资②超过 9 万元的有 21 个，其中北京的职工平均工资为 14.98 万元，为全国最高，上海、拉萨、广州、深圳、南京、克拉玛依、杭州、衢州、天津、丽水、宁波的职工平均工资也在 10 万元以上。2018 年中国地级及以上城市的职工平均工资的均值为 7.16 万元，其中全国有 121 个城市的职工平均工资高于全国平均水平。伊春为全国职工平均工资最低的城市，其职工平均工资仅有 4.29 万元。

2018 年中国地级及以上城市的平均消费倾向③为 0.36。2018 年，全国有 104 个地级及以上城市的平均消费倾向超过全国平均水平，共有 21 个城市的平均消费倾向超过 0.7，12 个城市的平均消费倾向不足 0.1。

4.3.3.2　中国城市估计消费倾向排名前 30 的地级及以上城市分析

2018 年中国地级及以上城市估计消费倾向排名（前 30 名）见附表 4－10 "中国地级及以上城市排名（前 30 名）（2018）"。2018 年中国城市估计消费倾向排名前 10 位的地级及以上城市分别是东莞、深圳、中山、珠海、佛山、呼和浩特、包头、广州、武汉和苏州，其估计消费倾向均值为 1.06，是前 30 名城市估计消费倾向均值 0.83 的 1.27 倍，是全国城市估计消费倾向均值 0.36 的 2.94 倍。城市间的巨大差异，反映了中国零售业地域发展的不平衡性。

4.3.3.3　中国地级城市市辖区人口及零售业发展集中度分析

2018 年全国市辖区年末常住人口④超过 1 000 万的城市有上海、重庆、北京、天津、广州、深圳和武汉，市辖区年末常住人口分别为 2 423.78 万人、2 246.16 万人、2 154.20 万人、1 559.60 万人、1 490.44 万人、1 302.66 万人和 1 108.10 万人，人口密度较大。市辖区年末常住人口最少的城市为嘉峪关市，人口仅有 25.20 万人。如图 4－26 所示，2018 年中国各城市市辖区户籍人口占全市年末总户籍人口的比重⑤中有 66 个城市超过 50%，而比重不足 20% 的城市有 69 个，占全国城市的比重为 24.30%。

本报告使用各地级城市市辖区社会消费品零售总额占比与年末常住人口占比的比值表示该市辖区零售业发展的相对集中度，比值越大于 1，表示该市单位人口基础上的零售业发展的集中度越高。2018 年各地级城市市辖区社会消费品零售总额占比与年末总人口占比的比值的均值为 1.64。如图 4－27 所示，地级城市市辖区零售业发展集中度主要在 1.00～2.00，占到了地级城市总数的 79.10%。市辖区零售业发展集中度不

① 由于统计数据缺失，本报告中地级市年末常住人口指标暂不含长春、吉林、松原、白山、通化、辽源、白城、四平共 8 个城市的相关数据。
② 由于统计数据缺失，本报告中地级市职工平均工资指标暂不含鸡西的相关数据。
③ 本报告平均消费倾向指标，系根据各市人均社会消费品零售总额/该市职工平均工资求得。
④ 本报告市辖区年末常住人口指标，是一个近似推断性指标，系根据各市年末常住人口×市辖区户籍人口占全市年末户籍人口比重求得。
⑤ 本报告市辖区户籍人口占全市年末户籍人口比重指标，系根据各市市辖区年末户籍人口/全市年末户籍人口求得。

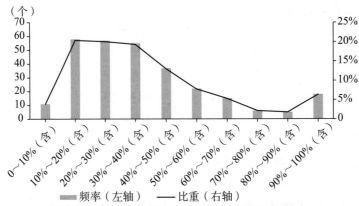

图 4 - 26　中国地级城市市辖区年末户籍人口占全市比重的频率分布（2018 年）

到 1.00 的城市数目较少，仅占 1.12%。这说明在除去人口分布的因素以外，大部分城市的市辖区仍具有较强大的消费吸引力，同时零售业发展集中度也较高。2018 年中国地级城市市辖区零售业发展集中度排名前 10 位的地级及以上城市分别是玉林、怀化、丽江、百色、普洱、郴州、衡阳、河源、安庆和长治，位居前 30 位的地级及以上城市名单可见附表 4 - 10"中国地级及以上城市排名（前 30 名）（2018）"。

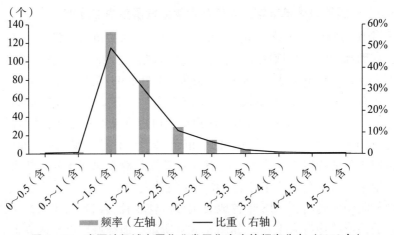

图 4 - 27　中国地级城市零售业发展集中度的频率分布（2018 年）

4.3.4　中国地级及以上城市商业贸易辐射能力分析

4.3.4.1　中国地级及以上城市商业贸易辐射能力两极分化严重

2018 年中国地级及以上城市商业贸易辐射能力[①]的均值为 1.10，该指标反映的是

---

① 本报告商业贸易辐射能力指标，系根据各市限额以上批发零售贸易业商品销售总额/该市社会消费品零售总额求得。

超出本地消费需求之外的商品流通能力，即辐射能力。全国共有 80 个地级及以上城市的商业贸易辐射能力超过全国平均水平，其中厦门的商业贸易辐射能力位居第一，为 8.30。全国有 185 个地级及以上城市的商业贸易辐射能力不到 1，其中丹东的商业贸易辐射能力仅为 0.07，为全国商业贸易辐射能力最低的城市。

4.3.4.2　商业贸易辐射能力排名前 10 的城市具有公认的区域流通中心地位

2018 年中国商业贸易辐射能力位居前 10 位的地级及以上城市，分别是厦门、上海、中卫、北京、天津、宁波、乌鲁木齐、舟山、深圳和杭州，区域商贸流通中心地位显著。2018 年中国商业贸易辐射能力位居前 30 位的地级及以上城市，如附表 4-10 "中国地级及以上城市排名（前 30 名）（2018）" 所示。

4.4　中国农村零售业发展分析

4.4.1　中国农村地区人口与收支分析

中国城镇化水平不断提升。如图 4-28 所示，中国 2019 年末总人口为 14 亿人，其中农村人口为 5.52 亿人，城镇人口为 8.48 亿人。2000 年以来，中国城镇化水平不断提升，从 2000 年的 36.22%，逐年提升到了 2019 年的 60.60%。中国乡村人口数量从 2000 年的 8.08 亿下降到 2019 年的 5.52 亿，农村人口占总人口比重从 63.78% 下降到 39.40%。

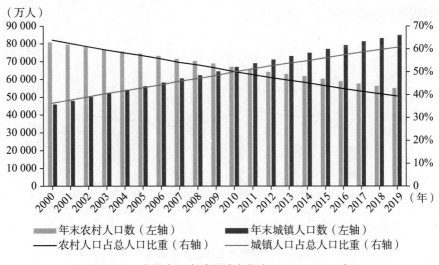

图 4-28　中国人口变动及城市化率（2000—2019 年）

2019 年中国农村居民家庭人均可支配收入首次突破 1.6 万元大关，达到 16 020 元，较 2018 年上涨 9.60%，增速略有增加，农村消费市场潜力进一步得到释放。如图 4-29 所示，2019 年城镇居民家庭人均可支配收入为 42 358 元，城乡差距为 2.63 万元，城乡收入比为 2.64。就城乡收入差距而言，2014 年以来，中国农村居民家庭人均纯收入增长率始终高于中国城镇居民家庭人均可支配收入的增长率，城乡收入差距持续缩小。

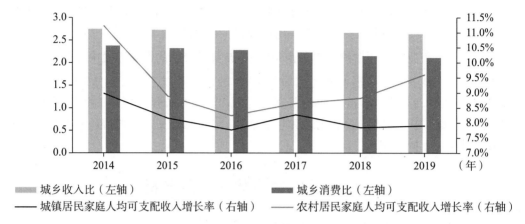

图 4 - 29　中国城乡居民收入增长率及城乡收支比（2014—2019 年）

如图 4 - 30 所示，2019 年中国农村居民人均消费性支出为 1.33 万元，同期城镇居民家庭人均消费性支出为 2.81 万元。自 2014 年以来，农村居民消费性支出增长率一直高于城市 2～3 个百分点，整体城乡消费性支出差距明显缩小。从城乡差距值看，中国城镇居民家庭人均消费性支出与农村居民人均消费性支出的比值由 2005 年的 3.07 逐渐下降为 2019 年的 2.11。中国农村居民消费性支出的持续快速增长，带来了中国农村商业和零售的持续繁荣。

图 4 - 30　中国城乡居民消费性支出及其增长率（2014—2019 年）

农村居民消费结构①明显升级。如图 4 - 31 所示，2000—2018 年，中国农村居民的食品支出比重从 49.13％下降到 30.07％，反映出农村居民的恩格尔系数逐渐降低，生

---

①　本报告消费结构指标，系使用各项消费占总消费比重衡量。

活水平有所提高。2000—2018 年，中国城乡居民家庭设备及用品支出比重从 4.52% 上升到 5.94%，居住支出比重从 15.47% 上升到 21.95%，医疗保健支出比重从 5.24% 上升到 10.23%，交通通信支出比重从 5.58% 上升到 13.94%，衣着支出比重从 5.75% 略微下降到 5.34%，教育文化娱乐支出比重则从 11.18% 变为 10.74%。农村居民消费支出比重排序从食品、居住、教育文化娱乐、衣着、交通通信、家庭设备及用品、医疗保健转变成了食品、居住、交通通信、教育文化娱乐、医疗保健、家庭设备及用品、衣着。未来，中国农村居民的消费结构将进一步升级。

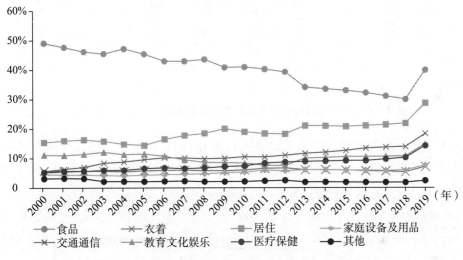

图 4 - 31　中国城乡居民消费支出比重（2000—2019 年）

4.4.2　中国农村地区零售消费分析

由于统计口径的变更，反映中国农村居民物质文化生活水平、社会商品购买力实现程度、零售市场规模状况的指标在 2009 年之前使用的是县及县以下社会消费品零售总额及其占比和增速，2010 年以后使用的是乡村社会消费品零售总额及其占比和增速，出现较大的差异。

如图 4 - 32 所示，中国乡村社会消费品零售总额不断增加，占全国社会消费品零售总额比重保持稳定增长，2019 年占比已达到 14.66%。近年来，伴随农村消费能力增长和国家的大力支持，乡村社会消费品零售总额增长率自 2012 年开始一直高于城市。虽然随着市场规模基数的扩大，乡村社会消费品零售总额的增速在近几年也呈现波动下降的趋势，但其绝对增量一直稳定在每年 5 000 亿元左右，2019 年乡村社会消费品零售总额首次突破 60 000 亿元，达 60 332 亿元。

从中国农村市场的商业就业发展情况看，本报告根据《中国统计年鉴》中公布的就业数据"各地区按行业分私营企业和个体就业人数"扣减其中的城镇部分，作为农村地区的批发和零售业从业人员数量的近似值。如图 4 - 33 所示，2018 年农村地区批

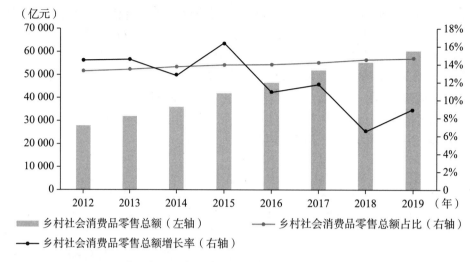

图 4 - 32　中国乡村社会消费品零售总额及其增速（2012—2019 年）

发和零售业就业人数①约 4 657 万人，较 2017 年增长 19.08％。2018 年中国农村地区的商业从业人员的劳动效率，即从业人员实现的人均社零额②为 12.96 万元，较 2017 年有所减少。

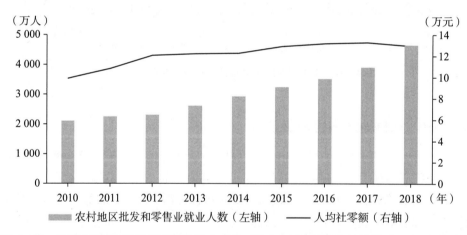

图 4 - 33　中国农村地区批发和零售业就业人数、从业人员实现人均社零额（2010—2018 年）

　　总体而言，随着农村消费潜力的释放和消费结构的优化，农村商业正呈现出愈发旺盛的生命力。批发和零售业就业人数的大幅上涨正是农村零售业快速发展的写照，农村零售业已经成为现代零售业发展越来越重要的一环。

---

　　① 本报告农村地区批发和零售业就业人数指标，系根据私营企业和个体就业人数－城镇私营企业和个体就业人数所得。

　　② 本报告农村地区从业人员实现人均社零额指标，系根据农村地区社会消费品零售总额/农村地区批发和零售业就业人数求得。

4.4.3　供销合作社发展分析

2019 年全国供销合作社系统（以下简称全系统）实现销售总额 4.6 万亿元，同比减少 21.9%。分类别看，农产品类销售额为 18 580.8 亿元，农业生产资料类销售额为 7 872.3 亿元，消费品类销售额为 15 884.5 亿元，再生资源类销售额为 2 318 亿元。各类别销售额相较 2018 年都有一定减少，主要是受宏观经济形势影响，国内外贸易下滑导致。各项销售和交易的具体情况详见表 4-2。

表 4-2　全国供销合作社系统综合经营情况（2019 年）

综合经营情况	金额（亿元）	同比增长	分类经营情况	金额（亿元）	同比增长
销售总额	46 000	−21.9%	农业生产资料类	7 872.3	−14.4%
			农产品类	18 580.8	−11.7%
			消费品类	15 884.5	−17.0%
			再生资源类	2 318	−22.5%
商品交易（批发）市场交易额	9 447.1	−6.36%	农产品市场	7 767.6	−3.84%
			再生资源市场	828.4	−10.07%
进出口额	725.9	8.23%	进口额	349.9	18.57%
			出口额	376	0.11%
农产品购进额	13 405.9	−16.20%			
农业生产服务收入额	220.6	39.62%			
金融服务营业额	970.5	−27.07%			
综合服务营业额①	404.6	−35.09%	居民生活服务业营业额	164.1	4.0%
			物流业营业额	68.4	19.0%
			资产经营额	172.1	4.4%

资料来源：全国供销合作社系统 2018 年基本情况统计公报。

截至 2019 年末，全系统有县及县以上供销合作社机关 2 761 个，其中，省（区、市）供销合作社（以下简称省社）32 个，省辖市（地、盟、州）供销合作社（以下简称省辖市社）340 个，县（区、市、旗）供销合作社（以下简称县社）2 389 个。年末，全系统有基层社 32 465 个，比上年增加 673 个。全系统组织农民兴办各类专业合作社 179 812 个，入社农户 1 453.4 万户。年末，全系统共有各类法人企业 21 501 个（不含基层社）。其中，省社所属企业 1 258 个，省辖市社所属企业 2 889 个，县社所属企业 15 653 个。年末，各级供销合作社所属事业单位有 258 个。其中，省社所属事业单位

---

① 2019 年所公示的供销社综合服务营业额不含房地产开发经营额。

61 个，省辖市社所属事业单位 67 个，县社所属事业单位 114 个。年末，全系统主管、领办各类社会组织 17 790 个，会员 249 万个（人）。年末，全系统共有职工 321.2 万人，其中，实际从业人员 199.8 万人，离开本单位仍保留劳动关系的人员 26.9 万人，离退休人员 94.5 万人。

2019 年，全系统进一步做好开放办社工作，加大开放办社力度，加快推动基层社开放办社、开放办企；贯彻落实《中共中央 国务院关于深化供销合作社综合改革的决定》，防范金融危险，促进系统金融服务规范发展，打通金融惠农"最后一公里"；发展具有供销合作社特色的区域电商，形成上下联动、"供销 e 家"与区域电商相互支撑的发展格局，坚持开放共享，增强区域电商的可持续发展能力。

4.4.4　农村电商深入发展

2013 年至今，我国农村电商在经历了探索期、快速发展期及稳定期后，生态初步完善。2019 年，我国数字乡村基础建设进一步完善，农村电商获得深入发展。在决胜全面建成小康社会的关键时期，农村电商成为推动解决"三农"硬任务的重要力量，在精准扶贫方面发挥着独特作用。为深化农村供给侧结构性改革、培育农村发展新动能、推动社会主义新农村建设提供了新方案。

4.4.4.1　政府新政策

《中共中央 国务院关于坚持农业农村优先发展做好"三农"工作的若干意见》指出，2019—2020 年是全面建成小康社会的决胜期，要以实施乡村振兴战略为总抓手，对标全面建成小康社会"三农"工作必须完成的硬任务，确保顺利完成到 2020 年承诺的农村改革发展目标任务。

中共中央办公厅、国务院办公厅印发的《关于促进小农户和现代农业发展有机衔接的意见》指出，要拓展小农户增收空间，通过开展电商服务小农户专项行动，支持小农户发展农村电商，拓展增收渠道。健全面向小农户的社会化服务体系，完善农产品物流服务，实施"互联网＋小农户"计划，鼓励小农户开展网络购销对接，促进农产品流通线上线下有机结合。深化电商扶贫频道建设，开展电商扶贫品牌推介活动，推动贫困地区农特产品与知名电商企业对接。

《中共中央 国务院关于建立健全城乡融合发展体制机制和政策体系的意见》指出，要构建农村一二三产业融合发展体系，依托"互联网＋"和"双创"推动农业生产经营模式转变，适应居民消费升级趋势，建立健全有利于乡村经济多元化发展的体制机制。

中共中央办公厅、国务院办公厅印发的《数字乡村发展战略纲要》提出，要推进数字乡村建设，培育兼具质量与特色的农村电商产品品牌，基本形成乡村智慧物流配送体系。要实施"互联网＋"农产品出村进城工程，深化电子商务进农村综合示范，推动大数据、人工智能赋能农村实体店，促进线上线下渠道融合发展，积极发展乡村新业态。

《财政部办公厅 商务部办公厅 国务院扶贫办综合司关于开展 2019 年电子商务进农村综合示范工作的通知》指出，要以电子商务进农村综合示范为抓手，加强农村流通设施建设，促进产销对接、数据驱动，构建普惠共享、线上线下融合、工业品下乡和农产品进城畅通的农村现代流通体系，因地制宜探索将农户纳入农村电商发展链条。在农村流通、电商扶贫、农业供给侧结构性改革等领域培养一批各具特色、经验可复制推广的示范县，以促进扶贫带贫，加快农村电商的发展。

《国务院关于促进乡村产业振兴的指导意见》指出，要深入推进"互联网＋"现代农业，加快重要农产品全产业链大数据建设，加强国家数字农业农村系统建设。全面推进信息进村入户，实施"互联网＋"农产品出村进城工程。推动农村电子商务公共服务中心和快递物流园区发展，更好推进乡村信息产业发展。

《国务院办公厅关于加快发展流通促进商业消费的意见》指出，要引导电商平台以数据赋能生产企业，促进个性化设计和柔性化生产，培育定制消费、智能消费、信息消费、时尚消费等商业新模式。鼓励发展"互联网＋旧货""互联网＋资源循环"，促进循环消费。实施包容审慎监管，推动流通新业态新模式健康有序发展。改造提升农村流通基础设施，促进形成以乡镇为中心的农村流通服务网络。扩大电子商务进农村覆盖面，优化快递服务和互联网接入，培训农村电商人才，提高农村电商发展水平，扩大农村消费。加快农产品产地市场体系建设，加快发展农产品冷链物流，加大农产品分拣、加工、包装、预冷等一体化集配设施建设支持力度，加强特色农产品优势区生产基地现代流通基础设施建设，以完善农产品流通体系。

4.4.4.2　企业新动向

2019 年，国务院扶贫办社会扶贫司开展全国电商精准扶贫典型案例研究，京东、拼多多、唯品会、阿里巴巴、美团点评等均有上榜。

2019 年 1 月，阿里巴巴技术脱贫大会举行，阿里巴巴脱贫基金与河北省扶贫办及其他多个省份的共 10 个贫困县分别签署"互联网＋脱贫"合作框架协议。截至 2019 年 6 月底，全国共有 4 310 个淘宝村、1 118 个淘宝镇，广泛分布于 25 个省级地区，其中 63 个淘宝村分布于国家级贫困县，超 800 个淘宝村分布于省级贫困县，电商年交易额实现近 20 亿元。以湖北省为例，2019 年 12 月，湖北省 2019 年农村电商发展峰会暨淘宝直播村播计划启动仪式举行，阿里巴巴集团进一步深化湖北农村电商布局，通过"村播"的形式，推动当地脱贫攻坚和农村农业的发展。

截至 2019 年，拼多多累计带动 86 000 余名新农人返乡创业，已成为中国最大的农业电商平台。2019 年，拼多多平台及新农人直连的农业生产者超过 1 200 万人，农产品活跃商家达到 58.6 万户，卖出 1 364 亿元的农副产品，其中来自国家级贫困县的订单额超过 372 亿元，注册地址为"三区三州"深度贫困地区的商家达 15.7 万多家，同比增长 540％。以陇南市为例，2019 年 11 月，中国市场发展圆桌会议"标准和认证引领电商高质量发展"高端对话会召开，陇南市人民政府与拼多多就精准扶贫助农签署战略合作框架协议，就陇南市推进农产品产销对接、特色农产品品牌培育、开展专业电商培训、大数据互通助力产业转型等全面开展战略合作，推进陇南电商精准扶贫和乡村振兴。

2019 年，京东扶贫从电商扶贫到产业互联网扶贫，核心理念为帮助贫困地区打造有影响力的扶贫品牌。截至 2019 年上半年，京东线上扶贫馆累计达 204 家，京东商城零售平台得以向贫困地区开放，使得农村特色产品跳出线下销售半径的物理限制，形成产业集群效应，打造了一批特色品牌。联合站外合作资源进行多平台营销宣传，拉动农特产品的品牌效益。通过"电商＋非遗＋扶贫"模式，对农村非遗进行文化品牌的推广，赋予产品更多溢价空间，切实增加农民收入。通过三大技术核心支撑，推进贫困地区传统农牧产业数字化、智能化，利用柔性反向定制降低农民投资风险。基于产业互联网开展"众筹扶贫"，解决农户生产经营的资金筹集问题，并为农户提供实现前端盈利的机会。

2019 年初，苏宁拼购围绕产地直采的核心战略发布"包山包湖包海"的"拼基地"计划，在各大主产区落地运营，与农户合作，源头直采，利用双线融合的渠道优势，为农产品打通上行通道扩大市场，增加农户收入，并于 5 月初升级为"拼拼农庄"计划。加大物流云在国家级贫困县的渗透，截至 2019 年 6 月，苏宁物流快速网店已有 24 615 个，物流网络覆盖全国 351 个地级城市、2 864 个区县城市，县镇市场组建帮客综合服务中心 950 个，有效打通了贫困县市场服务的"最后一公里"。截至 2019 年 8 月，苏宁已在全国 21 个省份的 111 个国家级贫困县共开设了 116 家扶贫实训店，直接解决当地贫困人员就业 5 017 人，实现建档立卡贫困学员人均年增收 4.2 万～5 万元。以实训店为基地，广泛进行线上线下开放式培训，电商培训超过 3 万场次、普及 50 万人次；在产业方面，直接实现农产品上行 3.8 亿元，工业品下行 6 亿元。

4.4.4.3　发展新成果

根据商务部网站信息[①]，2019 年，商务部将商务扶贫作为主题教育六项中心任务之一，列入"6＋1"重点工作，电商扶贫实现电子商务进农村综合示范对国家级贫困县全覆盖，累计带动 300 多万农民增收。继续实施电商进农村综合示范，新支持 215 个示范县，对国家级贫困县实现全覆盖；赴"三区三州"调研指导，组织电商专家下乡，举办 2 期全国农村电商培训班；引导电商扶贫频道对接近 600 个国家级贫困县，推动农产品出村。2019 年，832 个国家级贫困县实现网络零售额 2 392 亿元，增长 33%，带动就业超过 850 万人。

1 月 23 日，《多渠道拓宽贫困地区农产品营销渠道实施方案》印发，举办 15 场产销对接扶贫活动，组织 616 家（次）农产品流通企业与 1 599 家生产主体对接，实现贫困地区销售额 1.11 亿元；推动农产品流通企业扶贫联合体设立扶贫专区专柜 282 个；指导各地举办产销对接活动 128 场，贫困地区达成采购金额约 14.3 亿元。

5 月 15 日，《关于推动农商互联完善农产品供应链的通知》印发，重点支持 15 个省（区、市）加强菜市场、农贸市场、社区菜店建设改造。推动中央财政支持冷链物流发展，编制《菜市场建设管理标准汇编》，指导各地提升菜市场建设和管理标准化、

---

① 商务部《2019 年商务工作年终综述》。

规范化水平。初步统计，2019 年全国新建改造菜市场超过 1 200 个。以深化电商进农村综合示范为抓手，与邮政和农行共建共享服务站点，整合流通服务资源，合力推动农村市场转型升级。截至 2019 年，示范地区建成农村电商公共服务和物流配送中心 1 700 多个，乡村电商服务站点超过 12 万个，乡镇快递网点覆盖率接近 100%。2019 年前 11 个月，乡村社会消费品零售总额达 54 259 亿元，增长 9.0%，增幅高于城镇 1.1 个百分点。

商务部组织指导主要电商平台和邮政快递企业开展"双品网购节"，带动同期全国实物商品网络零售额 2 850 亿元，同比增长 28%，商品好评率在 97% 以上。2019 年全国网上零售额达 106 324 亿元，较 2018 年增长 16.5%。其中，实物商品网上零售额达 85 239 亿元，增长 19.5%，占社会消费品零售总额的比重为 20.7%，拉动消费增长作用明显。对 14 个省市贫困地区的 533 家企业进行农产品"三品一标"认证培训，约有 100 家企业获得认证。组织指导电商扶贫联盟在重庆、新疆、陕西、四川等省（区、市）开展特色农产品推介洽谈活动，191 个贫困县的 1 047 家企业参加，达成意向合作 337 项，总金额超过 15 亿元。2019 年全国农村网络零售额达 1.7 万亿元，同比增长 24%；全国农产品网络零售额达 3 975 亿元，同比增长 27%。

（王晓彤）

第 5 章　中国综合零售业发展分析报告

本章旨在对 2019 年中国综合零售行业及其各业态的发展情况进行监测与分析。本报告从综合零售发展全景、五大类代表性综合零售行业发展（即百货、超市、购物中心、便利店、无店铺零售），以及行业内代表性企业三个层次进行分析。主要监测的指标有规模指标、扩张情况、开关店情况、效益效率、代表性零售企业 2019 年经营动态等。本章共有附表 10 张，请读者扫描本报告附录的二维码免费下载查阅。

5.1　综合零售业全景分析

5.1.1　本报告综合零售业数据及分类说明

本报告监测与分析所选取的企业以各地区、各行业、各业态的代表性大中型零售企业为主[①]，以中国连锁经营协会公布的《2019 年中国连锁百强》《2019 年中国快速消费品（超市/便利店）连锁百强》榜单企业为辅，监测和分析它们在 2019 年的各项经营动态情况。代表性企业的数据与信息主要来自企业官方网站及其官方授权的机构所公布的业务数据和经营动态信息（含上市公司年度报告信息、董事会报告信息与其他相关数据），同时，还参考了"中国商业联合会""中国连锁经营协会""联商网"等行业协会及业内专业网站关于行业和代表性企业的资讯信息。

对于涉及行业和业态的宏观统计数据，本报告保持与国家统计局统计口径数据的一致性，整体上继续使用《中国贸易外经统计年鉴 2019》和中经网统计数据库、国研网统计数据库等所公布的数据，由于统计数据公布时间限制，均为截至 2018 年底数据。

本报告对综合零售业的分类方法，在国家统计局的两种口径划分方法基础上作了适当调整，具体如下：

一是行业口径，即按照国家统计局现行的国民经济行业划分，对限额以上零售业，分为综合零售，七大类专业零售，货摊、无店铺及其他零售业等共计九大类，其中，综合零售类别之中，又划分出百货零售和超级市场零售两类；货摊、无店铺及其他零售业之中，又划分出互联网零售。本报告的限额以上口径综合零售业，调整为包含上述综合零售（含百货零售和超级市场零售）、无店铺及其他零售业（含互联网零售）等两类合计。

---

① 本报告监测的中型企业系中国连锁经营协会公布的《2019 年中国连锁百强》《2019 年中国快速消费品（超市/便利店）连锁百强》榜单企业之外的企业，即"百强"之外的各地区、各行业、各业态的代表性中型企业。

此外，国家统计局还公布了连锁零售企业口径的数据，其按国民经济行业划分，也分为综合零售，七大类专业零售，货摊、无店铺及其他零售业等共计九大类。本报告的连锁零售企业口径综合零售业，调整为包含上述综合零售、无店铺及其他零售业等两类合计。

二是业态口径，即按照国家统计局现行的零售业态划分，对限额以上零售业，分为有店铺零售和无店铺零售，其中，有店铺零售之中，又划分出超市、大型超市、百货店、专业店、专卖店等。本报告的限额以上口径综合零售业态，调整为包含上述超市、大型超市、百货店、无店铺零售等四类合计。

此外，国家统计局还公布了连锁零售企业口径的数据，其按零售业态划分，分为便利店、折扣店、超市、大型超市、仓储会员店、百货商店、专业店（含加油站）、专卖店、家居建材商店、厂家直销中心、其他等 11 类。本报告的连锁零售企业口径综合零售业态，调整为包含上述便利店、折扣店、超市、大型超市、仓储会员店、百货商店、厂家直销中心等 7 类合计。

5.1.2　综合零售业销售规模分析

2020 年 2 月 28 日国家统计局发布的 2019 年《国民经济和社会发展统计公报》数据显示，全年社会消费品零售总额为 411 649 亿元，比上年增长 8.0%，增速较上年放缓 1 个百分点，总体保持平稳增长。

按经营单位所在地分，2019 年城镇消费品零售额为 351 317 亿元，比上年增长 7.9%；乡村消费品零售额为 60 332 亿元，比上年增长 9.0%。农村增长略高于城市增长。全国网上零售额为 106 324 亿元，比上年增长 16.5%。其中，实物商品网上零售额为 85 239 亿元，比上年增长 19.5%，占社会消费品零售总额的比重为 20.7%。

根据数据特点，总体上我国零售新型消费的增长点正在逐步形成，实物商品的网上零售对于消费品市场的增长具有十分显著的作用，城乡消费的发展也更加均衡。综合零售的总体情况相较于前一年的新旧更替，新业态崛起，传统业态面临变革，压力下回暖，并且增长高于预期。

总体来看，如图 5-1 所示，2018 年限额以上行业口径、限额以上业态口径、连锁行业口径、连锁业态口径统计的综合零售业商品销售额分别为 35 440 亿元、48 783 亿元、13 220 亿元、12 737 亿元。无论是按哪种口径，中国综合零售业 2017—2018 年销售总量都有所上升。此外，综合零售业占零售行业的比重也有显著增加，按业态口径占比[①]，多年来该数值一直在 30% 上下浮动，而在 2018 年该比例上升至 39%，综合零售的增长率达到了惊人的 29.9%，一反 2017 年颓势，达到 2011 年后的最高增长，成为带动零售业总体增长的主要动力，这一定程度上说明零售业转型和新物种的探索已

---

① 本报告销售额占比指标，系根据不同口径综合零售业商品销售额/限额以上零售业商品销售总额分别求得。

经初有成效。

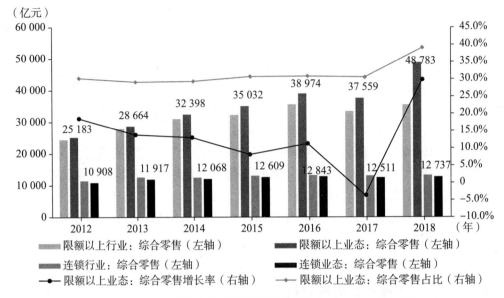

图 5-1 中国综合零售合计销售额及其增长率（2012—2018 年）

同时，根据中国连锁经营协会发布的《2019 年中国连锁百强》榜单，2019 年连锁百强企业总体销售规模近 2.6 万亿元，同比增长 5.2%，占社会消费品零售总额的 6.3%。连锁百强门店总数 14.4 万个，同比增长 5.9%。百强连锁企业提供就业岗位 160 余万个。苏宁易购以 3 787.4 亿元的销售规模居百强榜首。百强企业销售实现正增长的有 73 家，比上一年减少 5 家，平均增长率为 14.4%，同比下降 0.1 个百分点，中位数为 6.4%，同比下降 0.3 个百分点；销售出现负增长的有 27 家，平均增长率为 -9.6%，降幅同比增加 1.2 个百分点，中位数为 -7.6%，降幅同比增加 2.4 个百分点。

5.1.3 综合零售业扩张情况分析

按照行业口径统计，如图 5-2 所示，2018 年限额以上综合零售业态法人企业数达到 30 707 个，同比增长 37%，几乎可以说是井喷式增长，正印证了当年转型的势头愈演愈烈，资本与市场都充满狂热，大量新模式、新物种不断浮现的大背景。营业面积也随之增加至 17 128 万平方米，比上年扩大了近 15%。从业人数也从 2017 年的 280 万人上升至 2018 年的约 327 万人，增幅达 17%。总体来说，限额以上综合零售业，在 2018 年因资本的加持，体量有了显著的增长，但是具体到各业态，情况又会略有不同，后文中将会先后提及。

在零售业内部转型升级、提高效率的影响下，2018 年连锁综合零售业态门店总数增加了 1 118 家，达到 68 619 家，但连锁综合零售业态从业人数却出现了下滑，从 2013 年最高点的 139 万逐步下降到 2018 年的 122 万。同时下降的也包括营业面积，这

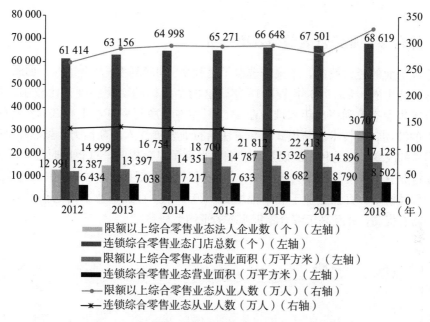

图 5-2　中国综合零售业态扩张情况（2012—2018 年）

也是该数据在多年的增长后首次下降，较 2017 年下降了 288 万平方米，为 8 502 万平方米。仅从此部分数据来看，连锁综合零售业态企业在不断开店的同时，精简了店面大小，并压缩了人员配置，单位用工和面积的效率都有所增加。

　　而在百强连锁企业中，2019 年门店数量下降的企业数比 2018 年增加了 8 家，共计 29 家。18 家企业实现销售和门店两位数增长。其中，红星美凯龙、永辉、居然之家、盒马鲜生、美宜佳、孩子王、百果园、大参林、柒一拾壹、罗森 10 家企业连续两年保持双位数增长。下降企业数增多，而总体却呈现增长态势，这说明优胜劣汰在百强企业中也愈演愈烈，不能适应新消费环境的企业正在逐步退场。

　　针对招聘难、招聘贵，连锁经营企业已经开始思考灵活用工等新型人才使用方式。连锁经营企业的淡季、旺季相对明显，灵活用工的出现能够解决企业的工作量波动，避免淡季人员闲置而旺季人力资源不足的情况，从而实现成本的节省和效率的提升。

　　根据中国连锁经营协会与德勤联合发布的《2019 中国连锁零售业人才供需及新职业新岗位发展研究报告》，作为主流劳动力的千禧一代，对于灵活就业的接受度高达 84%。我国的灵活用工模式虽然没有像部分发达国家一样完全体系化，但是已经在逐步应用中。随着灵活用工的形式逐渐丰富、普及率的逐渐升高，对于连锁经营企业来说，具体未来的发展方向可以是思考哪些岗位可以使用灵活用工，区分界定灵活用工和正式用工人员的工作内容。

　　甚至，在未来的工作模式中，企业的劳动力也在发生变革。人力资源需要思考的重点在于如何组成新的劳动力群体，是人与机器组合、全职与临时工组合还是形成众包机制等等。

5.1.4　综合零售业经营效益与效率分析

对于零售业的经营效益，本报告选取了毛利率①和净利率②两个指标。如图 5 - 3 所示，整体趋势上看，从 2012 年至 2018 年，这两个指标的变化幅度都比较小。数据显示，综合零售业态毛利率近年来维持在 14.5％左右；净利率基本上在 2.0％左右徘徊，未发生大的波动。新技术、新模式、新方法给行业发展注入的新活力，虽然在利润率上并没有明显的改变，但毛利润额以及净利润额得到了显著提升，这也同时证明了在 2018 年综合零售业总体体量是有很大扩张的。但是同时也应该注意到，根据中国连锁经营协会发布的百强榜单，百强企业毛利小幅增长，2019 年，百强企业平均毛利率为 19.5％，比上一年略有提高，并且高于综合零售业态的平均毛利率。

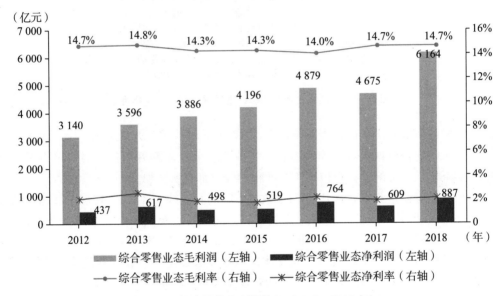

图 5 - 3　综合零售业利润情况（2012—2018 年）

为分析零售业的经营效率，本报告选取人效③和坪效④两个指标。如图 5 - 4 所示，按行业口径，2018 年综合零售业平均人效为 142.9 万元/人，相对上年提高 15.9 万元/人，坪效也同时发生了类似变化，从 2.28 万元/平方米增加至 2.42 万元/平方米。2018 年综合零售业态平均人效为 149.0 万元/人，坪效为 2.85 万元/平方米。总体来

---

①　本报告毛利率指标，系根据限额以上零售企业毛利润/限额以上零售企业主营业务收入求得，其中毛利润为主营业务收入与主营业务成本的差值。

②　本报告净利率指标，系根据限额以上零售企业净利润/限额以上零售企业主营业务收入求得，其中净利润由利润总额扣除应交所得税得到。

③　本报告人效指标，系根据零售企业销售额/零售企业从业人员数求得。

④　本报告坪效指标，系根据零售企业销售额/零售企业营业面积求得。

看，综合零售业所有口径的人效、坪效数据在 2018 年都得到了有效的增长，这说明在 2017 年新零售改造的浪潮带来的阵痛结束后，依托于数字技术的零售业总体得到了相当的效率提升。

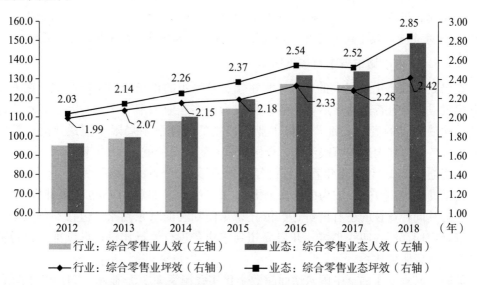

图 5－4　综合零售业态人效和坪效（2012—2018 年）

从中国连锁经营协会公布的百强企业的数据来看，2019 年，百强企业持续对百货和大卖场业态进行购物中心化改造。经营百货店的百强中，有近一半企业对门店进行了改造，改造的门店数约占企业总店数的 30％；经营大型超市的百强中，有近四成的企业对大卖场进行购物中心化改造，改造的门店数占总店数的 30％。人效提升十分明显。具体来看，超市业态平均人效为 94.3 万元/人，同比提高 1.3％；便利店、百货和专业店人效依次为 58.8 万元/人、245.4 万元/人和 362.4 万元/人，同比提高 18.5％、10.0％和 6.1％。

5.1.5　综合零售业发展综述

2019 年，随着零售行业转型的持续，业态结构不断优化，融合发展日益加深，新业态、新模式继续涌现，中国零售业整体回暖，通路多样化进一步提升。新旧经济周期交替切换的时期，拥有数字化资源的企业，最能借助当下的调整期，获得跨越式发展的关键机会。大型零售企业或拥抱互联网巨头，或从内部进行自我改造，小的零售店则依托平台加入数字化的浪潮中。行业中几乎所有企业都避不开数字化的浪潮，随波逐流还是把握机会，成为企业生死存亡的关键。

5.1.5.1　上市公司规模扩大

2019 年国内电子商务新上市公司达 17 家，创年均上市电商公司纪录。网经社电子商务研究中心发布的报告《2019 年中国电商上市公司市值数据分析报告》显示，17 家电商上市公司总市值达 2 511.82 亿元，平均市值为 147.75 亿元。

截至 2019 年 12 月 31 日，国内共有电商上市公司 66 家，分布在零售电商、生活服务电商、产业电商、跨境电商领域，电商上市公司总市值达 6.45 万亿元，平均市值达 977.61 亿元。与 2018 年末 49 家 3.95 万亿元总市值相比，增长 63.31%。百亿俱乐部已经增至 28 家企业，其中阿里巴巴、美团点评、京东、拼多多、小米集团、携程超千亿元。

5.1.5.2　中小城市数字变革迅速

在仍处于城镇化过程中的中国，村、镇、县一级的市场依然不能小觑。在一线城市新模式成熟并且普遍铺展后，下沉市场成为很多企业的下一个选择。百万小店即将成为触达消费者的竞争关键，赢得小业态店主的青睐已不局限于配送及时。数字化 B2B 端服务平台如雨后春笋般涌现，全国具有一定规模的就超过 50 家。

零售通在 2019 年下半年宣布其已经覆盖全国 25 个省的 130 万家小店，入驻品牌商、经销商超过 700 家，成为国内快消 B2B 第一平台。如意 POS 也已经铺设 10 万个小店。与其同台竞技的还有淘鲜达、依托京东便利店的京东到家，包括准备入场的苏宁小店，它们都深入四线小城，开启商超到家业务进行流量比拼，继续推动渠道数字化变革，升级服务体系。

同时，易观发布的《中国餐饮商超数字化实践洞察 2020》显示，2019 年互联网餐饮外卖交易规模超 7 274 亿元，其中三四线城市饿了么中小商户数量年度增幅达 119%，翻了一倍还多。在大城市后，中小餐饮商超业态，线上消费的渗透率越来越高，线上、线下消费生态体系进一步融合。

5.1.5.3　数字能力成为人货场重构核心

2019 年的零售围绕消费者不同购物场景的升级，无论是线上线下无缝衔接的数字化全渠道营销、实体商业或移动终端的数字化交互体验，还是研究消费者行为偏好及用户分析管理技术的创新，都有助于零售行业重新了解消费者的消费意识及消费行为变化。内部组织管理的数字化变革则可以提高运营效率，节省人工、时间成本，使经营管理效率达到最大化。

根据中国互联网协会在 2020 年中国互联网大会上发布的报告《中国互联网发展报告 2020》，截至 2019 年底，中国移动互联网用户规模达 13.19 亿，占据全球网民总规模的 32.17%；4G 基站总规模达到 544 万个，占据全球 4G 基站总量的一半以上；移动互联网接入流量消费达 1 220 亿 GB，较上年同比增长 71.6%；电子商务交易规模达 34.81 万亿元，已连续多年占据全球电子商务市场首位；网络支付交易额达 249.88 万亿元，移动支付普及率位于世界领先水平；全国数字经济增加值规模达 35.8 万亿元。

同时，根据中国互联网络信息中心于 2020 年初发布的第 45 次《中国互联网络发展状况统计报告》，我国网民规模为 9.04 亿，较 2018 年底新增 7 508 万。互联网普及率达 64.5%，较 2018 年底提升 4.9 个百分点。手机网民规模为 8.97 亿，网民中手机网民比例为 99.3%。手机网民的不断增加，让人群精准定位的数据标签不断丰富，打通线下门店实时数据配合，优化商品空间组合，优化多渠道场景布局，能使企业依托数字能力获得更好收益。在阿里巴巴、腾讯等积极投资百联、银泰、华联、永辉等大型百货或超市实体零售企业的同时，电子商务企业积极在全国广泛铺设和引入更小型实体门店。

5.2　百货店发展分析

5.2.1　百货业全景分析

2019 年，在宏观经济局势和消费形势变革的双重夹击下，百货业转型升级的压力继续增大，开关店数量多年持续倒挂，经营效率未有明显改善，降本增效成为关键。此时，零售巨头加入百货业，更是进一步加深了数字化进程，这对传统大体量的老百货店产生了巨大的挑战，百货店或是改购物中心，或是改写字楼，抑或是加入新的数字化浪潮中去，这场洗牌势必对百货业影响深远。

由于新开店较少、原有店铺增量不足等原因，百货行业的整体销售额增长乏力。但由于百货企业普遍采取了布局调整、形象和结构改造、品类升级等各类措施，企业效益的增长总体上好于销售额的增长。由于局限于暂时的转型期中，加之从 2018 年起就频发的百货行业内的大型并购重组，因此百货业内的风暴仍未结束，总体数据并不令人满意。

从总量上看，如图 5-5 所示，全国限额以上百货店的商品销售额 2018 年仍然延续了下降态势，其中百货店业态口径统计的数据为 11 616 亿元，百货零售行业口径统计为 12 843 亿元，另外，全国连锁口径的百货商店商品销售总额为 3 781 亿元。按照行业口径计算，限额以上百货行业占全部限额以上零售业的比重约为 10.6%，与 2017 年基本持平。

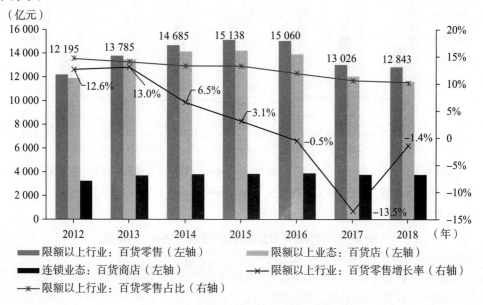

图 5-5　百货业销售额情况（2012—2018 年）

从发展趋势看，受到购物中心和网购冲击的百货店增长速度自 2012 年以来不断减慢，从 2011 年的 25.23% 降至 2015 年的 3.1%，2016 年首次出现负增长，为−0.5%，而到 2018 年限额以上行业增长率持续下滑，为−1.4%。而据赢商网统计，48 家百货上市企业 2019 年业绩数据显示，25 家营收增长、23 家下滑，行业整体规模持续收缩。48 家百货上市企业 2019 年度营收总额为 4 144.24 亿元，同比减少 2.24%，营收平均增速为−4.7%，比 2018 年同期的−3.11% 进一步扩大 1.59 个百分点，下行压力也同步反映到了上市公司财报上。

从扩张情况看，营业面积数据略微回暖，从 2017 年的 7 991.1 万平方米升至了 8 194.1 万平方米，但是仍未超过 2016 年的 8 352.5 万平方米的水平。从业人数方面则继续上年的下滑趋势，从业人数从峰值 2013 年的 117.86 万人下降到 2018 年的 91.33 万人，下降明显。

从经营效益和效率情况看，如图 5−6 所示，近年来从业态角度看百货店整体发展情况较差，虽然毛利率与净利率 2018 年较 2017 年略有提升，分别从 2017 年的 16.65% 和 3.46% 升至 2018 年的 18.03% 和 4.09%。但从连锁百货店的单店销售情况看，单店销售额仍未走出困境，较前一年仅有小幅度提升。百货业的经营依然面临多重压力，除了普遍存在的租金和人工外，门店增改利用新技术的成本也在不断提升，利润空间不断被压缩。另外，对新商业模式的探索进入深水区，风险高，难度大，很多企业在转型期间由于体制体量等各种原因，遇到了瓶颈。

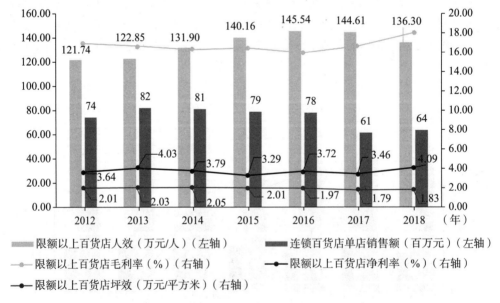

图 5−6　百货店经营效益与效率情况（2012—2018 年）

从经营效率上看，2018 年总体情况依旧不容乐观。劳动效率方面，业态口径数据显示，2018 年百货店的平均人效达到 136.30 万元/人，较上一年略低，但行业口径的人效却有增加，为 140.63 万元/人；坪效方面，2018 年百货店为 1.83 万元/平方米，行业口径的坪效也从 2015 年的 1.88 万元/平方米下降到 2017 年的 1.56 万元/平方米。在线下体验不足、顾客回流少的环境下，人均薪酬等成本却在继续上升，总体来看各类改造还未取得实质性的成功。

5.2.2　百货店开关店监测与分析

从行业整体情况看，如图 5-7 所示，中国百货业法人企业数在业态和行业口径都继续了 2017 年的下降态势。具体来看，2018 年按业态口径法人企业数共计有 5 579 个，比上年减少了 172 个，按行业口径法人企业数有 5 910 个，比上年减少了 401 个。限额以上百货零售的法人企业数每年的增长率都有较大的变化幅度，其中 2010 年、2013 年分别实现了 17.57%、18.35% 的增长，反映出国内经济增长和消费能力提高，社会资本对百货业的进入热情较高。但是 2014 年以来，受到网络零售、购物中心的冲击以及中国经济进入"新常态"的影响，百货行业整体面临着"关店潮"的威胁。百货店限额以上零售法人企业数增速急速下降到 2014 年的 6.75%、2015 年的 4.81%，2016 年的 3.3% 直至 2017 年的 -7.88%，到 2018 年该数值仍为负数，约为 -6.35%。

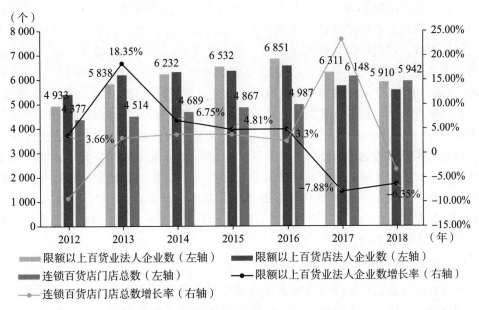

图 5-7　百货店开关店情况（2012—2018 年）

百货的自采自营和调改一直在不断深化、提升。对于转型，一直持续进行。但由于局限与体量和改造困难的问题，再加上一些企业的体制问题，百货店的春天依旧遥遥无期，有经营困难的部分老百货店转型困难。而且在百货购物中心化趋势下，纯百货门店开业数锐减，多以类购物中心形式面世并运营。在已有的门店中，百盛百货关店 5 家，新世界百货关店 2 家，世纪金花、茂业、乐天、远东、广百等均有门店关闭。

5.2.3　代表性百货企业监测与分析

5.2.3.1　百货业资本深度整合

2019 年初，苏宁易购宣布成立苏宁时尚百货集团，数日后便以 27 亿元收购 37 家万达百货，后者从此退出历史舞台，同时还收购家乐福 80% 股份；广百百货与广州友谊整合重组；物美接管华润万家，收购麦德龙；步步高集团与湖南家润多超市有限公司达成合作协议，收购家润多 22 家经营权及门店资产。下半年，居然之家借壳武汉中商登陆 A 股市场，也成为继红星美凯龙后，又一家登陆 A 股市场的家居卖场巨头。

此外，资本仿佛也十分垂涎正处于转型期间的百货企业，12 月，股东成都工投资产经营有限公司增持王府井，占比增加 5%；同月，宝能系也与南宁国资展开对南宁百货控制权的争夺战；再靠前的 3 月，永辉超市告知中百集团，拟通过要约收购的方式，将持股由 29.86% 提高至最多不超过 40%，但多月拉锯后最终铩羽而归。

5.2.3.2　数字化程度不断加深

新的互联网思维和数字化手段近年来也不断进入百货零售企业，直播、短视频、微信群、公众号、小程序等成为企业和消费者的新触点，线上线下全渠道业务成为今后发展新方向。根据中国百货商业协会、利丰研究中心共同撰写的《2019—2020 年中国百货零售业发展报告》，70% 的受访百货企业开设了公众号商城，56% 开设了小程序商城，46% 拥有自建网络销售平台，同时，入驻第三方网络销售平台的企业有 36%。

在到家业务上，很多百货也紧跟顾客需求加速相关布局。天虹超市 2019 年底支持到家业务的门店达到 98 家，销售额占比已达 10%。南京新百也致力打造支持线上下单、快递到家或自提的"新百购"微商城。但更多百货企业选择与美团、饿了么和京东到家等已有平台开展业务，大幅扩展了配送范围。银泰的线上线下两个场已实现 24 小时不打烊，实现了店仓一体化。喵街 App、银泰天猫旗舰店，线上线下同款同价，门店 10 公里范围 2 小时内送达等服务也陆续上线。苏宁也表示，将把万达百货改造纳入其智慧零售生态系统。

5.2.3.3　零售服务投入增多

随着实体百货店对其最看重的流量的竞争日益激烈，百货企业为了与同业者，甚至与购物中心和线上企业抢夺流量，在零售服务上投入也逐渐增多。北京新世界百货于 8 月 7 日的七夕情人节在南馆揭幕了以幻境和星空为主题的艺术娱乐展。北京王府井百货大楼地下二层的体验馆"和平菓局"于 8 月中旬开幕，还原了老北京城的原貌和朴实的老北京市井生活。天津新世界百货于 6 月中旬举办了市集和 Cosplay 活动，提供包括民俗、手作、复古等各具特色的摊位。举行主题活动和展览是近年百货企业朝着购物中心变革最具体的表现之一，但如何把招来的大量人流配合体验转换为实际的销售，还需要优质的商品。

会员服务也是百货企业收集顾客数据用于了解消费者消费偏好从而进行精准营销

的重要途径，可以帮助百货企业实现"货找人"。银泰百货近年来通过和淘宝的深度融合，二者会员已经全部打通，2019 年底会员已经突破 1 000 万；天虹百货目前也拥有约 1 800 万的数字化会员，搭建了全面的数字化营销和会员管理体系。

5.2.3.4　商品品类不断优化

在专业店、电商不断冲击下，百货店也开始不断改变商品同质化、千店一面的现象。在品类组合上，北国新百广场全力引进中高端国际化妆品品牌、彩妆品牌，2019 年国际品牌数量达到了 25 个，比之前增加了一倍，将化妆品类视为"客流发动机"。同样在化妆品领域，汉光百货还增加了顾客体验服务，例如开辟一对一会员服务的美容坊，教消费者如何化出当季热门妆容等。不仅如此，公司还联合一些大品牌推出美容体验中心，已有海蓝之谜、黛珂、莱珀妮、希思黎、娇韵诗等 15 个品牌设立了独立的美容室。重庆百货加大品牌引新汰旧，基地源头采购，电器包销定制商品销售同比增长 43%。王府井集团"尚府"是其打造的首个生活方式类型的自营集合店，也是王府井集团为了提升商品经营能力的尝试。同时，王府井集团开发的首个自有品牌"井品"也进驻该集合店。金鹰则在更早前推出美妆集合店 G-Beauty，其目标市场也是三四线城市。

5.3　超级市场发展分析

5.3.1　超级市场全景分析

从销售规模上看，按行业口径，2018 年限额以上超级市场零售业商品销售额又跌至 1 万亿元以下，占整个零售业的 7.6%[①]；按业态口径，将大型超市和中小型超市的销售额加总，得到 2018 年超市业态总的销售额 1.5 万亿元，在整个零售业中的占比达到 12.1%[②]，较 2017 年的 10.7% 有所提升。从业态口径的内部构成看，大型超市和中小型超市的销售规模存在较大差距，就 2018 年而言，如图 5-8 所示，大型超市的销售额达到 1.13 万亿元，约为中小型超市的 3 倍。

从趋势上看，按照行业口径数据，超级市场零售行业整体的销售规模呈现稳步上升的状态，但每年的增长率波动幅度较大。2010 年实现了 19.35% 的增长，达到顶峰；从 2012 年以后逐年递减，到 2014 年，销售额增速降为 6.4%，2015 年仅为 3.6%，2016 年略有回升，达到 4.7%，但是到了 2017 年，该数值骤减至 −7.8%。另外，按照业态口径数据，该数值也于 2017 年跌至谷底，为 −12.5%。到 2018 年，行业口径的销售额较前一年仍为下降，下降比率收窄，为 −4.5%，但是业态口径的超市合计销售额却实现了大幅增长，达到了 15.6%。

---

①　本报告超级市场零售销售额占比指标，系根据限额以上超级市场零售商品销售额/零售业商品销售总额求得。

②　本报告超市业态零售销售额占比指标，系根据限额以上（大型超市商品销售额＋中小型超市商品销售额）/零售业商品销售总额求得。

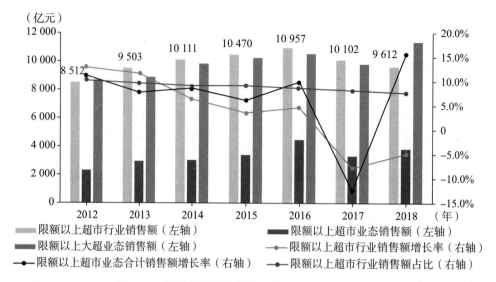

（亿元）

图例说明：
- 限额以上超市行业销售额（左轴）
- 限额以上超市业态销售额（左轴）
- 限额以上大超业态销售额（左轴）
- 限额以上超市行业销售额增长率（右轴）
- 限额以上超市业态合计销售额增长率（右轴）
- 限额以上超市行业销售额占比（右轴）

图 5-8　超级市场零售销售额情况（2012—2018 年）

不可否认，虽然近年来传统零售业有些低迷，但致力于转型升级的零售企业并没有放弃。以超市业态为例，开发新业态、旧店铺改造、打造自有品牌等，经过几年的摸索，不少超市在转型升级方面成效显著。

从扩张情况看，整体而言，2017 年以前，超市行业的门店规模逐渐扩大，之后便逐渐降低，年末营业面积呈上升趋势，从业人数方面则出现持续下降趋势。按行业口径，超级市场零售业 2018 年末营业面积达到 5 350.4 万平方米，从业人数为 117.7 万人，比 2017 年末下降 1.8 万人。

按业态口径，大型和中小型超市加总的营业面积有 8 600 万平方米，增加了 1 035 万平方米，从业人数总计为 170.4 万人，增加了 13 万人。同时，从业态口径的数据看，中小型超市和大型超市还存在较大的差距，而且差距不断拉大。无论是营业面积还是从业人数，大型超市的规模都远远超过中小型超市。

从经营效益看，按行业口径，如图 5-9 所示，超级市场零售业的毛利率近年来稳定在 12.5%～15%，2018 年相比 2017 年略微上升。净利率 2018 年仅为 1.34%，和其他业态之间存在不小的差距。按业态口径，大型超市和中小型超市的毛利率、净利率都存在明显差距。中小型超市的净利率整体上高于大型超市，近几年中仅有 2018 年大型超市出现了反超。其中，2014 年的净利率首次为负，2018 年净利率也仅勉强升至 1.55%。由此可见，相比中小型超市而言，大型超市面临的成本问题和盈利压力更大，但也可以看到近些年来大型超市净利率在一直上升，长期趋势向好。

在劳动效率方面，如图 5-10 所示，从行业口径的数据看，就 2018 年的状况而言，除了大型超市的 81.64 万元/人较上年有了一定的下降之外，其他所有口径下的人效均有一定上升。业态角度，限额以上中小型超市业态人效 2018 年为 68.07 万元/人，而大型超市是 99.62 万元/人，行业转型的实际效果已经初步展现，超市行业已经开始洗牌，大型超市和中小型超市的效率出现了明显的分化。

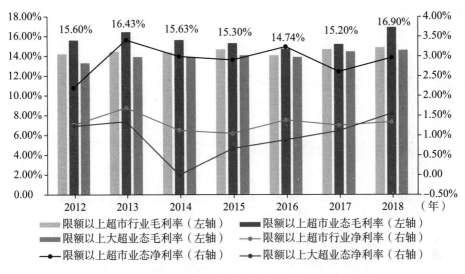

图 5‑9　超市零售经营效益情况（2012—2018 年）

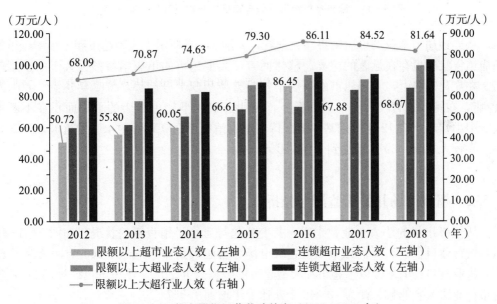

图 5‑10　超市零售经营劳动效率（2012—2018 年）

在坪效方面，如图 5‑11 所示，从行业口径的数据看，就 2018 年的状况而言，超级市场零售业 2018 年坪效为 1.80 万元/平方米。大型超市的人效高于整体水平，但坪效低于行业均值，中小型超市的情况恰恰相反。从趋势上看，从 2012—2018 年，行业的平均坪效先上升后基本保持稳定，中小型超市的坪效也是先快速上升，到 2012 年达到最高值后保持稳定；大型超市的坪效呈先上升后下降的趋势，多年来始终在 1.6 万元/平方米上下波动，而且自 2012 年以后，连锁口径的大型超市的坪效就远远低于中小型超市坪效水平。这也反映了店面过大在一定程度上会给超市经营带来负面影响。

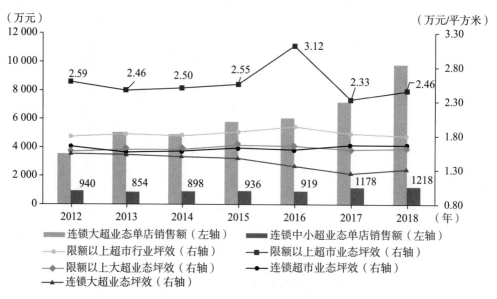

图 5-11　超市零售经营坪效与单店销售额（2012—2018 年）

从连锁超市企业的单店销售额数据看，如图 5-11 所示，大型超市和中小型超市的单店销售状况也存在显著的差异。整体而言，大型超市的单店销售额远大于中小型超市。在变化趋势上，大型超市的单店销售额整体呈现上升趋势，2018 年达到 9 801 万元/店，在坪效未有较大波动的情况下，说明连锁大型超市单店的平均面积在不断增大。中小型超市 2012 年以来基本上维持在单店销售额 900 万元的水平附近波动，2017 年后有较大增长，2018 年达到 1 218 万元/店。

5.3.2　超级市场开关店监测与分析

从超级市场的法人企业数来看，其变化趋势延续了销售额的状况。如图 5-12 所示，按行业口径，2018 年限额以上超级市场零售法人企业数达到 5 269 个，减少了 51 个。将业态口径的限额以上超市和大型超市的数据合并之后，业态口径统计的 2018 年超市行业法人企业数总计为 10 346 个，比上年增加了 947 个。

从连锁门店总数看，2018 年中小型连锁超市、大型连锁超市合计共有 36 036 家门店，同比大幅减少 8.6%。其中，大型连锁超市共有 4 760 家门店，大约占连锁超市（包括大型超市、中小型超市）总数的 14.5%，相比上年的 17.1% 变化明显，与上文中大型超市单店销售额增加开店数却减少的现象相匹配。

根据联商网零售研究中心统计，华润万家、永辉超市、步步高、高鑫零售、物美、盒马、人人乐、京东 7FRESH、家乐福、沃尔玛等 27 家头部超市企业 2019 年共新开 1 533 家门店，同时至少关闭门店 501 家。盒马、京东 7FRESH、美团小象生鲜等伴随新零售出生的业态首次关店，新零售各大玩家都进入了调整期，一改过去两年"玩命狂奔"的势头。

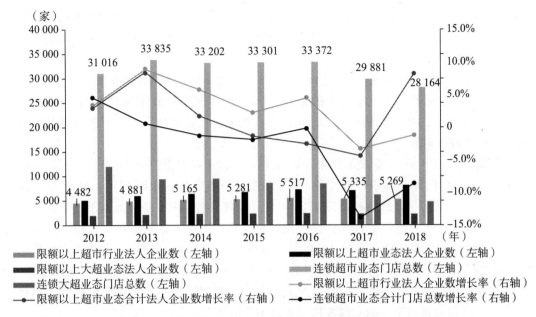

（家）

图 5 - 12　超市法人企业数和连锁超市门店总数（2012—2018 年）

5.3.3　代表性超市企业监测与分析

5.3.3.1　生鲜餐饮竞争依旧激烈

2019 年，新零售也依旧面临巨大挑战，经过几轮沉淀，零售与餐饮结合为主的新零售模式，从最初盒马问世，到超级物种、苏鲜生、天虹 SPACE、东京 7FRESH、美团小象生鲜等纷纷亮相，模式不断成熟，但是目前几乎还未有盈利的模式。永辉也不得不因为巨大亏损，将新业务剥离，以保证上市公司的业绩。盒马开始走平民路线，推出盒马菜市等更加亲民的业态。京东 7FRESH 的拓展计划也未达预期，美团小象生鲜更是关店止损。

同时，不仅盒马、超级物种等新零售选手开展了线上生鲜到家业务，美团、苏宁都纷纷开展了线上买菜业务，而以上海叮咚买菜及福建的朴朴超市为代表的线上前置仓头部企业，更是受到了行业和资本的追捧，成为 2019 年资本市场的宠儿。盒马开始向全渠道发力，走平民路线，不断拓展目标客群，满足不同人群的需求。直接对永辉、大润发等传统大卖场的生鲜业务展开竞争，盒马利用其快速布局能力，以及重点布局生鲜品类的定位，加上资本加持，势必对行业产生重大影响。

5.3.3.2　超市企业分化愈加明显

根据中国连锁经营协会年度调查，2019 年中国超市百强销售规模为 9 792 亿元，同比增长 4.1%，约占全年社会商品零售总额的 18.1%；超市百强企业门店总数为 2.6 万个，比上年增长 6.6%，在各业态中处于相对较高水平。

超市百强企业规模差异较大。华润万家以 951 亿元排在首位；销售额超过 100 亿元的企业有 21 家，销售额低于 50 亿元的企业有 63 家。前十位百强企业销售额达到

5 809 亿元,占百强总销售额的 59.3%,具有较明显的行业集中度。年销售额增长最快的是盒马,同比增长 185.7%。门店超千家的企业有 5 家,分别是华润万家、永辉、联华、世纪华联和成都红旗。

与此同时,2019 年,超市百强销售额与门店数同步实现两位数增长的企业共 21 家,销售额与门店数均比上年减少的企业有 15 家;销售额同比下降的有 22 家,门店数同比下降的有 27 家,以经营大型超市的企业为主。在新环境下,大型超市竞争愈加激烈,马太效应明显。

截至 2020 年 1 月 17 日交易结束,15 家超市上市企业总市值突破 2 319 亿元,平均市值为 154.59 亿元。其中,处于第一梯队的为高鑫零售、永辉超市,高鑫零售以 875.87 亿元高居首位,永辉超市以 772.34 亿元紧随其后,两家企业遥遥领先于其他企业。处于第二梯队的是家家悦和红旗连锁,家家悦以 150.6 亿元位居第三位,红旗连锁以 104.6 亿元居第四位。紧随其后的是步步高、三江购物、利群,3 家企业市值均超过 50 亿元。中百集团、安德利、新华都、利亚零售、华联综超、人人乐、联华超市、北京京客隆 8 家企业市值则均不足 50 亿元。其中,北京京客隆更是不到 10 亿元,只有 5.24 亿元,这和排名第一的高鑫零售相差近 167 倍之多。

5.3.3.3 资本市场变动繁多

超市业内也发生了几笔大规模并购事件,苏宁以 48 亿元收购家乐福中国 80% 股份;步步高收购家润多在长沙、益阳、常德、衡阳、郴州等地 22 家门店;物美"拿下"麦德龙中国控股权,并接管了华润万家北京 5 家大卖场。物美集团、步步高集团分别以 70.75 亿元和 15.72 亿元入股重庆商社集团。家家悦在托管华润万家山东 7 家门店半年后,直接拿下山东华润万家 100% 股权,并拟以 2.1 亿元收购重组后的淮北市乐新商贸 75% 股权,进军安徽市场。福建永辉超市发起了向武汉中百超市的收购要约。这是永辉拿下广东百佳之后,又一次向地方性超市领先品牌发起的资本并购布局,但最终以失败告终。

此外,在本土超市品牌和各类新物种的"夹击"下,外资零售在新消费环境中节节败退,除了麦德龙、家乐福被中国企业收购外,卜蜂莲花也退市了,其于联交所上市地位已在 2019 年 10 月 28 日收市后撤销。德国 ALDI 和美国 Costco 分别在 2019 年 6 月和 8 月,正式以实体店形式进驻中国市场,首站均选在上海。但在超市行业未来充满不确定性的中国市场,它们能否站稳脚跟尚未可知。

5.4 购物中心发展分析

5.4.1 购物中心发展全景分析

根据中国连锁经营协会发布的《2019—2020 年度中国购物中心消费者洞察报告》,加上 2020 年初疫情影响,全国消费者综合指数较上年下降 4.2 为 65.2,客群人气指数、消费者意愿指数均有所下降,说明消费者前往购物中心的频次、逗留时间和消费意愿都发生了一定程度的下跌。2019 年 7 月中央政治局明确不以房地产作为短期刺激经济手段，在金融监管和机构提高管控力度的情况下，行业总体融资渠道收窄，下行压力沉重。但与此同时政府也出台了一系列相关有利政策，例如：取消或放宽落户限制，引导中长期城市经济发展；粤港澳大湾区建设，助推产业升级；发布"促进消费20条"促进内需，扩大消费；等等。这在中长期对购物中心等商业不动产带来了利好。

在经济增长放缓，人口红利边际下降的同时，线上挤压程度进一步加剧，2019 年"双 11"销售额为 2 674 亿元，电商销售额占社零额比重上升至 20.7%，首次超过20%。购物中心市场日渐饱和，竞争环境激烈，存量增速减缓。

更多购物中心开始重视体验，追求便捷、娱乐、社交及情感的需求。数字技术的发展放大了中国消费群体的购买力，裂变出全新的消费市场结构和消费行为，从而让消费产生了结构性变化。物质层面已经满足，已经更新的消费者正在倒逼购物中心进行变革，从单纯满足物质层面的需求，变为开始更多考虑精神层面的需求，更为重视体验、追求便捷与娱乐、社交及情感的需求。在以往，购物中心的作用是将商品"推"给消费者；而在未来，购物中心将作为一个平台，"拉"动更多价值观和兴趣爱好相仿的消费者，将他们聚集在一起，利用社群，在他们喜好的场景下形成消费与购买。特别是年轻人崇尚的夜间消费成为新玩法，很多场所纷纷布局夜间营业业态，深夜食堂、影院、酒吧成为新创收点。数字化新技术的层出不穷也为行业的变革重生提供了更多的可能性，通过数字化改善客户体验，提升运营效率，创新商业模式将推动行业重新焕发生机。

在销售业绩上，本报告汇总了联商网、赢商网等公开发布的资讯，是根据数据可获得性进行的不完全统计，如表 5-1 所示。从趋势上看，即使在经济略微下行，零售业处于转型的发展低谷期间，2019 年主要的购物中心大多能保持较高的销售增长率。

表 5-1　中国主要购物中心销售额（2018—2019 年）

购物中心	企业	2018 年销售额（亿元）	2019 年销售额（亿元）
北京 SKP	华联集团	135	153
南京德基广场	德基集团	100	112.4
北京国贸商城	中国国际贸易中心	90.8	117
深圳万象城	华润置地	85	90
西安赛格购物中心	西安赛格集团	70.8	85
IFS 成都国际金融中心	香港九龙仓	60	75
北京世纪金源购物中心	世纪金源集团	63	64.5
上海恒隆广场	恒隆地产	60	60+
广州天河城	广东天河城（集团）股份有限公司	58	58
上海五角场万达广场	万达集团	45.5	50.4
成都远洋太古里	远洋集团、太古地产	56	75
郑州大卫城	丹尼斯集团	53	61.5
沈阳万象城	华润置地	45	52
杭州湖滨银泰 in77	银泰裕盛	45	52

续表

购物中心	企业	2018 年销售额（亿元）	2019 年销售额（亿元）
北京朝阳大悦城	中粮置业	44.1	45
北京西单大悦城	中粮置业	43	40.5
深圳海岸城	海岸城	32	40

资料来源：根据联商网、赢商网数据整理。

5.4.2 购物中心开关店监测与分析

2019 年全国新开购物中心 522 个，从联商网零售研究中心统计的近五年全年开业的商业项目情况来看，开业数量整体呈现稳定的趋势，涨跌起伏不大，除了 2016 年比 2015 年同比跌幅超过 10%，以及 2019 年同比微跌 2% 外，其他年均上涨。中国连锁经营协会编制的《中国购物中心发展指数》显示，近年来，因存在阶段性供应过剩的风险，平均每年有近 50% 的购物中心会延期开业。这种趋势同样存在于 2019 年。2018 年，全国计划 2019 年开业商业项目有近千个，但从最终结果来看很多项目并未如期交工。而且，2019 年存量改造的商业项目（包括超市和百货转型、更名重开、调整升级等模式）高达 46 个，与 2018 年相比，多了 16 个。这也与前文百货业式微并不断购物中心化的现象相互吻合。

表 5-2 为知名开发商 2019 年拟开业项目数量。从企业来看，新开店中万达依旧最为抢眼，以 44 个开业量蝉联了企业活跃榜榜首，除上海青浦万达茂外，其余 43 座均为万达广场项目，但开业量与 2018 年相比少了 8 个。新城控股全年 23 个开业量紧随万达之后，万科印力也在 2019 年贡献了 16 个项目。

表 5-2 知名开发商拟开业项目数量（2019 年）

企业	项目数量（个）
万达	44
新城控股	23
万科印力	16
华润置地	12
天虹股份	11
龙湖商业	10
世纪金源	10
宝龙商业	6
绿地	6
百联股份	5
爱琴海商业集团	5
王府井	5

资料来源：《2019 购物中心年度发展报告》。

从购物中心规模来看，规模在 5 万至 10 万平方米的数量最多，占比约 37%；2 万至 5 万平方米的占比约 27%；10 万至 15 万平方米的占比约 24%；15 万平方米以上的占比约 12%。在土地成本日渐升高的今天，随着社区商业模式的流行，小体量（5 万平方米以下）的商业项目逐渐增多，尤其是在一线、新一线城市，高地价下，社区型购物中心依靠高用户黏性，省去了各类营销费用。

从单个城市来看，与去年相同，依旧是上海最为活跃，开业 51 个，问鼎全国大型开业购物中心数量之冠；深圳开业 27 个位列第二，杭州开业 18 个列第三；其他开业量在 10 个以上的城市依次是重庆、西安、苏州、成都、南京、昆明、合肥、武汉。另外，佛山、北京、广州、天津、福州、无锡、济南、长沙、郑州、温州均入榜。新一线城市活跃度也相对较高。

从城市层级来看，一方面，整个零售业都在下沉，一线、二线城市几近饱和，市场供应过大；另一方面，三四线及强经济县镇市场空白和需求大。这就促使行业不断从一二线城市走向三四线城市，甚至县城。在新开购物中心中，一线城市占总开业数量比约 18%、新一线城市占总开业数量比约 28%、二线城市占总开业数量比约 23%、三线及以下城市占总开业数量比约 31%。并且其中重装改造再次开业的，基本上集中在一二线城市，上海新开的 51 个商业体中，存量改造物业的就多达 16 个，是全国存量物业升级最活跃的市场。而相反，三四线城市基本都为新开业项目。

从区域来看，经济发达、消费强大的华东地区的强势一如既往，全年以 247 个开业量领跑七大区域（华东、华南、西南、华中、西北、华北、东北），占比高达 48%，比 2018 年还多出 13 个。而华南是我国改革开放的前沿地带，2019 年开业量为 84 个，位居第二。华南区域的广东和华东区域的江苏两大经济强省以 66 个开业量并列榜首。

5.4.3　代表性购物中心监测与分析

5.4.3.1　头部企业租金增长迅猛

从企业财报上看，万达、新鸿基、华润置地、太古地产和九龙仓五家企业，平均商场租金超过 100 亿元，其中万达 2019 年达到了 384.4 亿元，并且总体呈上升趋势。新城控股至 2019 年底累计开业面积达到 591 万平方米，同比增长了 51%，收租过亿元的 9 个都集中在苏浙沪地区。龙湖集团总体商业租金增长 31.9% 至 47.5 亿元，商城销售额增长 25% 达 267 亿元。

很多标杆企业为应对经济形势和行业形势变化，也开始从大规模开发转至资管时代。华润置地的"2+X"商业模式，计划推动城市更新、物业服务、长租公寓、产业小镇、文化体育等，向城市综合投资开发运营商转型；保利地产计划"以开发不动产投资为主，以综合服务与不动产金融为翼"，打造不动产动态平台；大悦城地产计划实现商业地产和住宅等多业态协同发展，构建与人们美好生活场景融为一体的"大悦"生态圈。地产商们逐渐计划优化服务，构建以购物中心为主体的商业生态圈。

5.4.3.2 场景内容不断更新

在追求年轻消费，发力夜间经济的同时，顺应体育运动趋向娱乐化、社交化的趋势，购物中心也在极力引进年轻消费圈的知名品牌，适应新的消费玩法，以沉浸式体验从场景打造消费者感官升级。VR 体验馆、密室逃脱、健身会所、飞行体验馆、酒吧在购物中心出现的比例越来越高。同时，照相馆、美容 SPA、宠物店、花店、美甲美瞳等业态也不断走热。此外，文艺消费的浪潮使得购物中心不断延伸品牌边界，打造复合业态以提升效益，如书店"言几又""READWAY"、剧场剧院"开心麻花剧院线"等占地超过千平方米的新型文艺品牌，对有精神文化需求的新中产和年轻白领客群有不小吸引力。

例如，继北京 SKP 店庆创下日销 10 亿元新高成为热点之后，2019 年 12 月的 SKP-S 的开业，将高度场景式体验、工业梦幻风的装修风格、丰富的互动艺术装置带到消费者眼前。SKP-S 的定位与主馆不同，馆内的商品主要为面向年轻人与时尚人群的奢侈品。在与韩国前卫创意团队 GENTLE MONSTER 的共同策划下，商场以未来火星空间为主题，穿插了仿生羊等众多科技场景。LV、GUCCI 等奢侈品品牌更破天荒为其定制独特商品与店面场景，开出中国区乃至全球市场独有的全新概念店。

在实体商业竞争不断加剧的环境下，SKP-S 也是品牌共创多年的积累，商业物业的运营者在参与过程中如果还是旧的单纯招租的角色，势必不能讨好消费者。与品牌方共同参与创新投入，共同孵化创新业态与业种，共创新型的场景和内容给消费者，才是未来发展方向。

5.5 便利店发展分析

5.5.1 便利店全景分析

相比于前三大业态，总体来看便利店在 2019 年继续高歌猛进，成为零售业的一个最佳流量入口，其高速增长，在实体零售中一枝独秀，门店数量继续创历史新高，单店日均销售额也较上年同期有所增长。

如图 5-13 所示，截至 2018 年末，连锁便利店的商品销售额达到 542.00 亿元，同比增长 12.03%，营业面积达到 273.8 万平方米，同比增长 43.51%，门店数总计 28 895 家，比 2017 年多出 4 835 家，增长率为 20.10%，年末从业人数为 10 万人。这些数字见证了连锁便利店行业在 2018 年井喷式的增长。

便利店与人民生活息息相关。在政策上，2019 年 12 月，商务部等 13 部门联合印发了《关于推动品牌连锁便利店加快发展的指导意见》，指导推动便利店发展工作，提出要健全城市公共服务基础设施，织密便民消费网格，优化便利店营商环境，推动便利店品牌化、连锁化、智能化发展，更好地发挥便利店服务民生和促进消费的重要作用。这也为便利店行业的未来发展铺设好了道路。

总的来看，便利店行业虽然总量在不断扩大，但经营效率却出现了分化。如图 5-14 所示，连锁便利店的人效从 2017 年的 53.71 万元/人增长到 2018 年的 54.20 万元/人，

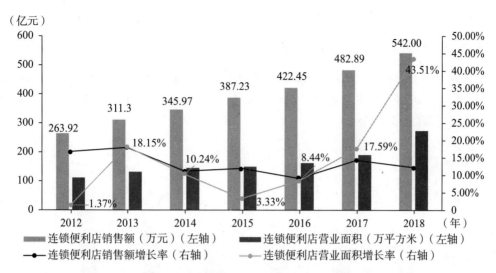

图 5 - 13 连锁便利店商品销售额和营业面积（2012—2018 年）

纵观七年，2018 年的人效水平约为 2012 年 37.97 万元/人的 1.5 倍。但是坪效从 2017 年的 2.53 万元/平方米回落到 2018 年的 1.98 万元/平方米。两个指标的增长率波动较大且出现分化，2012 年之前，坪效提高得较快，而 2012 年以后，人效的提高速度明显快于坪效，而 2018 年突增的 43.51% 营业面积增长率和仅有 12.24% 的销售增长率一定程度上是坪效大幅度下降的直接原因。

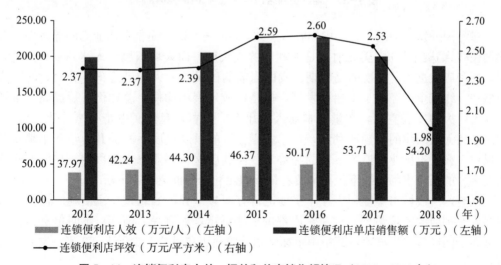

图 5 - 14 连锁便利店人效、坪效和单店销售额情况（2012—2018 年）

从单店销售状况看，连锁便利店的单店年平均销售额波动上升。2012—2017 年单店销售额变化不大，但 2018 年，单店销售额同坪效一起发生了大幅度下降，这与 20.10% 的门店数量增长率和 12.24% 的总销售增长率间的差距有关，说明新开店铺经营模式仍存在很多的探索空间。

5.5.2 便利店开关店监测与分析

如图 5-15 所示，2018 年连锁便利店的门店总数达到 28 895 家，同比增长 20.10%。从 2013—2018 年趋势上看，门店数增长率呈先上升后下降再上升的状态。2018 年门店数量依旧延续了 2017 年爆炸式增长的态势。

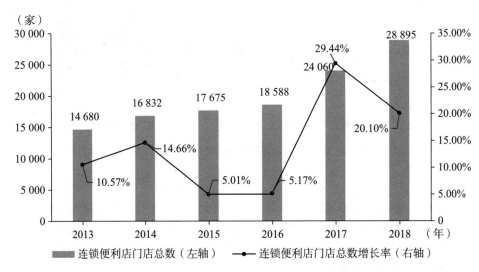

图 5-15 连锁便利店门店总数 (2013—2018 年)

参考国外发展情况，人均国民收入达到 3 000 美元时，是便利店业态的导入期；人均国民收入达到 4 000 美元时，是便利店的成长期；而人均国民收入达到 6 000 美元时，便利店就进入了发展的高峰期。我国当前的国民收入人均已近 1 万美元，便利店虽然在一线城市已经有了不错的发展，但是区域发展不均衡，总体仍有待提高，市场存在着巨大的发展空间，大量资本涌入，开店扩张潮兴起其实也是必然趋势。总之，在之前还无人问津的连锁便利店，在"新零售"的概念热度不断提升后，近年来站在了风口。在大卖场业态持续下滑的趋势下，便利店这一小业态未来可期。在线上线下高度融合的当今市场，线下距离消费者最近的便利店的价值也在不断凸显。

同时，一线城市中便利店开店密度也具有明显差异，如北京单家便利店覆盖人口最多，便利店的密度最低。远离东南部的二线城市，如青岛、南宁、昆明单点覆盖人口远高于同经济水平城市，其中南宁和昆明的便利店数量甚至少于 1 000 家，发展潜力巨大。

5.5.3 代表性便利店监测与分析

5.5.3.1 社区团购模式不断发展

自 2016 年社区团购模式出现后，利用社区邻里关系建立微信群，发布拼单信息的模式就在不断发展。根据中国连锁经营协会的便利店调研，到 2019 年已有 65％的便利店企业涉及社区团购业务，其中有 2018 年 10 月上线的兴盛优选，与社区中的夫妻老婆店合作，将其发展成团长进行业务提成，GMV 单月已经过亿；2019 年初上线的美宜佳选，依托美宜佳近两万家便利店，打开生鲜品类弥补自身在生鲜运营方面的不足；同在 2019 年初上线的还有苏宁的苏小团，依托苏宁小店在全国布局的社区基础，切入社区团购，并且所有用户均可申请成为团长。但是其主要业务都是围绕生鲜，这与互联网、百货、超市等其他参与者形成了直接竞争。社区团购行业目前看竞争激烈，尾部企业生存较为困难。未来行业应努力建设标准化管理体系，提升品牌复购率等进一步的盈利和增长方向。

5.5.3.2　自有品牌占比不断增加

就目前而言，中国便利店总体自有品牌占比较低，仅有一些头部品牌如便利蜂在相关方面创新较多，不仅在店内频出新品，还在微信商城小程序"蜂质选"以及第三方平台销售自有品牌商品。但相比而言，日本便利店 7 - ELEVEN 的自有品牌建设更加成熟，其于 2007 年就开设销售的 Seven Premium 已经逐渐覆盖了高端和生鲜产品，2019 年其销售贡献额已经达到了 30％，相对而言，中国便利店自有品牌仅仅占销售额的 5％。在互联网技术的介入下，全渠道的消费者数据为便利店挖掘新产品提供了基础，对消费者需求进行具体洞察和捕捉以研发产品并持续迭代需要企业在未来不断摸索。

5.5.3.3　集中度提升空间较大

2019 年，我国前十大便利店店铺数占全国店铺总数 63％，但是两家借助加油站网络建立的石油系便利店易捷和昆仑好客合计占了 36％。其余的龙头企业影响力也主要集中在区域范围内，在特定范围内有较高的集中度，如美宜佳在广东占有 65％的市场，罗森便利店主要分布在长三角区域，便利蜂的门店主要分布于包括北京、天津、上海、南京等大中城市在内的华北、华东都市圈。小型便利店众多，店铺数量一般较少，并且极具地域特征，布局极为分散。相对于成熟的便利店市场，如日本头部的 7 - ELEVEN、全家、罗森三大品牌占据 89％的市场，集中度还有较大提升空间。

在便利店企业正不断铺设的同时，针对下沉市场仍有不少 B2B 企业正在计划自下而上地帮助百万夫妻老婆店转型。阿里巴巴零售通已经拥有超过 100 万家小店用户，其中 20 万家小店正在向便利店转型。与此同时，京东、苏宁以及其他竞争者也在市场中不断竞争，即使是市场占有最高的零售通，相较于全国几百万家小店依然比率较低，未来市场潜力巨大。

5.6　无店铺零售发展分析

5.6.1　无店铺零售全景分析

无店铺业态一般包括电视购物、邮购、网上商店、自动售货亭、电话购物等五大类。为具体分析无店铺零售行业的发展情况，本报告选取了直销、电视购物和网络零售三种典型业态进行监测与分析。

从总量上看，2012 年以来我国无店铺零售业规模持续扩大。如图 5 - 16 所示，从行业角度看，2018 年无店铺零售销售额达到 12 096 亿元，同比增长 32.3％；法人企业数共计 7 366 家，同比增长 6.17％。另外，2018 年行业从业人数达到 28.4 万人，同比减少 9.6％。在互联网零售的强力推动下，限额以上无店铺零售发展迅速。

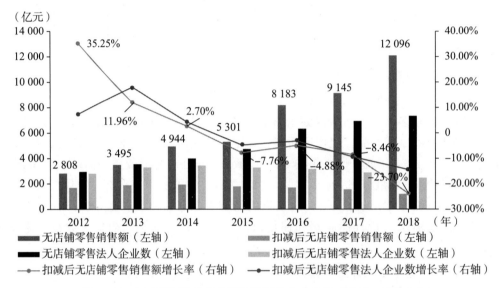

图 5 - 16 无店铺零售业商品销售额及法人企业数（2012—2018 年）

为更准确反映中国无店铺零售业的实际发展情况，本报告对国家统计局口径的限额以上零售业-货摊、无店铺及其他零售业数据，扣减了其中的限额以上零售业-互联网零售的数据，得出一个扣减后的各项数据，反映了非网络购物之外的真实的无店铺零售业发展情况。遗憾的是，本类别在销售额、法人企业数、营业面积、从业人数等核心指标上，全部是负增长，分别为 -23.7％、-14.4％、-7.1％、-16.7％，局面不容乐观。

在业态方面，从 2012—2018 年的发展趋势看，受网络零售拉动，无店铺零售的商品销售额、法人企业数以及从业人数都呈指数级上升。商品销售额从 2011 年的 1 061.7 亿元增加到 2018 年的 21 971.1 亿元，增长了 20 倍多，比上一年增长了 77.7％。在法人企业数方面，2018 年无店铺零售的法人企业数达到 14 782 个，比上一年增长了一倍多。另外，无店铺零售的从业人数从 2017 年的 39.2 万人扩大到 2018 年的 71.7 万人，增加了 83％，呈现出带动效率大幅度提升的态势。

在政策上，商务部于 2019 年 5 月起草了《无店铺零售业经营管理办法（试行）（征求意见稿）》，向社会公开征求意见，在对相关行业进行加强监管的同时，也鼓励形成无店铺零售行业组织，引导行业的规范发展。

在经营效率方面，如图 5 - 17 所示，无店铺零售的人效很高而且逐年增加，从

2011 年的 156.9 万元/人增加到 2014 年的 251.7 万元/人，但 2015 年下降到 245.4 万元/人，2018 年又增长到 426.5 万元/人的新高，较 2017 年增长了 46.7%。

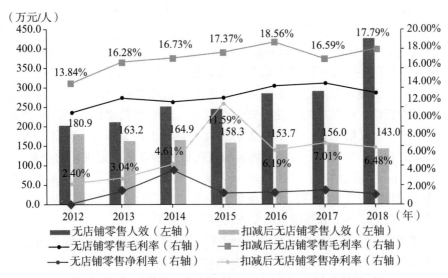

图 5 - 17　无店铺零售经营效益与效率（2012—2018 年）

在经营效益方面，无店铺零售目前的经营情况并不理想。行业毛利率在 13% 左右徘徊，2018 年达到 12.73%。另外，虽然无店铺零售的销售规模很大，但至今为止利润率不高，2018 年全行业净利率为 1.17%，这在一定程度上反映出爆炸式增长带来的竞争加剧。

5.6.2　直销行业发展分析

截至 2019 年 3 月，根据商务部公开数据，中国有 91 家企业拿到了直销经营许可证。其中，内资企业 58 家，外商投资企业 33 家。随着我国对于直销的法律规范和政府监管已经走上了比较成熟的轨道，直销企业在我国的规范、健康发展更有保障，但由于声誉问题、申请许可问题、服务网点设立问题、报酬限制问题、获准产品类别问题等存在，整体经营情况仍不尽人意。2018 年，仅有一家企业拿到直销牌照，我国直销行业管理已经进入史上最严监管期，2019 年 4 月商务部才将暂停了两个月的办理直销相关的审批、备案等业务恢复。在直销行业的寒冬，相关从业人员也积极顺应潮流，以不断的革新来应对。

5.6.2.1　运行特征及新动态

回首 2019 年，中国社交电商精彩纷呈，在互联网、大数据的支撑之下，新零售、社交电商正以星火燎原之势催生亿万市场，成为当下最火热的营销模式。在获客成本越来越高的当下，依托网络社交平台营销的社交电商成为中国传统品牌和电商平台突围的不二选择，直销企业也纷纷试水社交电商。

但 2019 年的直销行业却不容乐观，逼迫一些行业不得不做出转型。1 月，国家 13

部门联合开展整治"保健"市场乱象的"百日行动",对直销行业进行冰冻式监管,停止审批直销相关业务。我国对保健品行业进行了一次较为彻底的规范整顿,虚假夸大宣传、消费欺诈、虚假广告、制售假冒伪劣产品等违法行为得到了整治,保健品行业风气逐渐清朗。同时也上演了一场优胜劣汰、适者生存的大戏。

2019年2月14日,商务部召开新闻发布会称,针对直销行业有关情况和存在的问题,目前商务部已经暂停了办理直销相关的审批、备案等事项,正在积极会同相关职能部门,开展"保健"市场整治工作。商务部全面梳理排查全国直销行业的情况,加强直销企业的管理,对发现的违法违规经营问题,会同相关部门,坚决依法依规进行处置,切实维护人民群众和广大消费者的利益。到了4月9日,商务部印发《商务部办公厅关于对直销备案产品、直销培训员和直销员开展复核登记工作的通知》,表示为贯彻落实13部门《联合整治"保健"市场乱象百日行动方案》部署和商务部关于直销行业清理整顿有关安排,规范直销行业经营行为,促进行业健康有序发展,决定对直销备案产品、直销培训员和直销员,全面开展复核登记工作。

2019年8月,国家市场监管总局与商务部在宁波召开了一场针对直销市场监管的会议,透露出三点内容:第一,国家对直销行业的监管只会更严,不会宽松;第二,主张直销企业转型、探索创新,结合当前出现的新产业、新业态来发展直销;第三,直销牌照可能不再进行审批。

5.6.2.2 直销行业参与社交电商

这是一场冲击,但同时也是一次机会。一些直销企业为避免政策风险,彻底结束了直销业务,还有一些则抓住了社交电商的出路进行转型。粗略估计,2019年"百日行动"后有至少26家直销企业开始运营线上社交电商,它们大都依托于微信商城等平台,展开全品类产品个性化、多样化的营销互动,如安利、如新、无限极、玫琳凯、完美等公司。它们顺应时代趋势,以社交电商为工具,通过社交平台扩大产品与顾客的接触面,为直销员的线上推广提供素材资源、售后服务等支持,全面为直销赋能。一方面,先进的社交电商平台,为营销人员分享产品、促成线上销售提供了便利,让客户可以通过更多渠道触达产品,并提供完善的售后服务,提升了客户忠诚度;另一方面,社交电商平台也为企业提供了消费行为大数据,为企业的产品研发和调整提供数据支持,也为营销策略、产品供应链和财务预算提供了参考数据,有利于不断提升企业产品和服务的市场竞争力。

外资直销企业也顺应潮流加入这场变革中,并且越来越重视中国市场。至2019年6月,安利成立60周年时,安利在中国已有超过90%的销售额来自线上,超过80%来自移动端。2019年,安利先后将全球数字化创新中心、大数据创新中心和IT创新中心落户在中国。2019年9月,康宝莱宣布在上海设立"康宝莱中国产品创新中心"。该项目位于有"中国硅谷和药谷"之称的上海张江高科技园区的ATLATL创新研发中心,于2019年11月开始建设。2019年12月16日,美乐家中国总部园区项目在上海奉贤区开工建设,该项目总投资为1.5亿美元,占地面积超5万平方米,建成后将成为美乐家海外最大的区域总部和日化生产基地。

随着互联网时代的到来，直销模式不再局限于传统的人对人、门对门、家庭展示或场地销售等传统运营的模式，而是向多种渠道的综合式营销靠拢。特别是利用现代网络技术手段，依托电商、微商、网红经济及移动社交等新的直销宣传和运营模式，新的趋势正在形成，如有的企业设立自己的网站，开展电子商务的同时加强产品的宣传，并把生意做到了全世界；有的企业利用微信加强营销宣传，据前瞻研究院《中国直销行业经营模式与投资预测分析报告》统计，直销行业企业微信公众号开通率超过八成，有的甚至同时运营 2 个及以上公众号；还有的企业内部设立直播间，邀请网红讲解、宣传公司品牌；等等。

5.6.3　电视购物行业发展分析

经过前些年电视购物业的迅猛发展和商务部系列政策的出台，目前电视购物业总体趋于稳定，销售额的连年高增长也于 2016 年开始进入负增长，市场规模总体平稳。但是相比于欧美等发达国家视电视购物业为纯粹零售行业，我国电视购物由于传媒属性的约束，仍被视为文化产业，零售属性不明显。此外，部分电视购物企业仍在经营效益不高的网络购物网站，定位不准确。

与此同时，由于利益驱使和监管缺失等因素的影响，违规的电视购物广告短片屡禁不止，并且大部分消费者对于电视购物与电视广告的区分并不明确。正规企业受许多违规广告的影响，让部分消费者对电视购物业有曲解。

总的来说，虽然我国电视购物业规范和监管不断加强，但距离成熟市场还有一定差距，在消费者认知和企业创新上都缺乏活力。同时，在电商的影响下，电视购物在物流、支付、商品品类上都处于劣势地位。此外，在移动传媒发展的影响下，电视节目的收视率本身也成为制约行业发展的因素。面对挑战，电视购物业企业必须用更广阔的视角挖掘自身核心竞争力。

5.6.4　互联网零售发展分析

5.6.4.1　互联网零售全景分析

近几年，互联网零售在中国市场快速发展，"双 11""6·18"等电商节逐渐深入人心。2018 年互联网零售业依旧保持快速增长。大型电商平台通过布局品质电商，优化电商市场商品供给，推动品质消费；社交电商持续发力，利用社交分享创造巨大的消费价值；电子商务通过大数据、云计算、人工智能等技术推动了自身行业飞速发展，区块链技术在跨境电商等领域得到了深度应用。

从发展趋势看，互联网零售每年的销售额增长率虽有动荡但也基本保持在高位。如图 5-18 所示，2012 年销售额的增长率高达 112.70%，2015 年增速最低，但也实现了16.87% 的增幅，到了 2018 年，这一数值为 43.76%。另外，企业数和员工数量每年也基本处于两位数增长的发展态势，但互联网零售企业销售额有着十分明显的波动趋势。

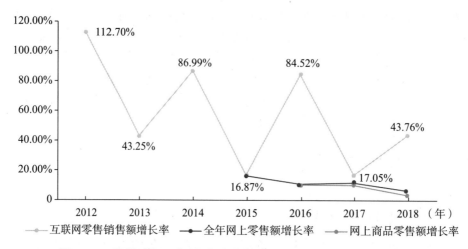

图 5-18 限额以上互联网零售商品销售总额及增速（2012—2018 年）

按照网络交易平台数据计算的 2018 年全国网上零售额达 106 324 亿元，同比增长 16.5%，增速较上年回落 7.4 个百分点；实物商品网上零售额达 85 239 亿元，增长 19.5%，占社会消费品零售总额的比重为 20.7%，比上年提高 2.3 个百分点。

另外，根据商务部电子商务和信息化司发布的《中国电子商务报告 2019》，2019 年中国电子商务交易规模继续扩大并保持高速增长态势，全国电子商务交易额达 34.81 万亿元，比上一年增长 6.7%。

农村电商进入规模化专业化发展阶段，全国农村网络零售额达 1.7 万亿元，占全国网络零售总额的 16.1%，同比增长 19.1%；其中，农村实物商品网络零售额为 13 320.9 亿元，占全国农村网络零售额的 78%，同比增长 21.2%。

通过海关跨境电子商务管理平台零售进出口商品总额达 1 862.1 亿元，同比增长 38.3%。其中，出口总额为 944 亿元，年均增速为 60.5%；进口总额为 918.1 亿元，年均增速为 27.4%。

全年完成邮政行业业务总量 16 230 亿元，比上年增长 31.5%。邮政业全年完成邮政函件业务 21.7 亿件，包裹业务 0.2 亿件，快递业务量 635.2 亿件，快递业务收入 7 498 亿元。

5.6.4.2 代表性互联网零售企业监测与分析

（1）上市企业表现突出。

2019 年新上市电商公司 17 家，创最高电商上市纪录。近两年内新增数量的快速增长，更凸显了资本市场对于"新经济"类企业的青睐。66 家上市电商中，A 股 19 家，港股 17 家，美股 30 家。而 2019 年 17 家上市的电商公司中，5 家为 A 股，其余 12 家均扎堆在美股和港股。

表 5-3 为 2019 年中国主要电商上市企业公司市值。总体上市值较为集中，阿里巴巴作为领头羊，市值占比约有六成。上市公司市值在 1 000 亿元以上的有 6 家，分别为阿里巴巴、美团点评、京东、拼多多、小米集团、携程；处于 500 亿元至 1 000 亿元的

有 6 家，分别为阿里健康、苏宁易购、58 同城、唯品会、瑞幸咖啡、平安好医生；100 亿元至 500 亿元的有 16 家；其余 38 家均处于 100 亿元以下。

在电商各细分领域分布上，21 家生活服务电商上市公司总市值达 11 561.37 亿元，占比 17.92%，其中市值排行榜 TOP10 中占 4 家，千亿元以上的有 2 家。随着新消费业态蓬勃发展，非实物的教育医疗等领域的线上交易也快速增长，生活电商增速迅猛。美团点评自 2019 年以来市值飞速增长，超 5 000 亿元，比上半年市值增长 52.55%。

表 5 - 3　中国主要电商上市企业公司市值（2019 年）

企业	领域	市值（亿元）
阿里巴巴	零售电商	39 620.61
美团点评	生活服务电商	5 289.22
京东	零售电商	3 581.87
拼多多	零售电商	3 061.02
小米集团	零售电商	2 314.61
携程	生活服务电商	1 374.54
阿里健康	生活服务电商	967.48
苏宁易购	零售电商	941.20
58 同城	生活服务电商	673.97
唯品会	零售电商	660.11

（2）互联网与传统企业继续结合。

2019 年 1 月，阿里巴巴首次召开的 ONE 大会计划把自身各类数字化能力，体系性地赋能给传统商业领域，其基于数字化、大数据和云计算和互联网基础设施的布局已经积累了足够能力以帮助传统企业转型。2 月，苏宁一举拿下万达百货全部资产，并于 7 月拿下家乐福中国，共建智慧零售。4 月，经历了多位高管离职、员工变动的京东，入股五星电器并占有 46% 股权，还要在重庆打造自己首个电器超级体验店。7 月，三只松鼠以阿里系平台作为主要发展渠道成功上市，证明了阿里巴巴数字化运营实现品牌销售和企业组织化建构的能力。12 月，高鑫零售在上海举办了一年一次的员工年会，并宣布了 480 家门店在 2020 年的计划：不仅继续重构大卖场业态，即继续将高鑫零售旗下大润发、欧尚门店彻底数字化改造之外，还要把门店向偏生鲜食品型的大卖场转型。

（3）失败平台不在少数。

随着大企业下沉市场，社交电商、直播带货等词成为热点，据网经社不完全统计，2019 年也有至少 22 家电商平台倒闭，其中倒闭的零售电商中生鲜电商占比最大，达到了 5 家，其次是社交电商，为 4 家。这两个领域正是零售业全渠道竞争的热点。无论是超市、百货还是便利店这些实体零售企业，还是各类线上的电商平台，社交与生鲜总是 2019 年避不开的话题。

生鲜电商出现扩张过快导致后续整体运营、产品质量、用户体验、售后服务等问题频现。虽然生鲜产品有较高毛利，但是产业链较长，不成熟的商业模式很难获得利润，即使是行业头部的盒马等模式，也是在背后强大的资本下坚持运营，目前鲜有做到盈利的企业。而社交电商在拼多多一枝独秀后，迅速占领市场，激烈的竞争下，中小型社交电商可能无法长期持续下去。

（4）农村电商发展良好。

近年来，我国大力推动农村互联网建设，基本实现农村宽带入村。中国互联网络信息中心第 45 次《中国互联网络发展状况统计报告》显示，行政村光纤和 4G 覆盖比例超过 98%。农村地区互联网普及率达到 46.2%，与城市互联网差异缩小 5.9 个百分点。农村网络零售额增速也高于总体增速，占比不断增高。电商平台不断深入下沉市场，对农村地区的消费需求进行进一步满足，同时也对全国扶贫工作给予了帮助。

阿里巴巴为村镇市场特别推出淘宝村播、淘宝村等 App。2019 年，淘宝平台直播农产品成交额总计突破了 60 亿元；京东拼购全面升级了招商政策，通过与微信合作拓展了农村流量入口，京东县域消费总额占比于 2019 年已经达到了 31.4%，京东的京东农场项目自 2018 年启动以来就整合京东物流、金融和大数据等能力打造现代化新农场，目前已经覆盖粮食、果蔬、菌类、食用油等多领域；此外，苏宁易购上线了"快手小店"，加速下沉市场布局；拼多多也与多地政府合作开启了"多多农园"，以建档立卡贫困户为主体，打通当地特色农产品产销渠道。但农村电商的人才问题依然难以解决，大部分优秀的电商人才选择留在城市。未来，伴随农村电商的蓬勃发展，这一问题迫切需要得到解决。

（李浩林）

第6章　中国专业零售业发展分析报告

本章旨在对 2019 年中国专业零售业及其各业态的发展情况进行监测与分析。本报告从专业零售业发展全景、七大类专门零售行业发展，以及行业内代表性企业动态三个层次进行分析。主要监测的指标有规模、扩张情况、开关店情况、效益效率、代表性零售企业 2019 年经营动态等。本章共有附表 14 张，请读者扫描本报告附录的二维码免费下载查阅。

6.1　专业零售业全景分析

6.1.1　本报告专业零售业数据及分类说明

本报告监测与分析所选取的企业，以各地区、各行业、各业态的代表性大中型企业为主[①]，以中国连锁经营协会公布的"中国连锁企业百强（2019）"榜单企业为辅，监测和分析它们在 2019 年的各项经营动态情况。代表性企业的数据与信息主要来自企业官方网站及官方授权的机构所公布的业务数据和经营动态信息（含上市公司年度报告信息、董事会报告信息与其他相关数据），同时，还参考了中国商业联合会、中国连锁经营协会、联商网等行业协会及业内专业网站关于行业和代表性企业的资讯信息。

对于涉及行业和业态的宏观统计数据，本报告保持与国家统计局统计口径数据的一致性，整体上继续使用《中国贸易外经统计年鉴 2019》和中经网统计数据库、国研网统计数据库等所公布的数据。由于统计数据公布时间限制，所用数据均为截至 2018 年底的数据。

为保持与国家统计局统计口径数据的一致性，本报告整体上继续使用《中国贸易外经统计年鉴》的分类方法，将专业零售业依据其所处行业划分为七大类：（1）食品、饮料及烟草制品专门零售；（2）纺织、服装及日用品专门零售；（3）文化、体育用品及器材专门零售；（4）医药及医疗器械专门零售；（5）汽车、摩托车、燃料及零配件专门零售；（6）家用电器及电子产品专门零售；（7）五金、家具及室内装饰材料专门零售。本报告依此对应分为七个小节来监测与分析中国专业零售业的发展及行业代表性企业动向。

同时，为合理科学反映现实中国零售行业内各子行业的发展情况，本报告将统计口径的七个大类继续细分为 13 个更为具体的监测类别，分别是：（1）食品饮料及烟草制品类；（2）服装类；（3）个护化妆类；（4）金银珠宝类；（5）儿童玩具和母婴用品类；（6）图书音像类；（7）办公文具类；（8）运动户外类；（9）医药及医疗器械类；（10）汽

---

① 本报告监测的中型企业系中国连锁经营协会公布的"中国连锁企业百强（2019）"榜单企业之外的企业，即"百强"之外的各地区、各行业、各业态的代表性中型企业。

车燃料类；（11）家用电器及电子产品类；（12）家居建材类；（13）室内装饰材料类。这些类别代表性企业的详细动态信息，详见本章附表。

6.1.2 专业零售业销售规模分析

从发展的总体规模看，如图 6-1 所示，专业零售业 2018 年商品销售额近 9 万亿元，限额以上行业口径下为 89 548 亿元，限额以上业态口径下数值则为 79 349 亿元。近年来专业零售业占零售业总体的比重维持在 60%～70%，而且比重变化基本稳定，2018 年限额以上行业和限额以上业态口径下专业零售业占零售业的比重分别为 71.65% 和 60.29%，占据着绝对主体地位。此外，连锁行业口径和连锁业态口径销售总额分别为 14 948 亿元和 22 691 亿元。

从发展趋势看，受宏观经济形势影响，2018 年中国专业零售业销售额和增幅延续了 2017 年以来的下降趋势。从限额以上业态角度看，专业零售业态的销售额增长率自 2011 年以来波动下降，虽在 2016 年出现一定程度的上升，但此后两年连续负增长，2018 年增长率为 −4.8%；从限额以上行业口径看，增长率变化情况与限额以上业态口径下基本一致，在 2016 年短暂回升后，同样出现负增长。连锁口径下，专业零售业销售额增长率波动较大，2018 年连锁行业和业态的销售额均大幅提升，同比增长 13.8% 和 9.3%。

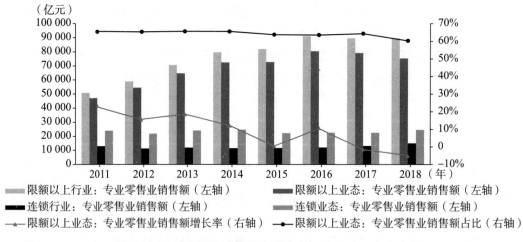

图 6-1　专业零售业销售额及其增长情况（2011—2018 年）

6.1.3 专业零售业扩张情况分析

2018 年，线上红利逐渐接近尾声，消费者更加重视消费体验，实体门店在加码线下的同时，也更加注重门店的经营效率。如图 6-2 所示，从限额以上行业口径看，专业零售业 2018 年的法人企业数、年末从业人数和年末零售营业面积分别为 78 065 个、409.6 万人和 19 090.1 万平方米。限额以上业态口径方面，专业零售业 2018 年的法人企业数、年末从业人数和年末零售营业面积则分别为 63 496 个、346.6 万人和 15 701.1 万平方米。与 2017 年相比，各项指标在行业口径和业态口径下均有小幅下降。

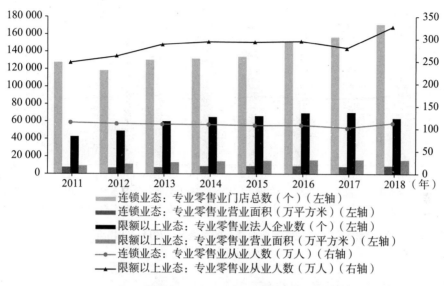

图 6 - 2　专业零售业总体扩张情况（2011—2018 年）

从连锁零售角度看，按照连锁行业口径，专业零售业的门店总数为 143 783 个，年末营业面积为 6 077.6 万平方米，年末从业人数为 92.9 万人，同比分别增长了 11.35%、14.41%、13.69%。连锁业态口径下，专业零售业门店总数、年末营业面积和年末从业人数分别实现了 9.32%、9.57%、9.63% 的增长。

从发展趋势看，连锁行业和连锁业态口径下专业零售业门店总数逐年增长，且连锁行业增幅更为明显。总体而言，专业零售业连锁经营趋势不断增强。

6.1.4　专业零售业经营效益与效率分析

如图 6 - 3 所示，从经营效益情况看，根据限额以上业态口径，专业零售业态的毛利润、净利润分别约为 7 622.1 亿元、1 378.5 亿元，毛利率、净利率分别为 11.58% 和 2.09%。限额以上行业口径的数值略高于业态口径，毛利润、毛利率、净利润、净利率分别为 9 182 亿元、11.76%、1 653.6 亿元、2.12%。从趋势上看，专业零售业毛利率逐年平稳上涨，而净利率在 2016 年经历大幅上涨后已连续两年回落。

从效率情况看，限额以上业态口径的人效和坪效分别为 217.4 万元/人和 4.8 万元/平方米，限额以上行业口径下，人效和坪效分别为 218.6 万元/人和 4.7 万元/平方米，经营效益较上年略有下降。

近年来，随着行业内企业不断创新，限额以上专业零售业的人效指标稳步上升，而由于近年来行业入门热情高，大量企业进入，行业内竞争加剧，坪效呈下行趋势；行业的毛利率和净利率波动较小，整体发展较为稳健。

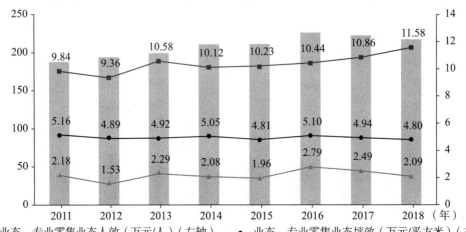

图6-3 专业零售业效益与效率情况（2011—2018年）

6.1.5 专业店与专卖店发展分析

本报告对2008年以来中国的专业店和专卖店两个业态发展的基本情况，进行了整理和汇总，如表6-1所示。

6.1.5.1 销售规模分析

专业店方面，按照限额以上口径，2018年的商品销售额为3.49万亿元，同比下降16.4%。根据连锁口径，在包含加油站的前提下，2018年专业店的销售额为2.19万亿元；而在不包含加油站时，其销售额仅为7 726亿元，减少了近2/3。专业店占全部专业零售业态合计值的比例为46.37%，与上年的52.78%相比有较大幅度下降；连锁口径下专业店销售额在专业零售业态中占比为88.61%。连锁口径下，专业店依然是专业零售业态最主要的组成部分；而限额以上口径中，自2011年来首次出现专卖店销售额高于专业店的情况。

从趋势上看，按照限额以上口径，专业店的销售额增长自2010年以来逐步放缓，虽在2016年销售额增长率短暂回升，但此后销售连续两年出现负增长，2018年增长率为−16.36%。连锁口径下，专业店销售额增长率在2015年跌入低谷后呈回升趋势，2018年为7.29%。

专卖店的销售规模方面，按照限额以上口径，2018年专卖店商品销售额为4.04万亿元，同比增长8.11%，占专业零售业态销售额的53.6%，较上年的47.2%有较大幅度的提升，自2011年以来，专卖店销售额在专业零售业态中的比重逐年上升。连锁口径下，专卖店销售额规模较小，2018年为2 776亿元，同比增长28.97%。

从趋势上看，限额以上口径下，专卖店销售额保持稳定较快增长，波动程度低于专业店，但总体变动趋势一致，在2010年销售额增长率达到峰值36.46%后，逐渐稳

表 6-1　中国零售专业店业态和专卖店业态发展情况（2008—2018 年）

	指标	2008 年	2009 年	2010 年	2011 年	2012 年	2013 年	2014 年	2015 年	2016 年	2017 年	2018 年
专业店业态	限额以上口径											
	限额以上零售业商品销售总额（亿元）	14 365.32	15 718.2	21 816.73	27 306.47	31 199.1	36 857.01	41 238.59	40 592.12	44 149.9	41 780.08	34 943.10
	限额以上零售业法人企业数（个）	17 914	18 032	23 944	26 566	29 765	36 346	38 667	39 012	40 865	40 294	30 659
	限额以上零售业年末零售营业面积（万平方米）	5 588.22	5 892.05	7 728.79	5 790.54	6 970.71	8 110.8	8 609.99	9 066.1	9 424.15	9 440.68	8 182.75
	限额以上零售业年末从业人数（万人）	115.73	118	146.28	153.8	165.04	189.35	196.09	195.01	199.93	195.66	168.93
	限额以上零售业人效（万元/人）	124.13	133.21	149.14	177.55	189.04	194.65	210.3	208.16	220.83	213.53	206.84
	限额以上零售业坪效（万元/平方米）	2.57	2.67	2.82	4.72	4.48	4.54	4.79	4.48	4.68	4.43	4.27
	限额以上零售业企业毛利润（亿元）	1 411.11	1 555.04	2 032.28	2 391.42	2 433.02	3 510.27	3 712.58	3 756.63	4 074.92	3 952.02	3 609.93
	限额以上零售业企业毛利率	11.39%	11.11%	10.49%	9.98%	8.90%	10.76%	10.30%	10.52%	10.64%	10.83%	11.95%
	限额以上零售业企业净利润（亿元）	361.71	350.23	484.84	606.5	545.52	870.09	948.23	908.45	967.26	1 079.88	752.22
	限额以上零售业企业净利率	1.72%	1.39%	1.40%	1.45%	1.13%	1.52%	1.47%	1.42%	1.35%	1.55%	1.14%
	连锁口径（含加油站）											
	连锁零售业总店数（个）		1 203	1 269	1 354	1 383	1 453	1 460	1 481	1 511	1 646	1 689
	连锁零售业门店总数（个）	93 656	82 704	84 678	95 680	89 227	104 054	108 809	112 959	118 601	125 362	137 136
	连锁零售业年末从业人数（万人）	74.48	75.29	83.12	96.34	93.79	93.49	94.31	92.81	90.01	84.8	88.7
	连锁零售业年末零售营业面积（万平方米）	5 111.21	6 075.35	6 755.27	7 142.53	6 480.38	6 848.2	8 260.76	8 480.62	8 547.76	7 774.99	8 439.1
	连锁零售业销售商品销售总额（亿元）	12 315.32	13 373.94	17 233.23	22 919.28	19 628.96	22 492.8	23 345.78	20 520.99	20 573.71	20 392.78	21 879.3

续表

指标	2008年	2009年	2010年	2011年	2012年	2013年	2014年	2015年	2016年	2017年	2018年
连锁零售业人效（万元/人）	165.35	177.63	207.33	237.9	209.29	240.59	247.54	221.11	228.57	240.48	246.67
连锁零售业坪效（万元/平方米）	2.41	2.2	2.55	3.21	3.03	3.28	2.83	2.42	2.41	2.62	2.59
连锁零售业门店单店销售额（万元）	1 314.95	1 617.09	2 035.15	2 395.41	2 199.89	2 161.65	2 145.57	1 816.68	1 734.7	1 626.71	1 595.45
连锁零售业总店平均销售额（万元）		111 171.6	135 801.7	169 270.9	141 930.3	154 802.5	159 902.6	138 561.7	136 159.6	123 892.9	129 540.0
统一配送比率		82.25%	77.80%	81.61%	80.24%	82.32%	84.66%	84.82%			84.38%
连锁零售业总店数（个）		994	1 044	1 126	1 153	1 176	1 171	1 179	1 206	1 325	1 367
连锁零售业门店总数（个）	66 295	53 359	53 638	63 835	63 927	72 981	73 824	77 249	82 631	92 041	101 585
连锁零售业年末从业人数（万人）	50.6	49.28	54.58	64.68	67.81	64.87	64.58	63.83	62.18	60.29	64.9
连锁零售业营业面积（万平方米）	1 698.47	1 780.12	2 013.67	2 404.63	2 814.12	2 768.63	2 770.36	2 729.25	2 867.49	2 933.05	2 986.1
连锁零售业商品销售总额（亿元）	3 841.91	4 377.73	5 410.67	7 176.67	7 215.41	7 701.1	6 559.48	7 207.05	7 616.73	7 764.5	7 725.5
连锁零售业人效（万元/人）	75.93	88.83	99.13	110.96	106.41	118.72	101.57	112.91	122.49	128.79	119.04
连锁零售业坪效（万元/平方米）	2.26	2.46	2.69	2.98	2.56	2.78	2.37	2.64	2.66	2.65	2.59
连锁零售业门店单店销售额（万元）	579.52	820.43	1 008.74	1 124.25	1 128.7	1 055.22	888.53	932.96	921.78	843.59	760.50
连锁零售业总店平均销售额（万元）		44 041.55	51 826.34	63 735.97	62 579.44	65 485.54	56 016.05	61 128.5	63 156.97	58 600	56 514
统一配送比率		84.72%	74.64%	74.46%	79.32%	82.26%	90.94%	83.70%			85.34%

续表

指标		2008 年	2009 年	2010 年	2011 年	2012 年	2013 年	2014 年	2015 年	2016 年	2017 年	2018 年
专卖店业态 限额以上口径	限额以上零售业商品销售总额（亿元）	9 582.67	12 152.29	16 583.34	19 811.75	23 285.85	27 763.67	31 278.71	32 226.02	36 277.04	37 375.77	40 406.09
	限额以上零售业法人企业数（个）	10 345	11 513	14 080	16 011	19 177	23 576	26 181	27 119	28 689	29 798	32 837
	限额以上零售业年末零售营业面积（万平方米）	2 653.86	3 360.62	4 533.73	3 339.13	4 174.56	5 031.08	5 761.43	6 087.57	6 353.9	6 574.05	7 518.31
	限额以上零售业年末从业人数（万人）	62.43	70.22	85.81	96.94	115.58	134.9	147.84	149.56	155.85	160.05	177.69
	限额以上零售业人效（万元/人）	153.49	173.05	193.26	204.37	201.46	205.8	211.57	215.47	232.77	233.52	227.40
	限额以上零售业坪效（万元/平方米）	3.61	3.62	3.66	5.93	5.58	5.52	5.43	5.29	5.71	5.69	5.37
	限额以上零售业企业毛利润（亿元）	905.98	1 050.14	1 501.22	1 728.23	2 066.16	2 542.98	2 827.18	2 789.48	3 417.36	3 593.93	4 012.21
	限额以上零售业企业毛利率	10.51%	9.42%	9.87%	9.65%	9.96%	10.32%	9.90%	9.85%	10.20%	10.88%	11.26%
	限额以上零售业企业净利润（亿元）	147.86	224.66	354.41	305.51	189.51	439.61	394.55	344.64	1 032.29	653.06	626.30
	限额以上零售业企业净利率	1.19%	1.61%	1.83%	1.28%	0.69%	1.35%	1.09%	0.97%	2.70%	1.79%	2.07%

续表

指标	2008 年	2009 年	2010 年	2011 年	2012 年	2013 年	2014 年	2015 年	2016 年	2017 年	2018 年
连锁零售业总店数（个）		268	294	256	305	318	313	320	352	369	384
连锁零售业门店总数（个）	14 651	24 075	27 641	31 768	28 939	26 113	22 854	21 093	32 413	31 238	34 054
连锁零售业年末从业人数（万人）	12.42	16.06	16.94	16.75	17.43	16.1	14.56	14.13	17.59	17.38	23.4
连锁零售业年末零售营业面积（万平方米）	319.59	247.15	450.24	366.71	471.21	477.8	444.07	467.88	459.28	498.58	629.9
连锁零售业商品销售总额（亿元）	1 112.71	697.31	1 072.9	1 031.01	2 260.4	1 582.7	1 400.31	1 739.7	1 992.18	2 152.65	2 776.2
连锁零售业人效（万元/人）	89.59	43.42	63.34	61.55	129.68	98.3	96.18	123.12	113.26	123.86	118.64
连锁零售业坪效（万元/平方米）	3.48	2.82	2.38	2.81	4.8	3.31	3.15	3.72	4.34	4.32	4.41
连锁零售业门店单店销售额（万元）	759.48	289.64	388.16	324.54	781.09	606.1	612.72	824.78	614.62	689.11	815.23
连锁零售业总店平均销售额（万元）		26 019.03	36 493.2	40 273.83	74 111.48	49 770.44	44 738.34	54 365.63	56 596.02	58 337.40	72 296.88
统一配送比率		73.67%	76.76%	78.39%	91.47%	91.70%	85.09%	64.42%			64%

连锁专营店业态　连锁口径

定在 12％～19％，虽在 2015 年和 2017 年跌至 3％，但 2018 年销售额增速回升至 8.11％。连锁口径下，专卖店销售额的增幅和波动程度均高于专业店，在 2012 年销售额增幅达到峰值 119％，后增速逐渐放缓，2018 年为 28.97％。此外，在限额以上口径和连锁口径下，专卖店销售额在专业零售业态中的比重波动较小，总体呈上升趋势。

整体而言，2018 年度，专业店和专卖店的销售规模均呈上升趋势，但专卖店的增幅更为明显。2011 年来的数据显示，限额以上口径方面，专卖店销售规模已经超过专业店，成为专业零售业的主要组成部分；连锁口径下，专业店依旧占据主导地位，但二者的销售规模差距在不断缩小。

6.1.5.2　扩张情况分析

按照限额以上口径，专业店 2018 年的限额以上法人企业数、零售营业面积以及年末从业人数分别为 30 659 个、8 183 万平方米和 168.9 万人。连锁口径下，专业店零售面积和年末从业人数分别为 8 439 万平方米和 88.7 万人，总店数和门店总数分别为 1 689 个和 137 136 个。在不包含加油站的情况下，一般专业店的零售营业面积和年末从业人数分别仅为 2 986 万平方米和 64.9 万人，连锁总店数和连锁门店总数分别为 1 367 个和 101 585 个，平均每个企业有 74 个分店。

整体来看，限额以上专业店规模自 2016 年来呈收缩态势，法人企业数、从业人数和营业面积在 2018 年均有较大幅度的下降；连锁口径下，专业店规模仍在稳步扩张，2018 年门店总数、从业人数、营业面积同比均有增长。

从专卖店角度看，按照限额以上口径，2018 年限额以上法人企业数、营业面积和年末从业人数分别为 32 837 个、7 518 万平方米和 177.7 万人；连锁口径下，上述指标数额分别为 34 054 个、630 万平方米和 23.4 万人。2018 年，连锁专卖店总店数为 384 个，平均每个企业有 89 个分店，连锁化程度较上年有所增长。

对于发展趋势，限额以上口径下，专卖店三个指标在 2009—2012 年期间经历了高速增长时期，此后增速持续下降，2017 年增幅均降至 4％以下，而 2018 年增速有较大幅度提升，零售法人企业数、营业面积、年末从业人数增幅分别为 10.2％、11.02％和 14.4％。连锁口径下，专卖店保持稳定扩张，且随着线下门店改造不断推进，门店总数增幅小于营业面积和从业人数增幅。线上红利见顶为线下专业店和专卖店带来了新的发展趋势。总体而言，面对宏观经济增速放缓，新业态、新物种不断出现等综合环境变化，专业店和专卖店都表现出较强的创新性和适应性。

6.1.5.3　效益与效率分析

从专业店的效益情况看，限额以上口径专业店 2018 年的毛利润、净利润、毛利率和净利率分别为 3 609.9 亿元、752.2 亿元、11.95％和 1.14％。从发展趋势来看，专业店的毛利润同比下降 8.7％，而净利润却同比减少了 30.3％，净利率同比下降了 0.41 个百分点，可见专业店在 2018 年经营成本增加，盈利能力下降。

专业店效率指标 2018 年度有所下降。限额以上专业店 2018 年人效和坪效指标分别为 206.8 万元/人和 4.27 万元/平方米，同比下降 3.13％和 3.5％。连锁口径下，专业店效率有所提升，人均年销售额为246.7万元，总店平均销售额为12.95万亿元，分别增长了2.6%和4.6%，但从长期来看这两个指标呈逐步下降趋势；随着门店平均面积的扩大，专业店坪效指标有所下降，为2.59万元/平方米。

从专卖店的效益指标看，限额以上口径专卖店2018年的毛利润、净利润、毛利率和净利率分别为4 012.2亿元、626.3亿元、11.26%、2.07%。专卖店的毛利润长期处于稳步增长态势，2018年同比增长11.64%；净利率在2016年经历飞速增长后在2017年回落，2018年同比增加了0.28个百分点。

在专卖店效率指标方面，限额以上口径专卖店的人效和坪效分别为227.4万元/人和5.37万元/平方米，连锁口径下专卖店的人效为118.6万元/人，均有2%~5%的降幅。连锁口径下，专卖店坪效为4.41万元/平方米，同比增长2.08%；2018年专卖店门店单店销售额和总店平均销售额分别有18.3%和23.9%的增长，维持了长期以来的稳健上升趋势。从上述分析可看出，2018年专卖店经营效率维持在较为稳定的水准。但需要注意的是，长期来看，专卖店效率指标的波动幅度更大，以连锁口径下的数据为例，人效增幅在2015年虽然达到了28.01%，2016年却跌至-8%。在未来，专卖店还需要在店面管理方面多下功夫，增强自身的抗风险能力。

总体来看，整个零售市场在2018年受到宏观经济影响，部分指标在经历了2016年的大幅上涨后逐渐回归理性。从业态来看，专业店的效益和效率指标总体仍高于专卖店，但差距已经进一步缩小，专卖店对环境的变化表现出更强的适应性。在未来，专业零售的各业态仍需要加强管理，提高自身应对风险的能力。

6.1.6 专门零售业发展综述

第一，深入推进企业数字化转型，用数字化驱动精细化运营。随着消费者个性化需求凸显，市场更加细分，如何快速精准地识别消费需求并提高运营效率，成为各行各业企业所探索的问题。2019年，众多零售企业继续深入推进数字化能力建设，部分企业将门店、会员等单个经营环节作为数字改造的支点，强化自身在数据积累、分析和运用方面的能力；而部分改造步伐更快的企业则强调对整体业务进行数字化重构，用数据资源重塑渠道、供应链等环节。在推进数字化转型的过程中，越来越多的企业主动采取外部赋能的方式，拥有专业技术和数据资源的平台商成为零售企业数字化实践的关键一环。

第二，渠道下沉趋势明显，行业内集中度提升。随着新一轮城市化建设的兴起，乡镇居民可支配收入持续快速增长；而内容平台KOL的发展以及短视频、直播购物等形式的兴起削弱了信息差，提高了品牌渗透率，进一步刺激了消费需求，低线城市具备较大的市场增长潜力。在这种背景下，许多企业在2019年继续加码在低线城市的门店布局，珠宝企业潮宏基、周大生等通过调整加盟政策推动在三四线城市的门店扩张；母婴企业也针对下沉市场推出了有针对性的系列产品，挖掘渠道潜力；众多医药零售企业在2019年加快了对地方性药店的兼并收购步伐。在政策驱动、资本加持、市场规范等因素的影响下，专门零售业对企业经营提出了更高的门槛要求，地方性经营企业的生存空间受到挤压，在头部企业推进渠道下沉的步伐下被整合，行业集中度有所提高。

第三，注重企业形象塑造，打造年轻化、个性化品牌形象。随着年轻一代成为消费主力，专门零售企业为拓展年轻消费群，不断进行自我进化、自我革新，推行品牌年轻化的战略。营销方面，许多企业在 2019 年聚焦社交平台进行内容输出，与消费者建立情感联结；同时还通过开设快闪店、线上主题活动等多种创新性营销方式制造话题度，加强与消费者的互动。渠道方面，部分企业通过终端门店的年轻化升级为消费者打造舒适的消费体验，通过打造潮流时尚、多元业态的复合型门店重塑品牌形象，各类主题店、体验店纷纷涌现；此外，如何尽可能实现与主力消费群的全触达成为企业探索的重要环节，专门零售企业继续积极拓展线上线下渠道，打造多元消费场景，许多企业在 2019 年实现了直播电商初体验。产品方面，食品饮料、纺织服装、个护美妆等行业企业借助当下深受年轻人喜爱的"国潮"风尚、"泛二次元"文化，与各大 IP 推出联名产品，借助大 IP 与品牌自身基因的融合突破原有的品牌形象。

整体来看，经过几年的探索，2019 年，"新零售""无界零售"所带来的新鲜感有所减弱，各路势力烧钱跑马圈地的现象逐渐减少，面对需求多样化、市场细分化的趋势，专门零售企业再次步入"精耕细作"的阶段。下沉市场和社区拼团所拓展的增量用户为专门零售业带来了新的增长机遇，数字化转型和营销创新也为提高零售效率指明了发展方向。未来，面对不断变化的政治经济环境，如何围绕消费者这一核心打造自身竞争力，仍是零售企业需要思考的问题。

6.2　食品、饮料及烟草制品专门零售

6.2.1　发展全景分析

从总量上看，食品、饮料及烟草制品专门零售业销售情况良好。2018 年，该行业的销售总额为 4 038.5 亿元，占专门零售业的比重为 4.51%，占零售总额的 3.23%，与 2008 年相比（2008 年分别为 2.49% 与 1.67%），所占比重翻了近一倍。

从发展趋势看，2018 年食品、饮料及烟草制品专门零售行业的市场规模与上年基本持平。如图 6-4 所示，该行业销售额同比下降了 4.1%。食品、饮料及烟草制品专门零售行业销售额在 2011—2012 年出现了飞跃式增长，2012 年达 2 405.3 亿元，此后增速有所放缓，但在 2016 年以前均保持 10% 以上的增幅，2017—2018 年出现了连续两年的负增长。连锁口径下，行业销售额发展趋势与限额以上口径基本一致，但波动幅度较小。

从行业扩张情况看，各项指标显示行业扩张速度有所放缓。限额以上口径下，食品、饮料及烟草制品专门零售的法人企业数、年末从业人数、零售营业面积在 2018 年均出现了负增长，同比分别下降了 6.34%、2.26%、2.73%。而连锁口径下，上述三大指标分别同比增长了 4.08%、10.85%、14.23%，连锁总店数和门店总数分别为 178 个和 23 306 个，连锁化程度仍在提升。

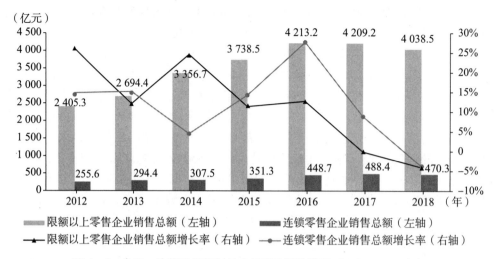

图 6-4　食品、饮料及烟草制品专门零售销售情况（2012—2018 年）

从经营效益角度看，如图 6-5 所示，食品、饮料及烟草制品专门零售业 2018 年的毛利率为 22.48%，同比增长了 2.9 个百分点；净利率为 6.62%，同比增长了 0.86 个百分点，毛利率、净利率指标都高于专门零售业的平均水平。毛利率和净利率的同步上升说明该行业在节约成本方面的努力成效显著，盈利能力增强。

图 6-5　食品、饮料及烟草制品专门零售经营效益情况（2012—2018 年）

从效率指标看，如图 6-6 所示，限额以上口径中，人效、坪效指标分别为 109.12 万元/人和 4.2 万元/平方米，自 2013 年以来首次出现下滑。连锁口径下效率指标降幅更大，人效和坪效分别为 50.57 万元/人和 3.26 万元/平方米，同比下降了 13.1% 和 15.7%，延续了近年来波动下降的趋势。连锁口径下效率指标的变化可能与连锁门店转型、营业面积扩张有关。

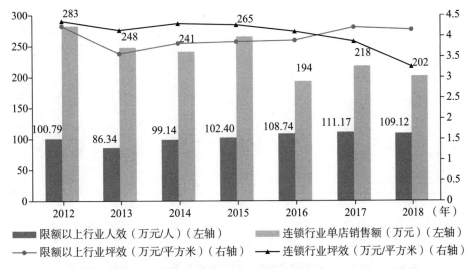

图 6-6 食品、饮料及烟草制品专门零售经营效率情况（2012—2018 年）

从食品、饮料及烟草制品专门零售的经营指标综合来看，该行业目前处于从行业发展期向成熟期过渡的阶段，大部分指标的增速放缓，销售额甚至出现负增长。2018年，新零售、数字化等概念蓬勃发展，食品、饮料及烟草制品行业出现了大量的新模式、新业态，给行业注入了新鲜血液和能力；传统零售企业和电商等平台的数据合作，增强了自身的盈利能力，行业未来仍有较大的发展潜力。但需要注意的是，连锁口径下人效、坪效和单店销售额在长期处于下降趋势，说明行业竞争加剧，企业需要在进行门店线下扩张的同时，找到新的盈利突破点。

6.2.2 开关店分析

从行业整体情况看，食品、饮料及烟草制品专门零售行业限额以上法人企业数在经历了前几年的快速扩张后，自 2017 年来进入了新的调整阶段。如图 6-7 所示，2018年，限额以上法人企业数同比减少了 6.3%，由前一年的 9 319 个下降至 8 728 个，可见本年度行业内波动较大，部分企业对线下门店进行了调整。

从连锁门店角度看，尽管在监测年份中，连锁门店数有一定的波动，但是总体呈现上升趋势。2012—2015 年，行业企业逐渐找到了应对互联网零售冲击的经营模式，走出了前些年的"关店潮"，连锁门店数量稳步提升。2016 年随着新零售、无界零售等新概念的提出，线下店与线上店互联互动的新格局正在逐渐产生，连锁门店的数量创下历史新高，达 23 180 个。自 2016 年以来，行业企业不断探索线下门店和线上渠道的融合模式，连锁门店数量保持着动态稳定态势，2018 年为 23 306 个。

从监测企业看，许多线下连锁零售商继续在全国范围内推进自己的扩张计划，来伊份、好想你等企业的线下门店数量和覆盖城市数量均有所增加。在门店数量扩张的同时，一些连锁企业也在进行新型门店的建设，以提供更好的消费体验，如百草味推

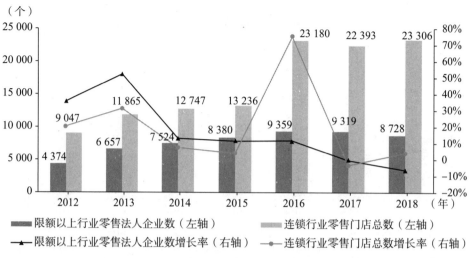

图 6-7　食品、饮料及烟草制品专门零售开关店情况（2012—2018 年）

出的零食优选门店新模式、周黑鸭推出的 24 小时无人店模式等。一些拥有线上基因的零售企业也继续加码线下布局，如三只松鼠加速铺设以体验和品牌为重点的投食店以及便捷触达用户的松鼠联盟小店。与此同时，在消费升级的趋势下，喜茶、乐乐茶等新式茶饮的门店也加快了在线下扩张的步伐。

6.2.3　代表性企业监测与分析

6.2.3.1　贴近年轻消费者，打造年轻化品牌形象

年轻一代消费群体的需求较以往而言有所不同，众多企业积极拓展营业场景，以满足年轻人的生活方式和多样需求。在"懒人经济"的趋势下，康师傅等老牌企业积极开启餐饮及外卖多元渠道，满足年轻消费者的便利性需求。部分企业深入消费者生活场景，挖掘潜在需求，如百草味推出零食优选门店新模式，切入白领通勤场景；来伊份与美团打车推出了定制圣诞零食专车，切入出行消费场景。

众多企业通过跨界联名打造网红产品，既能增加与消费者的共鸣，也能综合发挥跨界双方的引流效应。三只松鼠、良品铺子在中秋期间分别推出了联名月饼礼盒，周黑鸭与化妆品品牌谜尚推出了限定彩妆套盒，喜茶与太平鸟推出了联名卫衣，旺旺则与奈雪的茶进行了口味深度结合，推出了新款饮品。

在营销方面，企业也更注重娱乐性和与消费者的互动性。部分企业通过打造营销事件进行话题传播，例如来伊份联合《这就是街舞2》打造主题店，结合场景化消费推出"一起 battle 鸭"创新礼盒，奈雪的茶携手人民日报新媒体在北京举办了"中国正当潮"快闪活动，洽洽食品在全渠道进行透明工厂全球直播，百草味则在杭州氧气音乐节中设置了体验区等。这些营销事件不仅制造了相当的话题度，同时也加强了企业与年轻消费者的互动，有助于打造年轻化的品牌形象。此外，企业也加强了在社交平

台上的营销力度，与年轻人对话，通过升级自媒体矩阵及内容品质扩大外部曝光，例如在小红书、Bilibili 等圈层化平台做品牌深耕提升用户黏性，通过直播、短视频营销实现圈层突破，吸引更多年轻用户。

6.2.3.2　整合碎片化渠道，推进全渠道融合

在消费场景多元化的趋势下，行业内企业积极拓展销售渠道，创新多种业务模式，尽可能实现全方位用户触达。例如，2019 年，来伊份开拓了中百罗森、银座等销售渠道，在经销商和 KA 渠道上也实现了较大突破，同时在线上构建了涵盖第三方电商平台、移动 App、来伊份外卖平台的全方位销售体系；三只松鼠加速铺设以体验和品牌为重点的投食店以及便捷触达用户的松鼠联盟小店，并与零售通、新通路等共同构筑了公司全渠道营销模式，实现了对多层级消费群体的深度触达及覆盖。

在积极拓展销售渠道、实现全场景覆盖的同时，企业也注重将不同渠道进行融合，实现全渠道商品、营销及供应链管理等全方位的业务协同，提升顾客的消费体验。例如，来伊份 App 在原有信息技术赋能门店的基础上，进一步拓展了外卖、拼团等多项关联业务，为用户提供到店、到家、1 小时速递速达等多种业务模式。

6.2.3.3　高端化、健康化成为产品新趋势

中共中央、国务院于 2016 年 10 月印发《"健康中国 2030"规划纲要》，提出要充分发挥企业、个人在实施国民营养计划中的重要作用；同时，随着消费观念的转变，消费者对健康、安全的重视度日益提升。在政策引导和消费需求的双重作用下，食品、饮料行业呈现健康升级的趋势。例如，在休闲食品领域中，短保产品、代餐产品大量增加；在"颜值经济"驱动下，无糖和低糖化饮料受到消费者热捧。功能性产品也是行业内企业的重点关注方向，例如，针对都市人群的睡眠问题，旺旺等企业推出了有助眠功效的健康产品。

6.2.3.4　提升数字化水平，构建智慧零售生态

行业企业围绕消费者需求，不断提升自身数字化、智能化技术水平，构建智慧零售生态系统。一些传统线下企业积极寻找合作伙伴，谋求数字化发展。2019 年，味多美与美团点评达成战略合作，对门店进行线上线下一体化的数字化升级；周黑鸭也在全国门店中上线了海信信息化系统，并推出了休闲食品行业首个 24 小时无人店。

会员管理精细化是行业企业构建智慧零售生态的重要一环。来伊份在 2019 年完成了 CRM 会员精准营销项目，对消费者进行全方位洞察，结合智能推荐算法对会员进行更精准的优惠信息和商品推荐触达，并在 App 内不断开发多种服务板块和功能选项；良品铺子将部分 IPO 募集资金投入自营 App 升级，形成线上向线下门店导流、线下消费的闭环。借助大数据应用技术，企业能够实现全渠道多信息的全面打通，各渠道之间相互赋能，形成良性循环，提高经营效率。

6.2.3.5　未来发展展望

随着城镇化水平和人均可支配收入的提升，食品、饮料及烟草制品行业市场需求量呈持续增长势头。在消费升级的大趋势下，消费需求个性化导致市场不断细分，而

随着大数据和新科技的广泛应用，以及对消费者需求捕捉的精准度提高，食品、饮料及烟草制品行业企业将会提供更多差异化产品。此外，面对线上线下不同渠道的优势和限制，渠道融合将势在必行，行业企业未来将兼顾线上流量和线下体验的优势，整合不同渠道，同时挖掘更多消费场景，创新业务模式，增加对消费者的终端触达。

当前，本行业集中度不高，市场竞争较为激烈，同时新品牌、新物种不断显现，未来资本对本行业的驱动作用将会更为明显。2019 年，三只松鼠、瑞幸咖啡、新希望乳业等多家企业成功上市，良品铺子、甘源食品等企业也进入拟上市进程。在资本的加持下，行业未来将继续在渠道融合、产品结构创新、供应链管理等方面释放更多潜能。

6.3　纺织、服装及日用品专门零售

6.3.1　发展全景分析

纺织、服装及日用品专门零售的销售规模 2018 年达到 6 097.2 亿元，如图 6-8 所示，与 2017 年相比，增幅基本持平，为 4.7%。自 2015 年来，纺织、服装及日用品专门零售占零售业销售总额的比例较为稳定，在 6%～7%，标志着该行业已经进入相对成熟阶段，需要通过商业模式创新进一步激发行业发展潜力。

图 6-8　纺织、服装及日用品专门零售销售情况（2012—2018 年）

从发展趋势看，2009 年以后，行业逐渐从金融危机和互联网零售的冲击下恢复，销售额有较大幅度的增长，2011 年增速达 33.9%。此后，纺织、服装及日用品销售额的增速波动下降，2014—2016 年基本维持在 10% 的增速，2017 年销售额增速再度下滑，仅为 2.7%。连锁口径下，行业销售额近三年来呈快速增长趋势，2018 年销售额为 1 314.4 亿元，同比增长 89.8%，但在纺织、服装及日用品专门零售行业中的总体比重依然较小。

从扩张趋势看，限额以上纺织、服装及日用品专门零售的法人企业数同比减少了 5.81%，为 5 127 个，但年末从业人数和年末经营面积分别同比增加了 2.65% 和 10.36%，体现了行业在 2018 年进行的门店转型。连锁口径下，门店总数增速放缓至 6.76%，达 19 539 个，但从业人数和年末经营面积保持着高速增长态势，同比分别增长 73.22% 和 34.13%。2018 年，平均每家企业拥有门店 104 个，连锁化程度进一步提升。综合来看，连锁口径下纺织、服装及日用品专门零售业仍在稳步扩张。

从经营效益指标看，如图 6-9 所示，毛利率仍然保持较高水平，为 30.58%，比上年略有上升；净利率指标由 2017 年的 3.86% 下滑至 2018 的 3.60%，该指标整体呈波动上升趋势。可见，本行业节约成本、获取盈利的能力在近年稳步提升。

图 6-9　纺织、服装及日用品专门零售经营效益情况（2012—2018 年）

从经营效率指标看，随着消费主体迭代，消费观念发生改变，加之许多传统的服装、纺织品及日用品企业逐渐在竞争日益激烈的大环境中找到合适的发展道路，不断发掘市场新需求，通过打造柔性供应链、提升顾客消费体验提高企业经营效率，行业内企业经营状况良好。如图 6-10 所示，限额以上口径下，行业人效为 105.4 万元/人，同比增长 2%。连锁口径下，经营效率指标增幅明显，人效、坪效分别为 93.22 万元/人和 3.29 万元/平方米，同比分别增长了 9.57% 和 41.5%，单店销售额较 2017 年也增长了 77.8%，达 673 万元。可见，行业内企业适应了变化的零售环境，经营效率有所提升。

6.3.2　开关店分析

从行业发展整体情况看，如图 6-11 所示，2013 年以前，纺织、服装及日用品专门零售行业限额以上法人企业数一直保持高增长态势，2013 年增幅达 33.53%，此后增速逐渐放缓，2017 年以来，法人企业数连续呈下降趋势，可见近年来行业竞争加剧。

从连锁门店角度看，行业连锁门店总数在 2012—2015 年经历了较大的波动，并在 2014 年出现了关店潮。2016 年以来，随着线上流量红利到顶，线下门店再次受到重视，近几年保持着快速扩张趋势，2018 年连锁门店总数为 19 539 个，同比增长 6.76%。

图 6-10　纺织、服装及日用品专门零售经营效率情况（2012—2018 年）

图 6-11　纺织、服装及日用品专门零售开关店情况（2012—2018 年）

　　从监测企业状况看，随着零售行业环境的变化，纺织、服装及日用品企业也积极进行了相应调整。许多行业企业加强了线下门店建设，提升终端客户体验，主题店、集合店、大店等门店形式纷纷涌现。部分经营效益较好的连锁企业也加速布局线下销售网络，使零售网点快速扩张，同时加强线上线下融合，完善全渠道销售途径。与此同时，行业企业也更多关注单店店效，淘汰了部分效益不佳的门店以提升渠道整体运营效率。

6.3.3　代表性企业监测与分析

6.3.3.1　服装类

（1）继续推进渠道升级，提升销售效率。

线下渠道方面，行业企业更加聚焦线下门店运营质量，加速关闭亏损、低效店铺，如海澜之家在 2019 年关店 354 家，利郎关店 280 家。与此同时，企业还通过升级店铺视觉形象、完善门店功能等方式改善用户消费体验，从而更好地推广商品。如李宁加强了店铺的电子化呈现，森马旗下童装品牌推出巴拉巴拉"云"概念店铺，安踏开始推广第九代店铺，太平鸟也在深圳建立首家集合店，集结旗下四大品牌以满足消费者的更多细分需求。除关停低效门店和升级门店形象外，服装零售企业在线下渠道选择方面还呈现出多元化的趋势。2019 年，李宁、太平鸟、森马等企业在传统商业街、百货店发展的基础上，更聚焦购物中心和奥特莱斯渠道的突破，以吸引更多流量并缓解库存问题。

线上渠道方面，服装零售行业企业积极探索新型零售渠道，强化线上线下渠道的零售协同，构建全域消费者触达通路。例如，森马强化会员、云店、社群、直播、电商平台的协同发展，提供直播购物、专属导购、线上选款线下取货等服务；七匹狼、海澜之家等也推出了线上小程序，为消费者提供个性化的便捷购物体验。

（2）新消费趋势下，深耕细分市场与多元化拓展双线并行，打造企业核心竞争力。

2019 年，服装零售行业竞争加剧。面对新消费趋势，行业企业在品牌打造和竞争力塑造方面做出了不同选择。

部分行业企业专注于深耕所选细分市场，在产品性能及服务方面打造核心竞争力。以运动服饰市场为例，许多企业将专业度和时尚度作为核心竞争优势。专业度方面，企业主要利用科技打造更好的产品体验。例如，李宁在 2019 年推出自主研发的"李宁䨻"轻弹科技专业跑鞋，安踏推出首款以轻量为卖点的"氢"跑鞋等。时尚度方面，则是通过结合传统文化和潮流文化，传递更为年轻活力的体育内涵。例如，李宁推出的城市主题系列融合了中国城市文化元素，安踏与北京故宫文创联合推出了安踏×冬奥系列产品，赋予传统文化新的年轻活力。

而部分企业则针对消费者需求日益多元化的趋势，通过实行多品牌战略和跨界经营策略，进行单一品牌风格裂变，拓宽消费者覆盖度以创造新的业务增量。例如，安踏在 2019 年继续深化多品牌战略，完成了对 Amer Sports 的收购，补充了高端业务线；森马为了更好地满足女性消费者的多元化需求，在门店中新增了饰品、鞋袜、家居等产品品类，并在原有经营范围基础上新增化妆品销售业务；江南布衣也推出了新的男装设计师服饰品牌，进一步拓展男装市场。

（3）深化数字化战略，提升运营效率。

随着全渠道融合逐渐成为行业趋势，提升数字化水平也成为服饰零售企业的重要战略方向。门店方面，企业通过终端人货场的数字化体系，收集消费者数据并驱动决策；会员管理方面，企业打通各渠道会员系统，整合企业内部数据和外部数据构建消费者画像，并在此基础上优化会员营销，加强与消费者的互动，提升人货匹配度。例如，森马在 2019 年快速推动门店在线、导购在线、会员在线和商品在线等一系列数字化改造，完成主力品牌小程序上线和局部新零售试点工作；雅戈尔加入了阿里巴巴 "A100" 战略合作伙伴计划，推进与阿里巴巴的数字化和商业合作，全面加速数字化、信息化建设。

（4）营销方式多样化，注重娱乐性和用户参与度。

服装零售行业企业积极探索多样化营销方式，加强与消费者的连接。部分企业加强门店终端与消费者的互动。例如，李宁通过 CBA 联赛球迷店内活动、快闪店等形式促进门店引流，森马持续开展品牌会员日、森马粉丝节等一系列活动，邀请会员参观体验完整的商品设计研发流程，增强消费者对品牌的信任度与黏性。社交平台也成为重要的品牌营销场景。许多行业企业利用微博、微信、短视频平台等进行内容营销，优化数字化营销矩阵，并通过直播进行产品展示，同时加强与粉丝的互动。

与热门 IP 进行跨界合作也是企业提升关注度、打造品牌流量的重要方式。例如，海澜之家在 2019 年分别与动画经典 IP《大闹天宫》、暴雪六个游戏进行 IP 合作推广，提升品牌知名度；安踏推出与可口可乐、NASA、漫威等的联名产品，受到消费者的广泛喜爱；太平鸟与支付宝、喜茶等合作推出联名服饰。

（5）行业发展展望。

2019 年以来，国际形势复杂多变，外部不确定因素增多，纺织服装行业受宏观经济影响呈现明显放缓的趋势。国家统计局数据显示，2019 年限额以上服装鞋帽、针纺织品类商品零售总额为 13 517 亿元，同比增长 2.9%，增速较上年下降了 5.1 个百分点。经过多年发展，中国的服饰零售行业已经步入新的优化发展阶段，增速相对放缓。未来，随着居民可支配收入增加、颜值经济崛起、消费观念转变，服饰消费仍具备较大的发展潜力。

互联网、大数据等新技术的发展为服装零售行业提供了新的增长动力，同时也对行业企业提出了新的挑战。随着消费需求和消费形态不断变化，市场将会进一步细分，服饰零售企业未来需要在产品、渠道、营销、服务方面更好地满足消费者的需求，提升运营精细化程度，以提高竞争优势、实现长期可持续发展。

6.3.3.2　化妆品类

（1）门店改造升级，提升消费体验。

近年来，传统线下美妆连锁店面临多重冲击。一方面，线上电商平台、直播电商、海外代购等渠道的发展对市场进行分流；另一方面，大量美妆新零售物种在资本扶持下加速扩张，如 LITTLE B、THE COLORIST 等美妆方式概念店在灯光美学、空间设计、门店定位方面更符合新生代消费者的需求。老牌美妆连锁店面临逐渐高涨的营运成本，在渠道变革方面做出了一系列改进。

面对线上美妆个护销量逐年上涨的趋势，传统美妆连锁店积极开拓线上渠道。2019 年 5 月，娇兰佳人 App 和小程序商城正式营业；9 月，万宁与饿了么建立了深度战略合作关系，双方未来将在品牌、全域营销等方面进行合作；此外，众多连锁企业及个护美妆品牌也加码短视频、直播和社交平台，通过内容营销刺激消费需求。

线下门店部分，企业在改造门店布局，增强美感和时尚感的同时，也更注重依靠科技赋能和专业服务提升消费体验，打造门店核心竞争力。许多美妆个护线下店内增设了专业智能化设备，为消费者提供肤质测试、试妆、面部护理等服务，同时提升门店导购的专业性，延长消费者体验时间、提升用户黏性。

（2）洞察消费需求，调整产品结构。

新一代消费者拥有更为广泛的信息获取渠道，对自身需求和产品性能更为了解，对产品时尚度、个性化的需求更高，这对零售终端的产品组合结构提出了更高要求。为更好地满足消费者需求，个护美妆零售企业利用大数据对消费者进行深入分析，并基于此对产品结构调整方面进行了多方探索。屈臣氏在 2019 年分别与网易严选、资生堂等企业达成战略合作，利用合作企业的产品研发能力，提升产品丰富度，满足核心客群需求；丝芙兰针对新兴的男性市场推出了自有品牌下的首个男妆系列产品，同时，面对国货美妆的崛起，也加大了对有潜力的本土品牌的扶持力度。

（3）未来发展展望。

在社零额增长承压的环境下，个护美妆零售行业增长势头强劲。2019 年，限额以上化妆品行业零售额年增长率达 12.6%，体现了"颜值经济"的发展潜力。广阔的市场发展前景吸引了各路玩家入局，除传统连锁门店和各品牌专卖店外，近年来，新型美妆集合店品牌快速扩张，百货零售巨头也将美妆业务视为重要的转型方向，未来行业竞争将更为激烈。

下沉市场未来有望成为新的市场增量。与一线城市相比，三四线城市的人均可支配收入和可支配时间提升更为明显，短视频、直播等平台和内容社区 KOL 的渗透有助于提升消费审美，进一步刺激消费需求；此外，下沉市场的渠道便利性远低于一线城市，消费升级和渠道网络完善有助于释放更多市场红利。

6.3.3.3　金银珠宝类

（1）推进渠道下沉，加速扩张三四线城市网点。

随着城乡居民可支配收入不断提升，低线城市消费能力逐步释放，众多行业企业调整渠道战略，通过加盟模式调整推动渠道下沉。例如，潮宏基在 2019 年持续优化调整加盟政策，推动有实力的加盟商重点布局三四线城市抢占市场空间，2019 年净增加盟店 109家；周大生主动让利保障经销商利益，以轻资产模式加速布局三四线城市，2019 年新开门店 955 家，并计划继续深入弱势和空白区域布店，对现有强势区域，搭建旗舰店、标杆店、标准店等梯度门店结构；老凤祥 2019 年净增营销网点 372 家，总数达 3 893 家。

（2）打造差异化品牌和产品，避免同质化竞争。

目前，我国珠宝首饰行业高端市场主要由国际品牌占领，国内品牌市场份额较低。大众珠宝市场竞争者较多，且产品差异较小。因此，行业企业着力于增强产品设计特色，优化产品结构。部分企业通过推出 IP 联名系列提升产品时尚度，满足消费者对个性化、时尚化的需求，如周大生 2019 年推出宝可梦、梵高等 IP 系列产品，周大福联手瑞幸咖啡、可口可乐等推出联名产品，周生生与王者荣耀跨界推出专属饰品等。另有部分企业积极开拓新的细分市场，如周大生率先推出情景风格珠宝概念，在 2019 年设立新品牌 DC（设界），主打社交系列产品；老凤祥也以胸针为切入点，推出了服饰饰品新门类。

（3）深入推进数字化转型，助力新零售建设。

市场和消费需求的变化对企业的运营能力提出了更高要求。2019 年，行业企业继续深入推进数字化建设，提高决策科学性和经营效率。潮宏基于下半年启动了智慧云店项目，以满足消费者体验为核心，以数字化管理赋能营销全过程，项目在云端复制了线下门店，实现了全天候全域销售，同时实现了不同门店库存共享。

除电商平台建设外，行业企业也在新零售营销方面进行了探索，加大线上营销投入，加速粉丝经济挖掘，实现品牌效益。例如，老凤祥于2019年在上海首次实行会员制度，定期举办线上线下会员活动，增强客户黏性；同时，尝试采用网红直播和抖音等新媒体，吸引年轻粉丝流量，实现品牌的传播、引流及裂变。

（4）未来发展展望。

2019年，限额以上金银珠宝类零售额为2 606亿元，同比增长0.4%，本年度行业整体增速放缓。随着收入水平提高、消费观念更新迭代，未来市场渗透率有望进一步提升，市场空间广阔。但随着行业逐渐进入成熟期，行业内竞争可能会进一步加剧，行业企业还需要在品牌内涵、产品设计和销售网络布局方面进行探索。此外，当前行业集中度较低，未来龙头企业凭借品牌、渠道等优势将进一步取得有利地位。随着全国性珠宝首饰企业继续推进渠道下沉，龙头企业将迎来品牌红利释放，部分经营效率较低的中小企业可能受到冲击。

6.3.3.4 儿童玩具和母婴用品类

（1）拓展低线城市市场，推进渠道下沉。

随着一二线城市生育率走低，加之互联网发展缩短了低线城市与大城市人口在消费观念、品牌认知方面的差距，低线城市市场受到越来越多的关注，众多行业企业逐步推进渠道下沉，挖掘市场潜力。孩子王计划未来三年在22个省、自治区、直辖市建设300家数字化直营门店，并向三四线城市下沉，提升网点密度；惠氏、贝因美、帮宝适等也针对下沉市场推出了系列产品，并与海拍客达成战略合作，寻找新的市场增长点。

（2）深入推进全渠道建设，强化会员管理，数字化提升运营效率。

随着传统零售的人货场不断被重构，不同渠道的特点和优势也更加为人所知，行业内众多企业在2019年进一步深耕全渠道建设，使各渠道价值最大化。部分企业布局新零售业务场景，如爱婴室在2019年分别与零售通、淘鲜达、京东到家等展开合作；美赞臣也与京东超市达成战略合作，未来将基于各自优势共同构建无界零售新生态。除进行渠道拓展、布局新的业务场景外，行业企业也在探索如何提升现有渠道的效率。线下门店方面，部分企业持续推进门店功能和定位的迭代升级；线上渠道方面则是通过强化会员管理、提升营销转化率等方面挖掘渠道潜力。

各渠道进行联动、发挥协同效应的基础在于数据的积累和共享，行业内许多企业通过与互联网企业合作，提升数字化运营水平，打造自身数据体系。例如，贝因美在2019年与阿里云进行战略合作，共建数据中台，深度整理并挖掘消费者数据；爱婴室也与腾讯达成战略合作，以腾讯云为核心能力，沉淀爱婴室用户数据，构建智能数据平台。

（3）推出多元化、差异化产品和服务，打造母婴生态圈。

随着行业竞争加剧以及对消费者需求的进一步了解，部分母婴企业也更加注重通过提供差异化的产品和服务来提升自身竞争力。部分企业在线下门店打造不同消费场景，尝试与其他业态融合。例如，孩子王就以情景解决方案为基础，在门店内打造了孩子时尚区、探索区、呵护区、力量区和综合专区，并围绕"母婴社交"的主题成立了妈妈交流休闲区，不定时针对不同年龄阶段儿童举办多种线下互动活动；贝因美在2019年变更了经营范围，未来将围绕婴童所需进行多元化业务拓展，不再局限于婴童食品；爱婴室也发布公告，打算拓宽玩具零售市场。

（4）未来发展展望。

国家统计局数据显示，2019 年我国出生人口为 1 465 万人，同比下降 3.81%。在消费人群基数持续走低的背景下，消费升级将代替人口增长成为重要的行业发展驱动力。随着多样化的需求逐步兴起，单一商品已经难以满足消费者需求，母婴用品行业企业未来或将从单一商品零售向母婴产业生态经济多元化领域拓展，构建多种消费场景，促进多业态融合，提供附加值更高的产品及服务。

随着消费者需求向全渠道拓展，渠道效率升级和全渠道融合也将成为企业深耕的方向。渠道效率提升方面，企业需要提升经营各环节的数字化水平，线下渠道则需要进一步发挥专业化优势，提升产品品类丰富度和服务专业度；渠道融合方面，企业需要建立与客户交互的多重触点，打通各渠道数据，以提升人货匹配效率。

6.4　文化、体育用品及器材专门零售

6.4.1　发展全景分析

从行业发展整体情况看，如图 6 - 12 所示，文化、体育用品及器材专门零售行业 2018 年实现商品销售总额 3 329.4 亿元，与上年的 3 380.3 亿元相比出现了 1.5% 的负增长。总体看来，文化、体育用品及器材专门零售业的销售额占专业零售业的比重在近三年来较为稳定，均在 3.7% 左右。连锁口径下，2018 年该行业的销售总额为 891.3 亿元，较 2017 年同期有 44.8% 的增长。

图 6 - 12　文化、体育用品及器材专门零售销售情况（2012—2018 年）

从发展趋势来看，文化、体育用品及器材专门零售行业在 2010—2013 年实现快速增长，销售额增速均在 20% 以上，2013 年增长率为 46.1%。此后，销售额增速有所放

缓，2015 年出现了 7.2％的负增长，2016 年虽有所回升，但此后连续两年出现负增长。可见，行业内近几年遇到了一定的增长瓶颈，需要寻找新的突破口。连锁口径下的销售额呈逐年稳步上升态势，近五年复合增长率为 12.97％，且波动小于限额以上口径。

从扩张情况看，限额以上口径中，2018 年文化、体育用品及器材专门零售行业的法人企业数和从业人数分别同比减少了 3.66％和 1.26％，但营业面积同比增加了 1.99％。连锁口径下门店总数也维持了 2016 年来的减少趋势，为 1 790 个，但从业人员和营业面积分别有 3.45％和 35.89％的增长。总体来看，2018 年行业在门店扩张方面较为谨慎。

从经营效益看，如图 6-13 所示，2018 年文化、体育用品及器材专门零售的毛利润为 654.2 亿元，毛利率为 21.93％；2018 年行业净利润为 154.5 亿元，净利率为 5.18％。经营效益各指标较上年同期均有所增长。

图 6-13　文化、体育用品及器材专门零售经营效益情况（2012—2018 年）

从经营效率看，如图 6-14 所示，限额以上口径下，文化、体育用品及器材专门零售的人效和坪效分别为 136.93 万元/人和 4.53 万元/平方米，略低于 2017 年数额。连锁口径下的相关指标均有所上升，单店销售额达 4 979 万元，同比增长 46.49％，连锁人均销售额和连锁坪效分别为 247.58 万元/人和 5.1 万元/平方米。连锁口径下的经营效率高于限额以上口径中的相关指标。

图 6-14　文化、体育用品及器材专门零售经营效率情况（2012—2018 年）

从上述各指标可看出，文化、体育用品及器材专门零售业在新一轮的调整期中**表现良好**，经营状况保持稳定。

6.4.2　开关店分析

从行业发展整体情况看，如图 6-15 所示，文化、体育用品及器材专门零售行业的法人企业数自 2016 年以来处于整体下降趋势，2018 年，限额以上口径下，行业法人企业数为 4 311 个，连锁口径下，门店总数为 1 790 个，同比分别减少了 3.67% 和 1.16%。本行业在 2011 年受到互联网零售的冲击后，门店总数大幅减少，行业企业在此后几年进行转型，门店总数有所上升；连续三年的下滑趋势反映了行业企业正进入一个新的转型调整期。

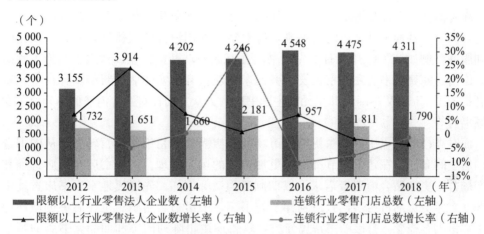

图 6-15　文化、体育用品及器材专门零售开关店情况（2012—2018 年）

6.4.3　代表性企业监测与分析

本报告将文化、体育用品及器材专门零售又细分为图书音像类、办公文具类和户外运动类。经过对这三类行业内的代表性企业的监测，我们发现，实体书店在经历低谷后，正逐步转型为生活方式售卖者，通过探索多业态融合和精细化运营拓展盈利空间；办公文具和户外用品行业企业也通过对产品、渠道的优化，探索新的利润增长点。

6.4.3.1　图书音像类

（1）多业态复合经营，转型为生活方式售卖者。

在电商渠道的冲击下，简单的出版物售卖业务已经不足以满足实体书店的生存需要。近年来，实体书店纷纷着力于通过融合多元业态、烘托文化氛围来营造新型消费场景，实体书店的定位逐渐从"图书卖场"转变为"生活方式售卖者"。这两年，书店已经在"书＋X"的框架下进行了多方面的探索，如叠加文创产品、艺术品、咖啡、餐饮等业态，这种多业态复合经营模式的核心在于通过挖掘实体书店具备的场景潜力，引入高附加值业务，拓展新的盈利点。2019 年，实体书店在业态融合方面进行了更为深入的探索，展演、儿童培训等业态也开始出现在书店场景中。例如，2019 年底开业的十点书店厦门中华城店，引入了护肤、手表、红酒等生活方式品牌的入驻。此外，实体书店在进行复合经营探索时也更加注重各业态之间的协同性，在目标顾客的一致性、业务互补性方面都有了更多考量。例如，言几又书店与知乎联合打造的言盐问答空间，就是线下文化空间与知识付费平台共同进行的一次探索。

实体书店的角色转型有利于为消费者提供更好的消费体验，满足多元文化需求，具有较强的引流效应，因此，书店和商业地产的结合更为紧密。许多购物中心以租金减免、装修补贴等形式吸引优质书店入驻，作为自身消费场景重构的重要一环；部分购物中心还开始运营自创的书店品牌，以更加契合自身定位。

（2）深耕细分市场，推行精细化运营。

随着消费者个性化需求显现，实体书店为打造差异化优势，开始在各细分市场进行垂直深耕。各种主题书店纷纷涌现，针对特定的用户群体提供针对性、个性化的产品和服务。例如，2019 年 4 月，先锋书店在玄武湖畔开设首家以"虫子"为主题的书店，国内首家舞美书店在北京长安街旁的东苑戏楼开出实体店，新华文轩针对儿童消费者推出了 Kids Winshare 儿童元素主题书店，大众书局针对女性消费群体开设了女性主题书店等。

面对高昂的租金压力，深耕细分市场的书店需要向精细化运营转型，从图书选品到门店空间布局，在每个环节都进行更加精细的运营管理。许多书店在门店选址和空间布局方面更加贴合消费者需求，以期刺激消费。例如，先锋厦地水田书店选址于拥有 800 多年历史的古村落，打造别样乡村书店；中信书店启皓店也在店中创新性地引入了"慢闪"概念，打破图书常规分类，以叙述逻辑陈列图书和商品。书店的精细化运营有效提高了店面空间利用效率，有助于提升盈利水平。

（3）深入探索智慧门店建设。

大数据可通过精准描绘顾客画像深入挖掘用户需求，为选品、库存管理和营销等环节提供决策依据。目前，许多实体书店已经在门店中引入了人脸识别系统、电子标签等智慧设备，为消费者提供便利的同时，也帮助书店更好地进行运营决策。历经三年的探索，2019 年，湖北全省市州新华书店均已经实现会员管理系统、小程序自助查询、移动支付等功能的全覆盖。除了引入智能设备和打通各渠道数据外，行业企业仍在积极探索无人书店模式。例如，新华书店联合河北移动打造了首家 24 小时 5G 无人智慧书屋，着力为消费者提供便捷、自助化、个性化的消费体验。

（4）未来发展展望。

随着电商平台和数字化阅读的兴起，实体书店在 2013—2014 年曾经历低谷，大量书店在高昂的经营成本下度日艰难。如今，全民阅读已经上升成为国家战略，中央和地方政府都出台了相关的实体书店扶持政策，社会对实体书店的关注度日益上升。《2019—2020 中国实体书店产业报告》显示，截至 2019 年，中国实体书店超过 70 000 家，2019 年新开书店数量超 4 000 家，实体书店正迎来一个新的发展期。未来，随着新零售之风逐步席卷图书音像业，场景化消费需求进一步挖掘，实体书店将在多业态融合、空间营造、顾客价值提供方面发挥更多潜力。

6.4.3.2　办公文具类

（1）聚焦终端，推进渠道优化升级。

2019年，办公文具行业企业继续推进渠道优化升级，提升渠道管理精细化程度。

一方面，企业注重推现有终端单店质量提升，在门店运营和数字化管理方面进行改进，提升效率。例如，晨光文具着力推动晨光联盟App的应用，紧密连接总部、各级经销商和终端门店，实现信息流高效精准送达和提升运营效率，并加速发展零售大店模式，将货品结构调整和单店质量提升作为主要工作方向。

另一方面，企业也在不断开发新的销售渠道。在完善线上销售渠道、与各电商平台进行深度融合销售的同时，部分企业也在发力B端办公直销市场。自从2013年《全国政府采购管理交易系统建设总体规划》以及2015年《中国政府采购法实施条例》颁布以来，政府采购活动电子化、集中化、阳光化成为新趋势，促进了B2B办公市场的发展。随着政府货物采购金额的快速增长，采购端成本控制的需求逐渐显现，市场对办公用品一站式集成供应的需求也愈加强烈。为了适应集成供应模式，行业企业除了加速办公产品整体解决方案的开发外，也更加注重整合销售网络、开发并维护B端大客户。

（2）打造精品文创，提升产品附加值。

过去，受益于人口红利和基础教育的普及，文具行业经历了高速发展期，具备高性价比的产品能够占据更多市场份额。随着人均收入水平提升、消费观念转变，文具行业的增长动力正逐步从市场渗透率提升带来的量的增长转变为产品附加值的提升。近年来，许多企业通过加码文创来挖掘新的利润增长点。2019年，行业企业仍在这条道路上进行探索。例如，晨光文具继续完善精品文创渠道，通过加速发展零售大店、提供基于场景的产品解决方案满足消费升级带来的文创产品需求。跨界联名依然是拓展文创市场的重要方式之一。例如，晨光文具分别与化妆品品牌玛丽黛佳、美加净推出限定礼盒，得力也携手颐和园打造了"前程似锦"系列IP联名文具。

（3）未来发展展望。

"小产品、大市场"是我国办公文具行业的特点之一。根据中国制笔协会的数据，2018年我国文教市场较为分散，CR4为25%，与发达国家相比仍有较大差距，行业集中度提升空间较大。当前，我国文具行业逐渐转向成熟期，行业增速逐渐放缓。随着未来办公集采趋势进一步深化，不具备规模和渠道优势的中小企业经营压力增大，未来或将加速退出，市场将向头部企业集中。此外，随着消费者对产品品质、个性化、时尚度的需求提高，以及教育、办公领域的智能化水平不断提升，文教办公企业也需要继续推进产品结构转型升级。

6.4.3.3　运动户外类

（1）调整产品结构，注重专业化、时尚化、场景化。

在经历了以量为核心的扩张阶段后，户外用品的重心逐步回到产品研发上。2019

年，行业企业着力于在深耕细分市场和深入挖掘用户需求的基础上，加大产品投入，在专业度、时尚度等方面增强产品竞争力。例如，探路者与法国流行趋势研究机构PROMOSTYLE达成合作，针对当季流行趋势和色彩匹配等数据进行挖掘分析，提升产品的时尚度，并发布了"TOREAD X 行者"子品牌，致力于结合时尚和性能，打造新一代青年人的穿着风尚标。三夫户外也不断调整产品结构，注重年轻化个性需求，引进了近 20 个国内外优质品牌。

（2）整合资源，提升店效，推进渠道升级。

在经济下行、行业增速整体放缓的大背景下，行业企业采取了一系列措施以提升现有销售渠道效率。线下渠道方面，企业着力于提升单店店效。首先，关停获利能力较差的低效店铺，如探路者在 2019 年关闭门店 428 家；其次，在选址上开拓核心商圈、购物中心、奥特莱斯等优质商圈店铺；此外，在门店设计上，推行概念店、主题店，与高科技零售场景融合，并实现线上线下全场景打通和会员的互动闭环，为消费者提供更为便捷的购物体验。

线上渠道方面，一方面，行业企业继续与主要电商平台建立深度合作、参与相关推广活动，通过粉丝运营提升用户购买转化率，如探路者先后进驻抖音、快手、B 站、小红书等多个社交电商平台，增加品牌曝光度；另一方面，企业也注重对社群的开拓和运营，通过打造社群提升用户转化率和购买率，如探路者推出了"探路者硬货"微信小程序，借助微信平台与用户直接对接，形成微信体系的零售渠道。

此外，随着中国冰雪运动在政策带动下迎来新的发展机遇，户外运动企业也开始加码冰雪市场，如三夫户外在继崇礼万龙滑雪店和北京南山滑雪店后，又在崇礼富龙滑雪场内开设了三夫滑雪店。

（3）注重品牌建设，利用差异化打造竞争优势。

面对激烈的行业竞争，行业企业更注重综合运用多种营销方式，加强对品牌文化的塑造和传播。例如，探路者品牌围绕"专业、科技、时尚"三元素，通过为专业户外运动团队提供装备支持、赞助相关运动赛事打造推广"专业"形象；通过加强研发及推广产品科技的性能来营造自身"科技"实力；通过与明星达人进行合作、推出联名系列产品、积极利用短视频等进行内容营销来打造"时尚"形象。

（4）未来发展展望。

我国户外用品行业起步晚，在 2011 年以前，随着客户群体从专业用户向大众消费者延伸，行业经历了一段快速发展期；此后，受宏观经济环境影响，成本上涨，行业增速放缓，行业进入新的调整期。根据中国纺织协会户外分会数据，2018 年，中国户外用品零售总额为 249.8 亿元，同比增长 2.1%，是 2002 年以来行业增长最低速。当前，政府对于户外运动不断出台支持政策，大众对运动的重视程度和健康意识提升均为行业发展带来了新机遇。2010 年至 2017 年间，户外用品行业 CR10 由 38.5% 提升至56.8%，可见市场格局在长期调整中不断优化，份额向龙头企业集中。未来，随着体育、休闲、快时尚品牌等企业进行跨界分流，小众运动流行度提升，户外运动市场将会进一步细分，现有竞争格局将更加多元化，行业企业需要在产品结构、品牌打造和运营效率方面进行深入探索。

6.5　医药及医疗器械专门零售

6.5.1　发展全景分析

从总量上看，如图 6 - 16 所示，医药及医疗器械专门零售行业销售额在 2012—2016 年经历了高速增长阶段，自 2017 年以来，销售额整体呈下降趋势。2018 年行业销售总额为 4 837.4 亿元，同比下降 14.4%。2018 年，医药行业改革政策密集推出，"一致性评价工作"的推进、"4+7 带量采购"的启动等对行业整体经营带来了较大的震动。

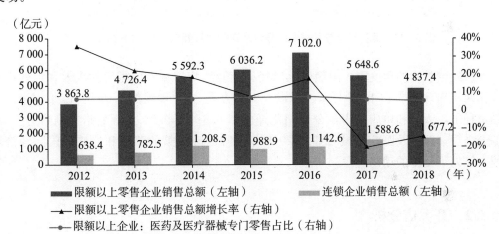

图 6 - 16　医药及医疗器械专门零售销售情况（2012—2018 年）

从发展趋势看，医药及医疗器械专门零售行业是处在成长阶段的朝阳行业，拥有巨大的发展潜力。2008—2016 年，该市场一直保持较快的增长速度，2012 年增速达33.68%。但 2013—2015 年，由于零售环境整体低迷，本行业销售额增速放缓，2017年以来连续两年销售额降幅较大。本行业受外部政策及经营环境的影响较大，在未来需要企业改善经营，增强抗风险能力。

从扩张情况看，限额以上口径下，2018 年医药及医疗器械专门零售业法人企业数、年末从业人数分别同比下降了 4.3% 和 1.4%，年末零售营业面积有较大幅度的增长，为 1 222.1 万平方米。连锁口径下，行业扩张趋势明显，连锁门店总数为 73 632 个，同比增长 16.6%。医药行业政策改革加速推动行业整合，行业连锁化程度提高，平均每家连锁企业拥有门店 81 家，较上年的 75 家有所提升。

从经营效益看，如图 6 - 17 所示，2018 年医药及医疗器械专门零售业的毛利率为18.2%，同比增长了 2.7 个百分点；而净利率在 2017 年经历了短暂上升后，回落到多年以来的平均水平。

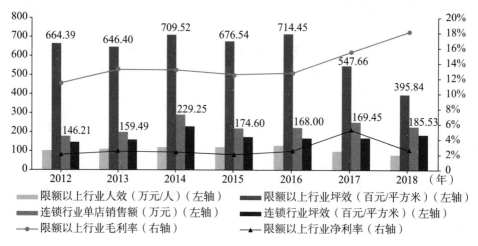

图 6-17　医药及医疗器械专门零售经营效益与效率情况（2012—2018 年）

　　从经营效率的角度看，限额以上口径医药及医疗器械专门零售的人效和坪效指标连续两年出现 20％以上的回落，人效为 79.6 万元/人，坪效为 3.96 万元/平方米。连锁口径下，人效和单店销售额分别同比降低了 6.6％和 9.5％，坪效指标则略有上升。综合来看，医药及医疗器械行业在 2018 年面临医改政策的落地和严峻的国际经济环境，正处于变革的动荡阶段。

6.5.2　开关店分析

　　从行业整体发展情况看，如图 6-18 所示，医药及医疗器械专门零售行业的限额以上法人企业数在 2018 年为 4 746 个，较上年有较大降幅。而连锁口径下的门店总数为 73 632 个，实现了 16.6％的高速增长，平均每家连锁企业开设分店 81 个。该行业也是连锁零售业中门店总数最多的专业零售业态，占全部专业零售业态门店总数的 51.2％。

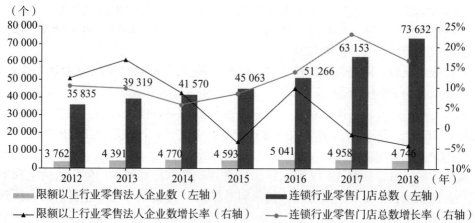

图 6-18　医药及医疗器械专门零售开关店情况（2012—2018 年）

从发展趋势看，连锁门店总数长期一直呈现稳步上升的态势，即使在互联网零售的冲击下，行业的连锁化程度依然在不断提高。由于连锁药店所提供的面对面服务可信赖度较高，在国家推行医药分开的大背景下，连锁扩张仍然是未来行业的发展趋势。随着医改政策不断落地，行业监管趋严，合规成本上升，连锁药店的竞争优势将更为明显，行业集中度将会进一步提升。

6.5.3　代表性企业监测与分析

6.5.3.1　继续加码线下扩张，加速全渠道融合，推进渠道升级

从代表性企业的监测结果来看，2018—2019 年，以老百姓大药房为代表的一批连锁医药零售业以自主扩张、收购、扩张等方式积极布局线下零售网络。在门店扩张过程中，行业企业注重"城市＋乡镇"立体化的店群经营，加速渠道下沉，同时，在布局的线下门店中，零售药店积极拥抱新技术，开设智慧门店，提供更多增值服务。

2019 年，在"促改革、调结构、惠民生"的政策基调下，医疗保障体制改革继续深入，各类政策和改革措施密集发布，医药及医疗器械行业格局进入快速重构阶段。为抓住市场集中度提升的机遇、实现业务规模和市场份额的提升，行业龙头企业纷纷通过并购整合、自建直营门店等形式扩张线下门店。截至 2019 年末，一心堂新开门店 718 家，门店总数达 6 266 家；老百姓大药房在年内完成了对西安十三朝老药铺、长沙福音药号等13 个地方性连锁企业门店及相关业务的收购，新增门店 1 385 家，门店总数达 5 128 家。

新一轮城镇化浪潮下，农村人口大规模向三四线城市和县域市场集中，具有较大的市场潜力，行业企业在扩张线下门店时也注重立体化店群经营，加速渠道下沉。例如，一心堂已形成市县乡一体化垂直渗透拓展，加强门店间的协同能力；老百姓大药房也通过并购下沉二三四线市场，以"近医院，进乡镇"的渗透性拓展方针匹配门店分层布局。

在加速线下扩张的同时，行业企业也注重深入推进渠道融合，实现全渠道一体化经营管理。例如，一心堂依托门店网点优势加速发展 O2O 业务，2019 年销售额达3 700 万元，同比增长 222.3％；老百姓大药房充分利用"大数据＋人工智能＋物联网"建立生态圈，实现线上购药全渠道覆盖，截至 2019 年末 O2O 线上门店已经超过 3 500家，覆盖了线下所有主要城市。众多医药零售企业都在探索线上营销与线下经营相结合的经营方式，提高覆盖范围、深度挖掘潜在健康需求，提升客单价和用户黏性。

6.5.3.2　转型服务提供商，"互联网＋"跨界融合注入新活力

带量采购等改革政策倒逼医药零售企业拓展更多服务。自 2018 年起，互联网医疗得到快速发展，相关政策支持下，互联网和大数据逐渐成为医药零售企业提升经营能力的重要手段。为进一步提升对终端客户的服务能力，零售药店逐渐从传统的药品提供商向医药商品、药学服务和大健康管理的综合性服务提供商转型。例如，上海医药近年来持续推进医药健康产业布局，延伸医疗支付服务产业链；一心堂于 2019 年 6 月成立远程药事服务部，正式开展推行"互联网＋药学服务"远程专业化服务；老百姓

大药房也通过企业微信服务号建立会员服务系统，提供在线找药、24 小时药店、稀缺药品代购、用药咨询、健康直播等健康服务。

6.5.3.3 未来发展展望

随着城镇化、人口老龄化速度加快，在居民收入稳步增长和国民健康意识增强等多种因素的作用下，医药及医疗器械行业市场需求不断增长。根据《中国药店》杂志监测数据，2019 年全国药店零售终端销售规模为 4 258 亿元，同比增长 6.4%，但增速较 2018 年的 7.5%而言有所放缓。

随着医药行业深入发展，"两票制"、医保控费、药品带量采购等政策措施不断深化推进，医保基金专项核查、增值税下调、慢病统筹向零售药店放开等政策使医药行业整体发生了结构性改变，加速行业洗牌。全国性零售企业的跨区域并购将进一步加快，落后的中小型企业将逐步被淘汰或兼并，区域性流通企业也将加速自身发展，借助资本力量加强扩张或重组，行业连锁化、集中化程度将会进一步提升。

大型互联网平台的入局推动医药零售行业格局变化。随着医药零售场景不断演变，未来，专业化服务将成为医药零售企业核心竞争力，线下零售药店将不断向 DTP 专业药房、分销专业药房、智慧药房等创新模式转型。同时，在"互联网＋"的赋能下，医药零售企业将逐渐从单一的"售药"角色向大健康领域服务角色进行转变。

而就医疗器械行业而言，随着医疗改革不断深化，尤其是在国家推进公立医院改革、分级诊疗、医疗器械国产代替进口等一系列政策的推动下，医疗器械行业将保持快速发展的态势。由于国际企业发展较早，在技术、品牌、质量等方面都有显著优势，本土医疗器械企业在未来需要更加注重技术创新与突破，提高行业的技术壁垒，在市场上赢得主动权。

6.6 汽车、摩托车、燃料及零配件专门零售

6.6.1 发展全景分析

从销售总额看，如图 6-19 所示，2018 年限额以上口径汽车、摩托车、燃料及零配件专门零售业的销售额为 5.87 万亿元，仍然是七大类专门零售行业中销售规模最大的行业，占全部限额以上零售业总体销售额的比重为 50.6%，占全部限额以上专业零售业合计销售额的比重则高达 65.6%，比重较 2017 年略有上升。连锁口径下，汽车、摩托车、燃料及零配件专门零售业 2018 年的销售额为 6 787.8 亿元，较 2017 年上升了11.4%，仍是连锁专业零售业中比重最大的行业。

从趋势上看，限额以上口径的汽车、摩托车、燃料及零配件专门零售业销售额在2015 年以前一直保持着 10%以上的增速，2015 年出现了短暂的负增长，但 2016 年增速再次达到 10.7%。近两年，行业增速逐渐放缓至 2%左右。连锁口径下，行业销售额呈现较大的波动性，但自 2011 年来整体呈下降趋势；近两年，行业增速基本保持在10%以上，进入了新的调整期。

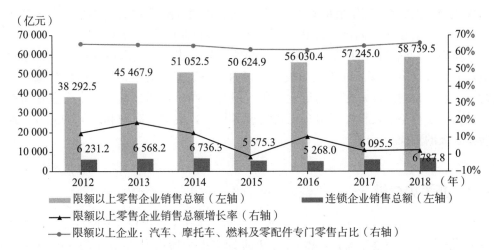

图 6-19　汽车、摩托车、燃料及零配件专门零售销售情况（2012—2018 年）

从扩张情况看，限额以上口径下，行业法人企业数和营业面积分别同比增长 2.4%、2.7%，但年末从业人数同比减少 1.4%。连锁口径下行业扩张幅度更为明显，连锁门店总数和营业面积分别同比增长 8.6% 和 20%，但年末从业人数由上年的 13.3 万人减少至 12.8 万人。

在经济效益方面，如图 6-20 所示，2011—2017 年，汽车、摩托车、燃料及零配件专门零售的毛利率较为稳定，基本保持在 7% 左右，2018 年行业毛利率为 7.77%。净利率自 2011 年以来基本稳定在 1% 左右，2016 年短暂增长至 2.28%，此后回落到长期平均水平，2018 年行业净利率为 1.41%

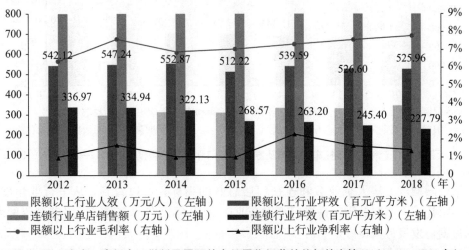

图 6-20　汽车、摩托车、燃料及零配件专门零售经营效益与效率情况（2012—2018 年）

从运营效率指标来看，由于单位商品价值更高，汽车、摩托车、燃料及零配件专门零售的人效和坪效远高于其他几类专门零售行业。2018 年，人效为 345.2 万元/人，坪效为 5.26 万元/平方米，近年来整体处于上升态势。连锁口径下人均销售额高于限额以上口径，为 530.3 万元/人，同比增长 16.1%；单店销售额也有 2.5% 的增幅。

整体而言，汽车、摩托车、燃料及零配件专门零售行业受国际和国内经济形势的影响较大。2018 年，国际油价波动较大，国内经济下行压力下，行业内出现供过于求的情况，且经营主体多元化加剧行业竞争。但与此同时，部分专门零售企业在新的经济背景和消费趋势下，积极探索多元化的业务模式，借助互联网和线下的融合，加快了转型升级的步伐。

6.6.2 开关店分析

从行业整体情况看，如图 6-21 所示，汽车、摩托车、燃料及零配件专门零售业限额以上法人企业数在逐年增长，由 2012 年的 24 396 个增长为 2018 年的 38 391 个，是七大类专门零售行业中最多的，占比约 49.2%。由于体量较大，本行业近年来扩张速度逐渐放缓，2018 年的增长速度仅为 2.4%。

从连锁发展情况看，该业态的连锁门店总数从 2017 年的 15 442 个增长到 2018 年的 16 770 个，2018 年增幅为 8.6%。此外，汽车、摩托车、燃料及零配件专门零售业连锁总店数为 213 家，每家企业平均开设分店 79 个，行业内连锁化程度较高。

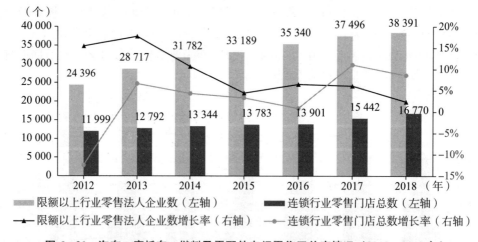

图 6-21 汽车、摩托车、燃料及零配件专门零售开关店情况（2012—2018 年）

结合限额以上法人企业数和连锁门店总数的指标，可以看到，从全行业角度看，汽车、摩托车、燃料及零配件专门零售企业在 2018 年仍在加大对线下终端销售网络的布局力度，发展势头良好。

2018 年，世界经济缓慢复苏，国际油价大幅震荡，境内成品油市场资源供应充足，竞争异常激烈。行业企业积极拓展加油站数量，完善终端营销网络；面临激烈的竞争环境，行业企业积极开展多元化业务，以期用非油板块提升盈利水平。

6.6.3　代表性企业监测与分析

6.6.3.1　积极拓展非油业务，打造差异化竞争优势

2018 年，《外商投资准入特别管理措施（负面清单）》施行，正式取消了外资连锁加油站超过 30 家须中方控股的限制，标志着中国石油石化行业的对外开放和市场竞争进入了新阶段，成品油市场竞争日渐激烈，市场盈利空间受到挤压。为了进一步提高盈利水平，各加油站积极拓展非油业务，以期用提供高附加值的产品和服务打造差异化竞争优势。例如，中石化与中石油先后与百胜中国签订合作协议，共同开发加油站餐饮业务；中石化易捷设立了独立品牌咖啡店，由互联网咖啡品牌连咖啡作为幕后供应商，并在 145座重点城市开通了纯净水配送服务；中石油也推出了自有品牌功能饮料"好客之力"。

6.6.3.2　加强销售终端能力建设，抢占优质加油站站点

2019 年，行业企业加强销售网络建设，积极抢占高效市场和战略区域优质站点，大力开发加油站以增加零售能力。其中，中石油新投运加油站 582 座，中石化新设加油站 41 座；除国有企业外，随着行业监管放开，民营、外资企业也加速扩张，巩固提升网络优势。

除加油站数量扩张外，行业企业也注重通过数字化、智能化提升各零售终端的运营效率和服务能力。部分企业结合互联网技术，推进智能加油站建设，致力于为消费者提供更优质的服务体验。例如，中石化针对个人客户开发了电子钱包功能，为客户提供更加便捷的支付渠道。

6.6.3.3　未来发展展望

中国汽车工业协会数据显示，2019 年我国汽车市场销量达 2 576.9 万辆，同比下滑8.2%。受宏观经济形势下滑、汽车销售低迷等因素影响，国内成品油消费较为低迷，全年成品油表观消费量为 32 961 万吨，同比增长仅为 1.4%。而随着对外资限制放开、审批资格下放，终端市场参与主体将日趋多元化，行业竞争将日渐激烈。面对市场格局可能受到的冲击，抢占优质站点和价格战均非取得长期竞争优势的良策。未来，传统加油站需要提高自身服务能力和资源配置能力，数字化转型将成为企业转型升级的重要方向。

加油站系便利店构成了强大的线下销售网络，石油零售企业对非油业务板块寄予厚望，但目前该板块业务盈利能力仍然较弱。部分加油站的非油服务内容仍然相对单一，未来或增加与人、车相关的多元化延伸服务；此外，用户黏性较弱也是加油站系便利店须面临的问题。

6.7　家用电器及电子产品专门零售

6.7.1　发展全景分析

从总量上看，2018 年家用电器及电子产品专门零售市场规模延续了 2017 年的缩小

趋势。如图 6-22 所示，限额以上行业口径的 2018 年销售额为 9 748.1 亿元，同比下降 3%；连锁口径的销售额在 2018 年末为 3 723.3 亿元，增长虽有恢复，但仍低于 2016 年的规模。

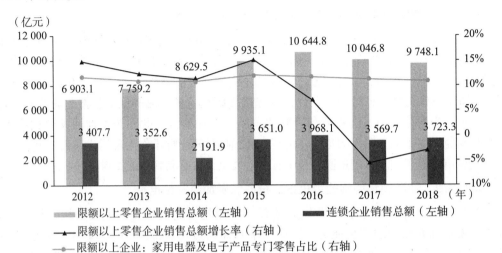

图 6-22　家用电器及电子产品专门零售销售情况（2012—2018 年）

从发展趋势来看，受"家电节能补贴""家电下乡"等政策及房地产发展的影响，2011—2016 年家用电器及电子产品专门零售的销售总额逐年增长，但扩张速度逐年放缓，由 2011 年的 29.5% 放缓至 2016 年的 7.1%。2017—2018 年，行业销售额连续两年出现负增长。

从扩张指标看，限额以上家用电器及电子产品专门零售企业的法人企业数、年末从业人数较 2017 年均有所下降，分别为 11 074 个和 43.9 万人，年末营业面积同比增长 2.5%，为 11 167.9 万平方米。而连锁口径下，行业总体呈扩张趋势，连锁门店总数、年末从业人数、年末营业面积分别同比增长了 8.6%、4.7% 和 10.3%。

从经营效益指标看，如图 6-23 所示，家用电器及电子产品专门零售业的毛利率为 10.51%，净利率为 1.42%，两个指标自 2012 年来整体呈下行趋势，2016 年底以来的原材料成本压力影响了行业企业的盈利能力。

从经营效率指标看，家用电器及电子产品专门零售行业相关指标均有一定幅度的下降。虽然限额以上口径下人效同比增长 5%，为 221.87 万元/人，但坪效、企效以及连锁口径下相关效率指标均比 2017 年要低，其中，主要是日用家电设备零售行业降幅明显。

整体而言，面对新零售的发展趋势，家用电器及电子产品专门零售行业面临着渠道变革、大量新兴品牌涌现、行业竞争加剧等挑战。在消费需求年轻化、个性化、差异化的驱使下，如何升级消费体验、提升产品与需求的适配度、提升自身竞争力是各企业未来发展须面临的挑战。

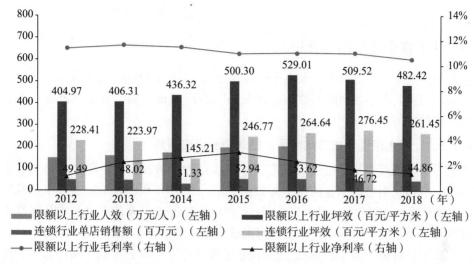

图 6 - 23　家用电器及电子产品专门零售经营效益与效率情况（2012—2018 年）

6.7.2　开关店分析

从行业整体情况看，如图 6 - 24 所示，家用电器及电子产品专门零售行业的限额以上法人企业数略有下降，为 11 074 个。但从数量上看依然是仅次于汽车、摩托车、燃料及零配件专门零售行业的数量，排行第二，占全部限额以上零售业的比重为 14.2%。从发展趋势看，行业的限额以上法人企业数增长速度从 2013 年达到峰值 16.24% 后，总体呈下降趋势。

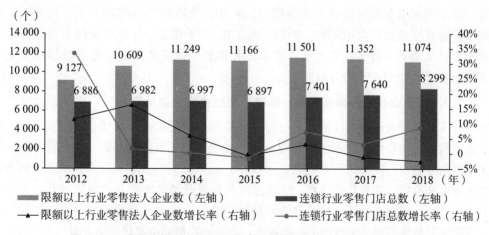

图 6 - 24　家用电器及电子产品专门零售开关店情况（2012—2018 年）

连锁门店总数 2012—2015 年稳定在 6 800～6 900 家，2016—2018 年门店总数快速增长至 8 299 家。连锁总店数自 2012 年来仅有个位数的变化，平均连锁门店数稳定在 37 家左右。随着线下门店改造的推进，行业内零售门店的平均面积整体呈缩减趋势。

6.7.3 代表性企业监测与分析

在监测企业中，大部分家电及电子产品企业在 2018 年加速渠道下沉，进行线下布局。例如，国美、苏宁主要通过收购方式开拓三四线城市市场，五星电器也宣布再启动全国扩张战略等。

6.7.3.1 线上渠道冲击市场格局，推动企业渠道创新

家电零售市场近几年早已进入线上线下同步推进的阶段，且两渠道的格局在不断趋于平衡。全国家用电器工业信息中心数据显示，2019 年我国家电行业线上市场零售额为 3 108 亿元，市场份额达 38.7%，线上市场规模逐步扩大，正进一步分流线下市场。在此背景下，行业企业正进一步进行渠道变革，探索各渠道的融合与升级。

传统线下品牌更加注重打造线上线下融合的多元化零售新生态。线上方面，除了在京东、淘宝等传统电商平台上设立旗舰店外，也更加重视直播带货、内容电商、社交电商等新型电商。例如，国美在 2019 年通过"神舟"中台技术，打通社交电商美店、国美门店和国美 App 三端的数据，形成线上线下流量闭环；五星电器也正式上线了生活购物体验平台五星集佳，销售自有品牌生活家电。线下方面，企业也通过改造门店形象、提升门店智能化等方面的努力，进一步挖掘线下渠道的销售潜力。例如，国美在城市核心商圈打造"家·生活"体验店，通过主题打造形式增强用户黏性，并继续推进与连锁超市的合作，与家乐福打造"店中店"模式。

随着低线城市的消费能力日益提升，家电企业也加速推进渠道下沉。近年来，以线上平台发家的苏宁零售云、京东线下店迅速下沉到县镇级市场。2019 年，京东先后出资收购了五星电器和迪信通的部分股权，利用其原有销售网络进一步开拓市场。传统线下企业也主动进行渠道调整。例如，海尔在 2019 年下半年试点小微渠道改革，给予各地小微渠道更多自主权以灵活进行本地化调整，国美也通过赋能地方传统家电零售卖场以推动低线城市消费升级。

6.7.3.2 企业积极开拓新业务，家电家居融合成大势所趋

近年来，消费者的需求逐渐从单一商品转变为场景化解决方案和全屋定制，而大数据、人工智能、物联网等技术也为智能家居的发展奠定了良好的基础。在此背景下，家电家居的跨界融合逐渐成为行业趋势。2019 年，家电家居行业频频合作。例如，格力电器联手索菲亚家居，在产品线研发、整装推进和联合营销等方面开启深度合作；方太集团和我乐家居达成战略合作，共同打造智慧厨房场景；国美也持续深化"家·生活"战略，引进家具软装品牌并整合旗下各类业务，为客户提供完整家居解决方案。

6.7.3.3 未来发展展望

我国家电行业市场广阔，目前大部分品类市场集中度较高，头部企业凭借品牌、渠道、供应链等优势占据了有利竞争地位。未来，随着消费者需求进一步细分、互联网长尾效应进一步凸显、大数据在需求识别中应用更加广泛，家电市场也将进一步细

分；此外，渠道变革对原有市场格局产生冲击，大量孕育于线上渠道的新兴品牌涌现。因此，行业企业未来将在满足差异化需求、提高渠道运营效率、资源整合方面面临更多挑战。机遇方面，发改委多次出台政策表示对智能家电产品的支持，同时我国智能家居渗透率相比发达国家而言仍有较大发展空间，智能化将给行业带来新一轮增长机遇，企业需要在平衡智能化和性价比、形成行业统一标准等方面进行进一步探索。

6.8　五金、家具及室内装饰材料专门零售

6.8.1　发展全景分析

从总量上看，如图 6 - 25 所示，2018 年限额以上口径五金、家具及室内装饰材料专门零售行业的销售额为 2 757.9 亿元，同比下降 17.3%，连续两年出现负增长。连锁口径下销售额为 83.3 亿元，同样呈下降趋势。

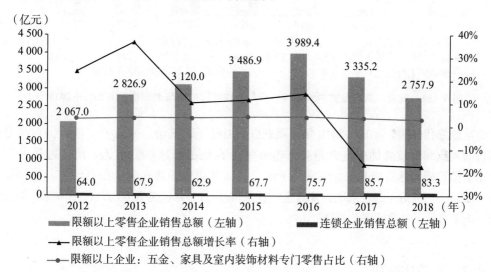

图 6 - 25　五金、家具及室内装饰材料专门零售销售情况（2012—2018 年）

从发展趋势看，2011—2016 年，五金、家具及室内装饰材料专门零售行业的销售额一直保持增长态势。2011—2013 年是中国房地产市场发展的黄金时期，相应的，本行业的销售额增长率保持了高速增长；但 2014 年，随着国内房价上涨乏力，房地产市场增速开始出现小幅回落，家具及室内装饰材料专门零售行业的增速骤减至 10.37%，创 9 年来的新低；2015—2016 年，随着全国性去产能政策的推进实施，部分地区楼市转好，本行业增速小幅提升。而 2017 年以来，"限购""限售"等政策调控力度较大，市场收缩，因此，位于房地产市场下游的五金、家具及室内装饰材料专门零售行业的销售额骤减。

从扩张指标看，受房地产行业的影响，五金、家具及室内装饰材料限额以上专门零售业的法人企业数、年末从业人数和营业面积数均有较大幅度的下降，同比分别降低 8.3%、17.7%、13.8%。而与此同时，行业的连锁化程度有所提升，连锁门店总数

为 447 个，平均每个企业拥有门店数增加至 28 家，连锁营业面积也有 9.2% 的增长。

从效益指标看，如图 6-26 所示，五金、家具及室内装饰材料专门零售行业的毛利率指标在 2013—2017 年呈微幅下降趋势，但 2018 年回升至 19.2%；净利率方面，2013—2016 年一直稳定在 6.2%～6.4%，2017 年以来，由于行业面临形势较为严峻，净利率连续两年下降，2018 年仅为 5.02%。

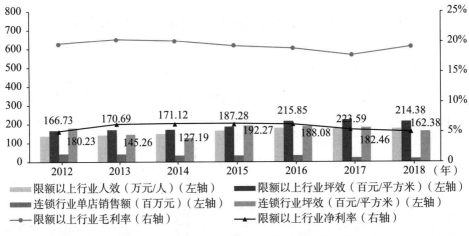

图 6-26　五金、家具及室内装饰材料专门零售经营效益与效率情况（2012—2018 年）

从效率指标看，2012—2018 年，限额以上口径下，五金、家具及室内装饰材料专门零售的人效和坪效总体呈上升趋势。连锁口径下人效为 119 万元/人，同比增长 9.7%，但单店销售额和坪效均有较大幅度的下降，2018 年单店销售额为 1 864 万元/年，同比减少了 16.8%，为近年最低水平，坪效也同比下降了 11%，仅为 1.62 万元/平方米。综合来看，连锁口径下经营效率有所降低。

6.8.2　开关店分析

从行业整体发展情况看，如图 6-27 所示，五金、家具及室内装饰材料专门零售行业 2018 年的限额以上法人企业数为 5 688 个，同比下降 8.3%；连锁门店总数为 447 个，同比增长 16.7%。

从发展趋势看，五金、家具及室内装饰材料专门零售行业的发展受房地产行业的影响一直较大。2011—2013 年，限额以上法人企业数随着房地产行业的蓬勃发展而高歌猛进，2013 年增速达 44.8%；2014—2015 年，受房地产行业影响，社会资本不敢轻易投入市场，增长率降低至 3.69%；2016 年在房地产市场去产能政策的推行下，增长率有所回升；但 2017 年以来，政策收紧，法人企业数减少。连锁门店方面，在经济新常态和消费观念变化的大背景下，行业内企业上市、并购重组、跨界等资本动作不断，企业在淘汰落后产能的同时，也在加码线下门店布局，拓展销售渠道和市场区域。2018 年，平均每家企业拥有 28 家门店，为近几年最高水平。

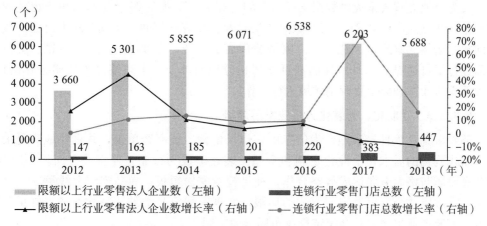

图 6 - 27　五金、家具及室内装饰材料专门零售开关店情况（2012—2018 年）

从监测企业情况看，2018 年，红星美凯龙、居然之家等大型家居建材企业加快了线下扩张的脚步，这不仅体现在门店数量的增多，还体现在开店区域的扩展以及门店种类的丰富。而对于中小家居卖场而言，要么选择投入大型连锁家居卖场的怀抱，借助其力量以适应不断变化的市场环境；要么扎根本土，打造特色化、高黏性的地方性门店。总体而言，行业集中度有所提高。

6.8.3　代表性企业监测与分析

6.8.3.1　传统家居卖场融合多业态，转型综合性消费空间

随着消费者需求从单一购物向多元化升级，各大型连锁家居企业陆续推动传统卖场转型为综合性生活空间，在卖场中融入餐饮、休闲、娱乐等业态，一站式满足消费者多方面需要，同时增强卖场引流能力。例如，居然之家 2019 年先后在店内引入了精品零售、儿童教育娱乐、餐饮院线、体育健康等生活业态，加快推进由日常家居消费向大消费的融合发展；曲美家居也在门店中设置了花艺体验区、休闲阅读区、木作体验区、咖啡吧等休闲业态，打造零售新物种。

6.8.3.2　门店升级改造，注重提升消费者购物体验

家居零售线下卖场在场景体验方面具有先天优势，行业内企业更加注重门店场景打造，增强消费者购物过程中的互动性，提升购物体验。例如，为顺应家电渠道布局多元化的趋势，红星美凯龙打造了以场景体验为流量入口的电器生活馆，内含智能化家居体验区；索菲亚家居延续了 2018 年以来的千平大店模式，在店内整合多元风格和不同消费场景的产品，目前拥有 216 家大家居店铺，位于行业之首。在新科技的加持下，家居零售门店从产品和品牌选择到整体搭配均与特定市场需求相匹配，有助于提升顾客消费体验。

除场景化构建外，家居零售企业也注重对门店进行数字化升级，既提升消费便利

度，又为企业经营决策提供数据支撑。例如，红星美凯龙在 2019 年与阿里巴巴达成战略合作，并已完成 6 城 24 店卖场数字化切换及各项规则打通，实现与阿里巴巴的数字化同频；居然之家累计完成了 110 家智慧门店的改造，在商品、会员、营销、支付等方面进行了打通融合；月星集团和百安居也分别与苏宁、京东签订了战略合作协议，在线下零售业态和数字化营销领域进行合作。

6.8.3.3　定制化、整装化为行业发展趋势

随着市场竞争日趋激烈，为争夺更多市场份额、提高客单价，并更好地满足消费者一站式购物的需求，个性化定制和全屋整装逐渐成为行业企业发展方向。2019 年，索菲亚家居与格力电器达成战略合作，补足智慧家居短板；尚品宅配上线第二代全屋定制，突破以往全屋柜类定制模式的局限，实现家居全品类的一站式配齐；红星美凯龙设立家装产业集团，整合家装行业布局全屋定制。

6.8.3.4　未来发展展望

国家统计局数据显示，2019 年我国商品房销售面积为 17.16 亿平方米，同比减少 0.1%。受国家房地产调控政策影响，家居消费需求增速回落。短期来看，存量房装修翻新、精装房渗透率提升、居民可支配收入增长、消费升级将成为行业驱动力，但长期来看，行业将进入稳定调整期。

伴随着家居家装消费升级，越来越多的消费者青睐品牌定制和全屋整装，这也对企业的经营效率、产品设计研发、供应链管理方面提出了更高的要求。未来，柔性化制造能力将成为行业内企业的重要竞争优势。在这一背景下，如何增强创新能力、更好地把握消费者需求、提升交付效率和交付品质将成为行业企业探索的主要问题。同时，我国家居建材行业市场集中度较低，竞争格局分散，未来仍具备较大的行业整合潜力。

（皮安琪）

第7章 中国零售业公司管理与运营分析报告

本章旨在对 2019 年中国零售业代表性公司的管理和运营情况进行监测与分析，包括中国零售业公司收购兼并情况、高管变动、营销活动与网络技术运用、公共关系与社会责任等四个部分的内容。

本报告所有数据均通过对公开信息加工整理而得，信息来源主要为 2019 年中国代表性零售企业官方网站公布的企业基本信息、管理与战略动向信息，以及中国商业联合会、中国连锁经营协会、联商网、超市周刊、Wind 数据库等行业协会、专业网站发布的公开资讯信息。本报告附录编制了 5 张数据统计表，分别是附表 7-1 "中国零售业收购兼并事件统计（2019）"、附表 7-2 "中国零售业高管变动事件统计（2019）"、附表 7-3 "中国代表性零售企业公共关系与社会责任活动一览表（2019）"、附表 7-4 "中国代表性零售企业网络零售、微博开通情况一览表（2019）"、附表 7-5 "中国代表性零售企业营销活动一览表（2019）"，请读者扫描本报告附录的二维码免费下载查阅。

7.1 中国零售业收购兼并分析

7.1.1 零售业并购特点分析

受整体消费增速放缓的影响，2019 年零售各业态发展面临较大压力，伴随着相应的调整情形有所增加。2019 年本报告监测范围内的零售行业的兼并收购数量共 66 起，中国零售企业并购以产业整合为主，品牌商和大型传统零售企业仍是大额并购主力军；电商企业并购活动频繁，但单笔交易金额相对较小。

7.1.1.1 零售业并购事件中"收购完成"事件占比增加

2019 年处于"收购完成"和"收购中"状态的事件占监测案例的 62%，这部分是已经签署具有法律约束力的并购协议的案例；而 33% 的收购事件处于拟收购阶段，即在当年有收购意向但没有签订相应的并购协议。具体来看，在 2019 年，已完成最终收购的案例和处于收购中的案例占总体比例分别为 59% 和 3%，如图 7-1 所示。

但 2019 年也有收购失败事件，占比较小（5%），监测范围内仅有永辉超市收购中百集团 10.14% 股权失败、壹号食品收购鲜生友请所有门店以及商业城收购深圳优依购电子商务股份有限公司 100% 股权失败。

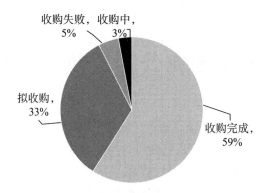

图 7 - 1　中国零售业收购兼并进程（2019 年）

7.1.1.2　地域分布以全国布点企业和东部沿海发达地区企业并购为主

2019 年零售业收购兼并地域特点较为突出。[①] 从买方的地域分布看，如图 7 - 2 所示，全国布点的零售商收购兼并占比最多，有 60.6%；区域性企业（东部地区、北部地区、中部地区、西部地区）收购兼并占比相对上年有所下降，几部分之和为 18.2%；海外企业占比提高，达到 21.2%；大部分并购方的零售企业为全国布点型企业，如永辉超市、物美、阿里巴巴等都在此当中。

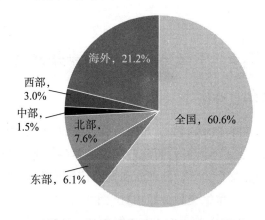

图 7 - 2　中国零售业收购兼并中买方地域分布（2019 年）

从被收购方的地域分布看，如图 7 - 3 所示，全国和海外占比最高，合计达到 51.5%；其次是东部和南部，合计占比达 27.3%，基本与买方的地域分布一致。

结合收购方与被收购方来看，如图 7 - 4 所示，2019 年中国零售业收购兼并类型有 6 种，占比由高到低依次为全国布点收购区域性企业，比如物美集团收购重庆商社集团

---

① 在地区分布上，本报告省级行政区分为 5 类区域，采取如下标准：东部，包括山东、江苏、浙江、福建、上海；南部，包括安徽、广东、广西、海南；中部，包括湖北、湖南、河南、江西；西部，包括四川、云南、贵州、西藏、重庆、宁夏、新疆、青海、陕西、甘肃；北部，包括北京、天津、河北、山西、内蒙古、辽宁、吉林、黑龙江。

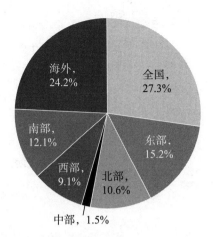

图 7-3　中国零售业收购兼并中被收购方地域分布（2019 年）

45％股份；全国性企业之间的并购，比如苏宁收购万达百货下属全部 37 家百货门店；国内企业收购海外企业，如苏宁收购家乐福中国 80％股权；区域性企业之间的并购，比如福州东百收购常熟神州通 100％股权；海外企业收购国内企业，如罗森收购全时 90 余家门店；区域性企业收购全国布点企业，比如鹏海基金和君乾管理收购君乐宝 51％的股权。

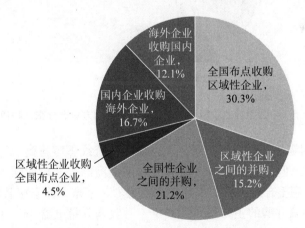

图 7-4　中国零售业收购兼并收购方与被收购方地域分布（2019 年）

7.1.1.3　行业巨头整合零售服务，电子商务企业、百货店之间整合

如图 7-5 所示，2019 年的兼并收购，从业态来看，买方中占比最高的依次是其他业态（34.8％）、专卖店（21.2％）和电子商务（15.2％）；标的方中占比最高的依次是其他业态（37.9％）、专卖店（22.7％）、综合业态（15.2％）。

2019 年，行业巨头整合零售服务表现突出。标的方中，其他类别（包括批发、物流、生鲜等）占比最高，很大程度上是因为零售巨头企业对零售服务和技术等方面的整合和业态的扩展，比如京东收购新宁物流 10％的股权，以优化物流供应链。

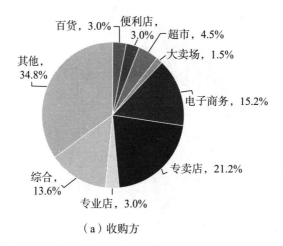

（a）收购方

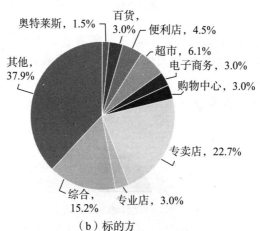

（b）标的方

图 7 - 5　中国零售业收购兼并的收购方与标的方业态分布（2019 年）

2019 年互联网零售并购依然活跃。一方面，传统线下零售商、综合性经营服务商并购中小电商企业，但成交笔数少，还有互联网电商的合并，如阿里巴巴收购网易考拉。另一方面，电商整合线下巨头的趋势愈演愈烈，京东、苏宁接替阿里巴巴、腾讯，成为电商在零售领域并购的主力军。京东于 4 月收购五星电器 46％的股权，以期提升自身在家电板块的竞争力；而苏宁则收购了家乐福中国 80％的股权，并且收购了万达百货下属全部 37 家门店，线下场景布局日渐完善。线上线下零售服务的融合已成大势。

2019 年百货店并购事件有所增加。百货店之间、超市与百货店之间进行资源整合，如物美收购麦德龙中国 80％的股权以及新华百货部分股权、步步高收购家润多超市 22 家门店、永辉超市收购中百集团 10.14％的股权。

7.1.1.4　内资之间并购占主体，涉及外资并购少

如图 7 - 6 所示，监测范围内，2019 年内资企业之间的收购兼并仍占据绝对主体地位，占比达 74.2％，涉及外资的整合较少，主要有凯雷投资集团收购罗莱生活 10％的

股权，安踏收购亚玛芬体育 98.11％的股权，蒙牛收购贝拉米全部股权和 Lion Dairy and Drinks 的全部股权等。

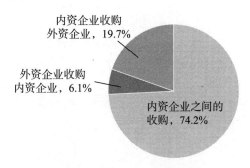

图 7-6　中国零售业收购兼并企业性质特点（2019 年）

7.1.1.5　并购方式以现金购买为主

如图 7-7 所示，监测范围内，2019 年兼并收购方式以现金收购为主，占比达 60.6％，但比 2018 年有所下降；股权收购较少，其中南京新百收购上海蓝海科瑞 100％股权时采取"现金＋股权"的方式。此外，监测范围内发生 3 起采用"现金＋债务"方式进行的并购，如京东收购北京翠宫饭店、苏宁收购万达百货全部门店；3 起采用"发行股份"方式进行的并购，如美的收购小天鹅全部股权等。

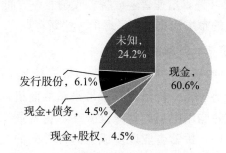

图 7-7　零售业收购兼并方式（2019 年）

7.1.1.6　前三季度并购较多，第四季度并购活跃度最低

从并购事件发生的时间点来看，如图 7-8 所示，第一到三季度并购事件数量都为 18 起，多于第四季度的 12 起，第四季度并购活跃程度最低。在监测范围内，并购发生的活跃程度较为均匀，与以往第一、四季度并购比第二、三季度活跃的规律不同。而对比可见 2019 年第二、三季度零售行业并购活跃程度有所增加，第四季度有所下降。

7.1.2　零售业并购问题及展望

2019 年，全国社会消费品零售总额为 411 649 亿元，较 2018 年名义增长 8％，扣除价格因素实际增长 6％，增速有所放缓。在此背景下，各零售业态均面临一定压力，

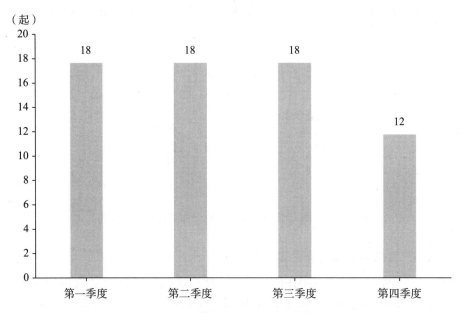

图 7 - 8　中国零售业收购兼并发生时间分布（2019 年）

其中限额以上零售业单位中的超市、百货店、专业店和专卖店零售额比上年分别增长 6.5%、1.4%、3.2%和1.5%，增速普遍放缓。收购兼并方面，2019 年既延续了 2018 年互联网巨头在零售行业的布局加速，又呈现出一些新特点：

7.1.2.1　消费型经济增长刺激并购交易

在经历了 2016 年的井喷式增长及 2017 年的短暂下滑之后，2019 年延续了 2018 年中国零售业并购复苏的趋势。新一轮消费升级带来新的商机，国内外投资者对于优质消费品、影响力品牌、成熟购销渠道的青睐反映在零售各业态的并购与整合上，推动了零售业的资源重组。其中，民营企业逐步成为海外并购的主力军，通过海外并购获取海外优质品牌和渠道资源以增强自身的市场地位。

7.1.2.2　新零售与传统零售融合，互联网巨头加快新零售布局

2019 年延续了上一年新零售发展的势头，新旧业态的融合催生新动力。一方面，以阿里、腾讯、京东、苏宁为代表的互联网巨头继续对线下零售企业并购，以此推动新零售布局的完善。与 2018 年相比，2019 年互联网巨头在并购中更注重线下的精细化耕耘与线上线下资源的整合，故而更加注重零售科技的投资与应用，包括对人工智能、云计算、物联网等的投资数量占比和金额都呈现大幅提升。另一方面，线下零售企业对于互联网技术的革新热情不减。2019 年，线下传统零售企业在积极推动与互联网巨头的战略合作的同时，积极拓展全渠道业务，提升自身技术与服务水平及运营质量。

当前，消费者对优质产品和国外品牌的强烈需求，为中国零售业并购交易提供了内生动力。在此背景下，互联网零售与传统实体零售积极融合产生协同效应。但目前中国零售业线上线下融合程度依然较低，深化融合、建立全渠道布局，仍是零售业并

购发展的一大趋势。

7.2　中国零售业高管变动分析

　　2019 年零售行业高管变动在监测范围内共有 116 起。近五年，是移动电子商务飞速发展，传统业态积极求变，零售企业谋求转型的时期，各业态之间的高管流动性强。2019 年，零售行业进一步蜕变，新业态、新物种不断涌现，在此背景下，众多企业探索升级服务模式、进行战略调整，行业内高管变动较为频繁。

7.2.1　零售公司高管变动特点分析

7.2.1.1　实体零售高管变动剧烈，百货店、专卖店最为突出

　　2019 年零售业高管变动最为剧烈的三个业态，如图 7-9 所示，依次是专卖店（45%）、电子商务（15%）和百货（12%）。与前几年相比，电商零售的高管变动更为剧烈，而实体零售则是百货和专卖店业态内部高管团队变动最为突出。

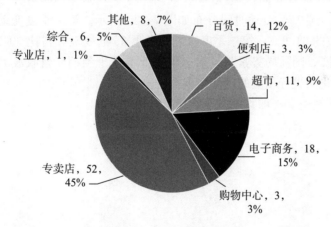

图 7-9　零售业高层人员变动统计图（按业态，2019 年）

　　百货零售业，是国民经济的重要行业之一，也是市场化程度最高、竞争最为激烈的行业之一。2019 年，受宏观经济减速、经济下行压力加大的影响，居民可支配收入增长放缓，加之资本市场持续低迷，零售行业景气度仍在低位运行，实体零售行业依然处于低迷状态。在寒冬中寻找新出路，需要更明确的目标和更精准的定位，是选择向购物中心转型，还是专耕百货业态，抑或孵化新模式？众多百货企业的高管团队之变折射了商业之变。

　　专卖店、专业店也同样面临着消费信心不足、实体店客流下降的影响。以家居行业为例，2018—2019 年，已经有至少 9 位高管从所任职的家居企业离职。红星美凯龙、索菲亚、我乐、圣象、亚振家居、兔宝宝等知名上市公司均牵涉在内。市场的变化加剧、行业进入调整期（增速放缓）、个人职业规划，这三点或成为家居行业高管频繁离

职的主要原因。2019 年多家上市家居企业都选择以加速布局、加大国内市场投入、布局工程业务、加码渠道建设等方式提升企业的市场竞争力，这也导致了运营成本、销售费用及管理成本的大幅提升，从而使整体销售收入及净利润的增幅都受到了负面影响。

7.2.1.2 电子商务变动剧烈，组织架构调整动作频繁

随着互联网人口、流量红利消失，巨头们先后走入深水区，从争夺增量市场转向了对存量市场的价值挖掘。受全球股市整体萎靡不振影响，科技股正成为全球资金抛弃的最大板块，腾讯、阿里巴巴、网易、微博等在 2018 年股价也都大幅下跌。

为了扭转上一年的颓势，2019 年电子商务公司高管变动十分显著，多家头部公司进行了大规模的人事调动与组织架构调整，如京东在 2019 年 2 月证实将对 10% 的副总裁以上高管进行优化，随后在 4 月前后就有 6 位高层调岗离职，其中包括数位"CXO"级别的高管，创始人也逐渐退居幕后；阿里巴巴创始人 2019 年 9 月卸任董事局主席，十个月内进行了五次架构调整和人事变动；小米也进行了第六次大的组织架构调整和人事任命⋯⋯面对消费端更多元的需求变动，快速反应、快速推进的要求迫使电商公司转变管理思路，进行组织结构和管理机制的调整。

7.2.1.3 各季度分布差异较大，第一、第二季度高管频繁变动

2019 年零售企业高管变动时间分布如图 7-10 所示。第一季度变动数量最多，高达 37 起，占总数的 31.9%；第二季度次之，发生 35 起变动，占比 30.2%。这或许是国内市场增速下降、国际局势紧张、第一季报业绩低于预期、营收波动较大、企业为应对外部环境变化而进行相应的内部变革所致。

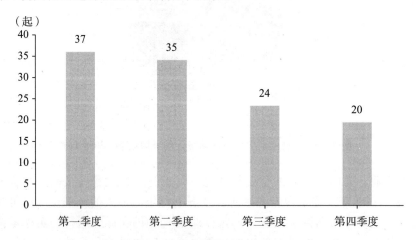

图 7-10 零售企业高层变动统计图（按时间，2019 年）

7.2.1.4 高管变动多是内部调动和高管离职

2019 年高管变动原因分为以下几类：离职——因为各种原因主动离职；外聘——外部聘用；任满——任期结束；调动——公司内部升迁和调动；免职；退休。如图 7-11 所示，占比最高的是离职（45%）和调动（39%）。

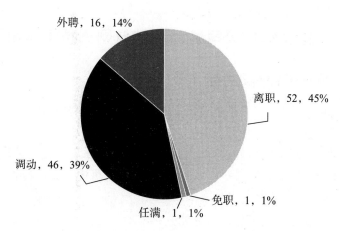

图 7 - 11　零售企业高层变动统计图（按原因，2019 年）

调动和聘任的原因一般是公司业务发展需要。以阿里巴巴为例，12 月 19 日，阿里巴巴宣布将集中发力推进全球化、内需、大数据和云计算几大战略。与此同时，阿里巴巴集团董事局主席兼 CEO 张勇在全员信中披露了多项人事任命，进行了阿里巴巴2019 年的第三次组织升级与调整。

7.2.2　高管变动问题及趋势展望

7.2.2.1　行业下行引发连锁反应，高管团队进行优化精简

伴随着电商行业渗透率的提升，电商企业线上流量红利逐见底，线上获客成本大幅增长；线下，购物中心、网络购物等的冲击使得零售渠道间的竞争激烈程度升级。同时，房屋租金、人力成本等经营成本逐年提升，打造快速响应市场需求的供应链和销售渠道又要求更多的资金投入，在经济下行的大背景下，众多零售企业面临着较大的资金压力。内外交困中，部分企业开始精简人员，采取了冻编减编、重新竞争上岗、人才优化计划、降薪等方式缩减开支。

以电商巨头京东为例，2018 年京东也接连遭遇了一系列问题：股价下滑，逼近破发；GMV 增速放缓；活跃用户数量下降，以及创始人危机。无论从外部还是内部看，京东都遇到了前所未有的挑战。因此在 2019 年，"自救"成了京东最紧迫的任务。2019 年 2 月，京东宣布把一手建立的 Toplife 并入 Farfetch 中国业务，不再自己运营，并在同期宣布，2019 年将末位淘汰 10% 的副总裁级别以上的高管。

7.2.2.2　高管变动频次加快，短时间连续调动现象较为突出

2019 年，零售企业高管人员在短时间内频繁调动的现象较为突出。例如，2018 年 12 月，来伊份董事兼董事会秘书张潘宏辞职，同月邹晓君因个人原因申请辞去公司第三届监事会股东代表监事一职；2019 年 3 月，来伊份副总裁冯轩天辞去公司副总裁职务。汇源果汁一个月内 6 名高管接连离职；京东一个月内也有 6 名高管调任离职。

7.3 中国零售业公司营销活动与网络技术运用分析

7.3.1 中国零售业营销活动分析

本节根据零售业公司官网、联商网、超市周刊等资讯网站资讯信息,对 2019 年中国连锁经营协会发布的中国连锁百强中的 20 家代表性零售企业(几乎均在官网公布有促销活动信息)的 93 起促销事件进行汇总和分析。总体来看,促销活动贯穿一年中的不同时期,可归类为节假日、周年庆、购物节和日常四种,包括低价、满送、抽奖、红包、积分、秒杀、提升体验等多种不同的形式。

7.3.1.1 零售企业四类促销时机整体分布不均,业态偏好存在显著差异

在本报告监测范围内的促销活动中,节假日活动包括各类节日促销,比如 3 月 8 日妇女节等;周年庆活动既包括零售企业集团周年庆,也包括具体门店周年庆;购物节活动主要是已经在消费者人群中形成较大影响的特定日期,比如"6·18"、"双 11"和"双 12";日常活动包括以上三种范围之外的促销活动,比如零售企业针对特定商品品种的家居节、男装节,或是特定季节的促销活动,比如"消暑特惠"等。

如图 7-12 所示,在 2019 年,监测范围内的零售企业周年庆促销活动相对较少,占比为 10.8%,其他三个类型的促销活动以购物节(41.9%)为主,紧接着是日常(28.0%)和节假日(19.4%)。

图 7-12 中国零售业营销活动时间分布(2019 年)

从业态来看,如图 7-13 所示,2019 年,不仅是电子商务的促销活动,其他几种业态的促销活动也大都集中于购物节。"6·18"、"双 11"和"双 12"等大型购物节都是从电商发端,并逐步进入线下零售企业,成为最重要的促销时机之一。唯一的例外是专业店,虽然购物节占有不小的比例,仍以日常活动为主,经常会在会员日,或者特定季节进行日常促销,或者是对特定商品进行促销,例如国美的"开学总动员"、会员日以及内购会活动等。周年庆活动则较受百货店以及连锁超市这类线下企业的青睐,而且由于门店较多,不同的店面开店时间不同,相对来说就会举办较多次的周年庆活动。以欧亚集团为例,这一年末松原欧亚举办了 7 周年庆活动,年初白山欧亚举办了 35 周年庆活动。开展于节假日的促销活动相对来说就比较平均,并且各种业态所开展的种

类和频率也未有较大差别。但总的来说业态不同，对促销时机的偏好还是略有不同。

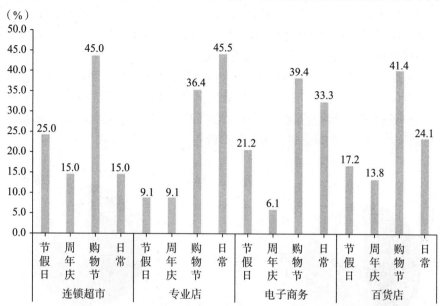

图 7 - 13　中国零售业营销活动时间分布（按业态，2019 年）

7.3.1.2　延续上年趋势，低价和满送仍是最主要的促销方式

2019 年中国零售企业最主要的促销方式仍然是低价，如图 7 - 14 所示，占比 25%，与 2018 年的 26% 基本持平。低价常见的形式有很多，主要包括打折、降价。其次是满送，占比 22%，既包括满减，比如"购物满 1 000 减 50"，也包括满赠，比如"购物满 888 元赠送食用油一瓶"。接下来是提升体验、红包和抽奖，均占 14%，提升体验既包括实体商店在现场举办体验活动，增加商店配套设施，也包括淘宝、京东等电商在下单和物流配送方面加大投入。相对而言，积分活动较少，仅占 1%。

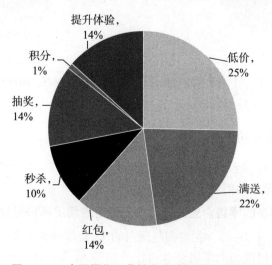

图 7 - 14　中国零售业营销方式选择分布（2019 年）

从业态来看，如图 7-15 所示，不同业态在促销方式的选择上也有所差异。相对来说，电子商务和专业店的促销方式分布都较为平均，但电子商务略微倾向于红包（23%）而专业店则稍偏向于低价（23%），其他形式占比差别不大，均在 15% 上下。而百货业态就倾向以满送和低价的方式进行促销，两者占比之和超过 50%，其余的抽奖（17%）、红包（12%）和提升体验（10%）仍占有不小的比例，然而积分和秒杀就只有 3% 与 4% 的占比。在超市的各种促销方式中，低价和满送的占比之和甚至超过 70%，剩余的除了提升体验占比 20% 外，均只占 3%。总体来看，线上业态各类促销方式相对平均，而线下业态更热衷于采用低价和满送的促销方式。

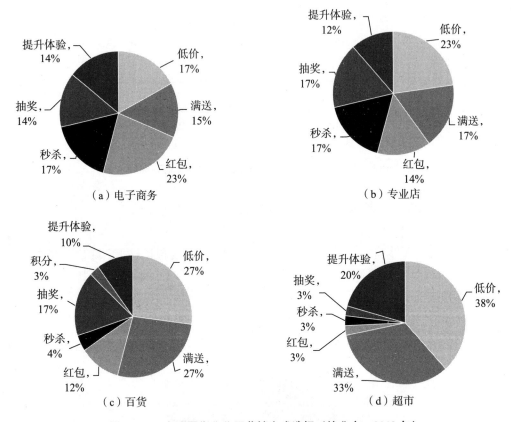

（a）电子商务　　　　　　　（b）专业店

（c）百货　　　　　　　　（d）超市

图 7-15　中国零售业公司营销方式选择（按业态，2019 年）

7.3.2　中国零售业公司网络技术应用分析

本节采用 2019 年连锁经营协会发布的连锁百强中的 74 家企业作为监测样本，通过官网、微博等方面得到的信息进行分析。

7.3.2.1　越来越多的零售企业开通微博，但运维情况两极分化

如图 7-16 所示，2019 年，在监测范围内的 74 家零售企业里，开通集团微博、地区/门店微博、网上商城微博的零售企业占比分别为 81%、81% 和 57%，在 2018 年这

三个数字分别是 81％、81％和 55％，但考虑到样本企业的变化，可以认为门店的微博开通情况已经基本定型。在监测企业中，所有企业都至少开通了地区/门店微博、集团微博、网上商城微博中的一个，总的来看，完全不使用微博这一工具的少之又少。

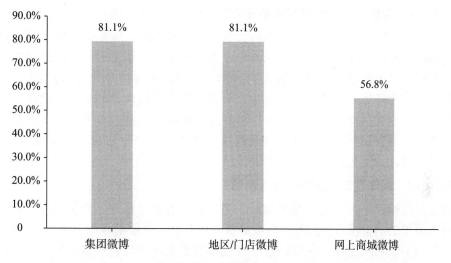

图 7 - 16　中国零售企业微博开通情况（2019 年）

但零售企业对于微博的运维情况仍然持续两极化的现象：一些企业粉丝众多，微博更新频繁，常常与消费者互动；另一些企业的微博账号却沦为"僵尸账号"，不仅粉丝寥寥无几，微博也是常年不更新。以"苏宁"微博为例，截至 2019 年底，其拥有超过 350 万粉丝，总发博数超过 2 万，每天都会多次更新各类营销信息。但是大部分的区域性零售企业，虽然开通了企业微博，但是微博动态数寥寥可数，有的甚至已经停止更新。

7.3.2.2　开通网络零售的零售企业数量趋于稳定

在 2019 年，监测的 74 家零售企业中，如图 7 - 17 所示，开通网络零售的高达86.4％，相比于 2018 年的 75 家企业 83％的比率进一步提高。一般而言，零售企业网络零售多采取两种形式，一是建立自己的网上商城，比如国美、小米商城、苏宁易购等等；二是依托已有的电商平台，建立淘宝天猫京东旗舰店、进驻淘鲜达等。

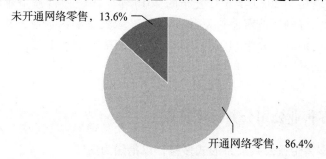

图 7 - 17　中国零售业公司开通网络零售情况（2019 年）

7.3.3 中国零售企业营销与网络技术应用问题及趋势展望

7.3.3.1 营销手段仍然以价格手段为主、体验式营销为辅

近几年来，在监测范围内，一个越来越明显的趋势是——低价、满送等直接降低价格的促销手段越来越常见，主要原因在于人们对于价格依旧敏感，新崛起并上市的电商平台拼多多主要靠拼团低价的方式迅速上升到国内电商平台前列就是一个典例。近年来的营销手段都是以价格手段为主，而直接牵涉价格优惠的低价、满送等形式最多。当然，体验式营销作为重要辅助。许多大卖场在节假日、周年庆等日子都会举办很多异彩纷呈的营销活动，注重消费者互动与体验，电商平台也注重加强渠道优势，丰富产品种类，并优化配送及退换货环节。

7.3.3.2 实体零售企业与电商逐步融合

传统零售模式中，人们普遍看重经营销售额，看重规模及体量。现今的消费者不再满足于简单的消费模式，而是更看重消费的体验感。这要求零售企业以用户为中心，在技术驱动下实现线上线下深度融合，通过采取更先进的理解和服务顾客的手段，对消费者的需求做出快速响应。在经历了电子商务刚出现的时候，实体零售企业和电商企业处于对抗、争夺的状态，电商企业飞速发展之后，许多实体零售企业开始尝试利用微博等线上宣传工具，并建立自己的网上商城的时期后，二者的关系更进一步，开始走向融合。

越来越多的线下企业开始使用线上的营销方式，在电商平台兴起的各种购物节也纷纷被线下企业使用。不仅如此，实体零售企业与线上巨头在资本和技术上也开始开展深度合作。目前来看，虽然开展这种深度合作的都是线下巨头，许多区域性零售企业在互联网技术方面仍然存在较大的局限，但是实体零售商接入赋能平台的进程，也开始向地方企业、小微企业延伸，如阿里巴巴零售通、苏宁小店等。

7.4 中国零售业公司公共关系与社会责任分析

公共关系反映着企业的社会责任意识，是企业品牌形象的重要组成部分。本报告选择中国连锁经营协会 2020 年 6 月公布的 2019 年中国连锁百强企业作为研究样本企业，对其中公司官方网站披露公共关系活动的 37 家大型零售企业、共计 53 项 2019 年公共关系活动进行汇总、分类和监测，并制作了附表 7-3 "中国代表性零售企业公共关系与社会责任活动一览表（2019）"。

7.4.1 中国零售业公司公共关系特点

7.4.1.1 零售企业公共关系形式多样，以捐赠为主

2019 年，零售企业公共关系延续上一年的特点，仍然以捐赠为主要形式，同时有

着多种多样的形式补充。如图 7 - 18 所示，在本报告监测范围内，2019 年中国零售企业开展公共关系的活动主要有 5 种形式：捐赠（62%），包括捐钱捐物和募捐活动，如 2019 年 2 822 名学生获得达利集团基金的奖励，基金共颁发奖教、奖学、助学金近 1 000 万元，截至 2019 年，基金累计发放奖助学金 7 500 万元，惠及师生近 20 000 人；其他（17%），主要包括各种公益活动，比如公益比赛、宣传、公益课堂和许多其他活动，如印力集团通过其遍布全国的商业场景，为公益组织提供高效的推介项目，以连接大众的方式和平台，让广大爱心人士能够在日常生活中，便捷、准确、及时地获取公益信息，通过"屏互动"，对公益项目进行捐助和应援；志愿活动（11%），包括企业主办和员工参与两种形式的志愿活动；扶贫（8%），零售公司在扶贫方面发挥着重要作用，以助销形式为主，如喜茶在两年内向中国扶贫基金会捐赠总额 200 万元人民币用于产业支持，同时通过责任消费的方式采购当地红米，研发两款爱心红米包；慰问（2%），这种方式较为传统，是对弱势群体的慰问关怀，如合力超市元宵节扶贫送温暖，为贫困户发放米、油、纸巾等爱心物资及慰问金近万元。

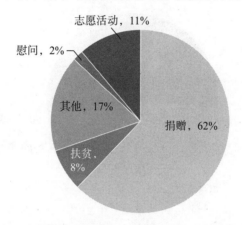

图 7 - 18　中国零售企业爱心公益活动形式示意图（2019 年）

7.4.1.2　公益活动各季度分布较为均匀，以地区性活动为主

从公益活动的区域分布来看，如图 7 - 19 所示，与往年趋势相同，大多数公益活动都是地区性的，占比 58.5%，相比 2018 年比例有所下降；41.5% 的公益活动是在零售商全国门店或线上商城展开的。由于零售商的地域特性，门店所辐射的往往是当地区域；而且这些公益活动的形式，比如捐赠、义卖、慰问等活动往往都难以在全国范围内同时开展，因此多是区域性的形式。同时也应该注意到一些互联网平台如阿里巴巴等，多利用自身平台发动公益性募捐活动，如"阿里巴巴 3 小时公益平台"，这些公益活动不再受限于地理位置，可以在全国范围内开展。随着电商的发展壮大，预计未来此类全国性公益项目的比重会逐渐增加。

从季度分布来看，2019 年公益活动数量各季度分布中，第二、三季度最多，占比共 58%，季度差异比去年大，详情见图 7 - 20。一般而言，第三季度公益活动较多的原因在于这一季度自然灾害发生频率高于其他季度。

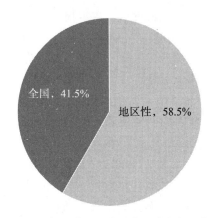

图 7 – 19   中国零售企业爱心公益活动区域分布示意图（2019 年）

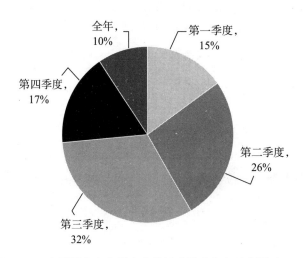

图 7 – 20   中国零售企业爱心公益活动季度分布示意图（2019 年）

7.4.1.3   零售企业公共关系对象分析

如图 7 – 21 所示，从公共关系的对象来看，公益活动的对象从占比高低来看依次包括妇女儿童（28.3%）、其他（26.4%）、贫困家庭（15.1%）、病患（11.3%）、青少年（9.4%）和老人（9.4%）。其他主要包含一些便利社区活动所服务的当地群众以及帮助农产品打开销路的贫困地区种植户。

7.4.2   中国零售企业公共关系问题与趋势展望

7.4.2.1   企业公共关系活动丰富多样，线上形式吸引更多目光

与电商企业在零售百强榜单中亮眼表现一致，在企业的公共关系活动中，线上形式凭借着覆盖人群广泛、参与方式简洁、不受时空限制等优势正成为零售企业公益活

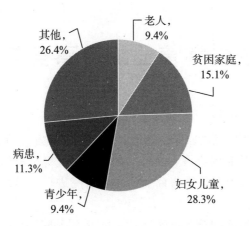

图 7 - 21　中国零售企业爱心公益活动对象构成示意图（2019 年）

动中无法忽视的存在。电商企业凭借平台优势，将公益理念汇入营销活动中，让消费者在购物的同时感受到帮助他人的快乐，也更容易拉近与消费者的距离，塑造良好的品牌形象。如公众可以通过"阿里巴巴 3 小时公益平台"参与公益活动，可凭公益时长免费领取权益礼包。这样线上线下相结合的方式带给传统的捐款、义卖、慰问等形式更多的精彩和可能性。

总体而言 2019 年零售企业公益活动形式丰富多彩，反映了新时代对零售企业公共关系活动的新要求。随着年轻消费者对线上消费的熟悉和追捧，零售企业应当关注如何更好地调动起消费者参与公益活动的热情并通过生动有趣的形式在开展公益活动的同时提升品牌知名度、展示良好的企业形象。

7.4.2.2　由输血转为造血，让公益真正焕发活力

2019 年中国零售企业不仅仅关注传统的慰问、捐助等偏向短期内解决活动对象问题的活动形式，更将大量的精力放在了如何推动贫困地区长远发展的活动中，呈现从输血到造血的转变。如喜茶通过责任消费的方式采购云南红河贫困地区的红米，研发两款爱心红米包，帮助当地的红米销售；CoCo 在全国多个城市的商场和门店内举办 200 多场青稞分享会，截至 2019 年 12 月 17 日，CoCo 都可鲜芋青稞牛奶已获得 370 722 人次助力。

零售企业作为连接供应商和消费者的一环，凭借渠道优势为贫困地区农特产品打开销路，这是其公益活动鲜明的特征，但如何通过有益指导推动贫困地区种植户为其提供稳定优质的产品来源，达成双赢目的，还有较长的路要走。此外，即使是短期输血类公益项目如慰问、捐款等活动，也应当形成较为完善的规范流程，长期持续，充分发挥零售企业的区域优势，让周边居民切实感受到企业的社会责任感。

（陈科鸿）

第 8 章　中国零售业综合事务与海外概览

本报告重点监测与分析 2019 年度中国涉及零售消费与零售业发展的三类综合性事务，包括国家和主要部委层面的政策、法规、行业标准等发布情况，代表性公开投诉、案件、纠纷等情况，主要业内会展、培训、教育、研究等进展情况。同时，本报告还对代表性海外国家经济、消费与零售商业的发展情况进行了监测和分析，主要包括美国、日本、英国等国家。

本报告所有的数据和信息，均来自 2019 年，以国务院办公厅、国家发改委、商务部等为代表的国家各级政府公开信息，各相关行业协会官方网站、企事业单位官方网站、新闻媒体等公开信息和公开报道，以及相关海外国家 2018—2019 年度政府公开信息、统计数据、海外国家零售协会数据等。本章共有 5 张附表，请读者扫描本报告附录的二维码免费下载查阅。

8.1　中国零售业政策法规和行业标准

本报告统计和监测了 2019 年以商务部为政策发布主体，国务院办公厅、国家发改委等为补充的中国主要零售业政策法规和行业标准 48 项，其中法律、法规和规定等计 21 项，约占 44%，零售行业标准计 27 项，约占 56%。与 2018 年相比，2019 年政策法规数量下降 31%，反映出零售行业法律法规体系的日臻完善。

2019 年度的政策法规主要集中在流通体系的完善与发展、加强行业市场监管、优化营商环境以及平台经济发展等方面；行业标准主要包括零售业经营管理规范和技术要求以及各类产品的质量标准等方面。

8.1.1　降本增效，货运升级，创新发展促进流通体系改革

为进一步提高城市物流效率，降低物流成本，2019 年 2 月，商务部办公厅发布《关于复制推广城市共同配送试点经验的通知》，提出在完善组织机制、优化政策环境、提升管理水平、完善配送网络以及优化配送模式五个方面的经验下，进一步健全城乡配送服务体系，提升服务能力。同年 2 月，商务部等五个部门联合发布《关于进一步落实城乡高效配送专项行动有关工作的通知》，进一步提高专项行动的针对性、有效性，促进城乡配送体系高效发展。

2019 年 6 月，国家邮政局与商务部联合发布《关于规范快递与电子商务数据互联共享的指导意见》，旨在建立完善电子商务与快递数据共享规则，促进电子商务经营者，经营快递业务的企业数据管理和自身治理能力的全面升级。

道路货运行业的发展对物流运输具有重要意义。2019 年 4 月，国务院办公厅转发交通运输部等部门《关于加快道路货运行业转型升级促进高质量发展意见的通知》，从深化货运领域"放管服"改革、推动新旧动能持续转换、加快车辆装备升级改造、改善货运市场从业环境、提升货运市场治理能力等五个方面入手，进一步加快道路货运行业转型升级，切实改善市场环境，促进行业健康稳定发展。

近年来，国家高度重视发展流通扩大消费，但受到国内外多重因素叠加影响，当前流通消费领域仍面临一些瓶颈和短板。2019 年 8 月，国务院办公厅《关于加快发展流通促进商业消费的意见》提出，要加强传统流通企业创新转型，提高商品和生活服务的有效供给，挖掘城乡消费潜力，促进商业繁荣，激发国内消费潜力，更好满足人民群众消费需求，促进国民经济持续健康发展。

8.1.2　关注"三农"，促进民营经济健康发展

民营经济发展是我国经济高速发展的主力军，但众多小微企业面临融资难、发展难等问题。2019 年 1 月，国务院办公厅发布《关于有效发挥政府性融资担保基金作用切实支持小微企业和"三农"发展的指导意见》，旨在进一步发挥政府性融资担保基金的作用，引导更多金融资源支持小微企业。同年 2 月，中共中央办公厅、国务院办公厅联合发布《关于加强金融服务民营企业的若干意见》，解决部分民营企业融资难的问题，发挥民营经济在稳定增长、促进创新、增加就业、改善民生等方面的作用。

民营经济作为我国经济发展的支柱之一，在供给侧结构性改革、推动经济现代化建设等方面具有重要意义。2019 年 12 月，国务院发布《关于营造更好发展环境支持民营企业改革发展的意见》，旨在进一步激发民营企业活力和创造力，充分发挥民营经济在推进供给侧结构性改革、推动高质量发展、建设现代化经济体系中的重要作用。

8.1.3　便利店品牌化、连锁化发展

发展品牌连锁便利店是一项民生工程，对于促进消费升级，提升城市消费，更好满足居民便利消费、品质消费需求具有重要作用。为了促进便利店品牌化、连锁化发展，2019 年政府共出台了 2 个相关文件。

2019 年 7 月，商务部办公厅发布《关于推动便利店品牌化连锁化发展的工作通知》，旨在适应消费升级趋势，健全便民商业设施，提高消费便利性和居民生活品质，满足人民日益增长的美好生活需要。

2020 年 1 月，商务部等 13 部门印发《关于推动品牌连锁便利店加快发展的指导意见》，从加强规划政策引导、深化"放管服"改革、推动品牌化发展、创新智能化经营、提升连锁化水平等五个方面，切实健全城市公共服务基础设施，织密便民消费网络，优化便利店营商环境，推动便利店品牌化、连锁化发展，更好地发挥便利店服务民生和促进消费的重要作用。

8.1.4 构建国际消费中心城市，加快消费升级

国际消费中心城市是现代国际化大都市的核心功能之一，是消费资源的集聚地，更是一国乃至全球消费市场的制高点，具有很强的消费引领和带动作用。2019 年 10 月，商务部等 14 部门联合印发《关于培育建设国际消费中心城市的指导意见》。同时，围绕国民经济和社会发展第十三个五年规划纲要，中共中央、国务院《关于完善促进消费体制机制进一步激发居民消费潜力的若干意见》，国务院办公厅《关于进一步扩大旅游文化体育健康养老教育培训等领域消费的意见》，以及国务院办公厅《关于加快发展流通促进商业消费的意见》等文件，进一步明确了培育建设国际消费中心城市的重点任务。

2019 年 8 月国务院办公厅发布《关于进一步激发文化和旅游消费潜力的意见》，旨在提升文化和旅游消费质量水平，增强居民消费意愿，以高质量文化和旅游供给增强民众的获得感、幸福感。

8.1.5 建立健全市场监管体制，优化营商环境

完善的市场监管体制对于维护市场公平有序，促进经济持续健康发展具有重要意义。优化营商环境，深化"放管服"改革有助于持续激发市场活力和社会创造力。2019 年政府共出台 5 个相关文件。

推进重要产品信息化追溯体系建设，是惠民生、促消费、稳增长和推进供给侧结构性改革的重要举措，对提高供应链效率和产品质量安全保障水平、推动流通转型升级和创新发展、构建信息化监测监管体系、营造安全消费的市场环境具有重大意义。2019 年 6 月，商务部等七部门联合发布《关于协同推进肉菜中药材等重要产品信息化追溯体系建设的意见》，旨在强化质量安全监管、保障放心消费和公共安全、服务消费升级。同年 7 月，国务院办公厅发布《关于建立职业化专业化药品检查员队伍的意见》，旨在加强社会信用体系建设，深入推进"放管服"改革，从而进一步发挥信用在创新监管机制、提高监管能力和水平方面的基础性作用，更好地激发市场主体活力。同年 7 月，财政部发布《关于促进政府采购公平竞争优化营商环境的通知》，旨在构建统一开放、竞争有序的政府采购市场体系，促进政府采购领域公平竞争，优化营商环境。同年 10 月，国务院发布《优化营商环境条例》，旨在持续优化营商环境，不断解放和发展社会生产力，加快建设现代化经济体系，推动高质量发展。国家持续简政放权、放管结合、优化服务改革，加强和规范事中、事后监管，不断提升政务服务能力和水平，为更大程度地激发市场活力和社会创造力，增强发展动力打下良好基础。

8.1.6 发展平台经济，鼓励外商投资，促进"一带一路"和跨境电商发展

平台经济是利用互联网、物联网、大数据等现代信息技术，围绕集聚资源、便利

交易、提升效率，构建平台产业生态，推动商品生产融合、创新发展的新型经济形态。2019 年 2 月，商务部等 12 部门联合发布《关于推进商品交易市场发展平台经济的指导意见》，指出要按照国家战略布局要求，结合区位优势、资源禀赋和产业特色，力争到 2020 年，培育一批发展平台经济成效较好的千亿级商品市场，推动上下游产业融合和内外贸融合，形成适应现代化经济体系要求的商品流通体系，更好服务供给侧结构性改革。

2019 年 10 月，商务部发布《中国-上海合作组织地方经贸合作示范区建设总体方案》，旨在发挥上合示范区在青岛口岸海陆空铁综合交通网络中心的区位优势，统筹海港、陆港、空港、铁路联运功能，更好发挥青岛市在"一带一路"新亚欧大陆桥经济走廊建设和海上合作中的作用。

跨境电子商务综合试验区建设对跨境电商政策施行，推动国际贸易自由化、便利化和业态创新发展具有重要意义。2019 年 12 月，国务院发布《关于同意在石家庄等24 个城市设立跨境电子商务综合试验区的批复》，对跨境电子商务零售出口试行增值税、消费税免税等相关政策，积极开展探索，推动产业升级，开展品牌建设。同时保障国家安全、网络安全、交易安全、国门生物安全、进出口商品质量安全和有效防范交易风险，坚持在发展中规范、在规范中发展，为各类市场主体公平参与市场竞争创造良好的营商环境。

8.1.7　行业标准

为完善商务信用联合惩戒机制，规范信用联合惩戒对象名单管理，加快构建商务领域以信用为基础的新型监管机制，2019 年 9 月，商务部印发《商务信用联合惩戒对象名单管理办法》，贯彻落实党中央、国务院关于社会信用体系建设的决策部署，完善商务领域信用联合惩戒机制，规范信用联合惩戒对象名单，加快建立以信用为基础的新型监管机制，加强商务领域信用监管。

商务部印发的《重要产品追溯管理平台建设指南（试行）》，规定了重要产品追溯管理平台（以下简称"平台"）的术语和定义、各级平台的逻辑关系、设计要求、总体架构、功能要求、性能要求、接口要求、部署环境要求、安全性要求和运行维护要求，适用于我国省、市级重要产品追溯管理平台的建设及运行维护，同时可作为行业组织、第三方追溯服务机构等开展追溯体系建设的参考。

为了规范市场秩序，2019 年商务部制定了一系列行业标准，包括《商品交易市场建设与经营管理术语》《电子商务企业信用信息共享规范》《拍卖业通用术语》《零售物流单元商品条码实施指南》《区块链应用指南 商品及其流通信息可追溯性要求》等，涵盖商品交易、拍卖、信用、物流、连锁门店、微商等多个领域，有助于相关产品和行业的规范发展。

同时，2019 年中国商业联合会也陆续出台《单用途商业预付卡卡片规范》《预包装冷藏膳食》《儿童速冻含馅米面食品》《焙烤食品网络销售及经营规范》等相关标准，有助于企业提供产品和服务的标准化，维护生产者和消费者的相关利益。

8.2　中国零售企业案件纠纷

本报告统计和监测了 2019 年主要零售业案件纠纷计 150 起，数量与 2018 年持平。2019 年，案件纠纷由以往的企业与消费者之间为主转向企业内部为主，纠纷原因大多是裁员、亏损、门店关闭、盲目扩张等问题，如贵人鸟入驻虎扑遭债务危机；网易严选计划裁员 1 500～2 000 人；圆通快递过百加盟商退网，总部多部门空悬等。在各个业态中，电子商务和超市纠纷事件出现最为频繁。

8.2.1　中国零售企业案件纠纷数量平稳，电子商务仍为重灾区

8.2.1.1　零售企业案件纠纷类型占比：企业内部纠纷数量上涨至第一位

本报告统计和监测了 2019 年主要零售企业案件纠纷共 150 起，如图 8-1 所示，其中，企业内部的纠纷案件数量最多，占比达 52%；其次是行业竞争，占比约为 27%；企业与消费者之间的矛盾案件占比约为 18%，零供矛盾案件占比约为 3%。

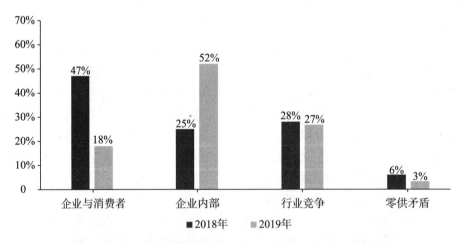

图 8-1　中国零售企业案件纠纷类型占比情况（2017—2019 年）

由此可见，企业与消费者之间的纠纷数量仍旧延续往年的下降趋势，且下降势头更加明显，2019 年企业与消费者之间的案件纠纷数量首次下降至几类纠纷中的最低位；同时企业内部案件纠纷数量显著上升，行业竞争和零供矛盾案件纠纷也有上升趋势。

8.2.1.2　零售业态与纠纷案件类型分布情况：不同业态分布差异较为明显

本报告监测的纠纷案例主要包括五大类型零售业态，分别是百货超市、电子商务、食品连锁、服饰和家居连锁。

统计结果表明，2019 年，企业内部矛盾替代企业与消费者之间的矛盾成为超市、

电子商务、食品连锁的主要矛盾来源，占比均超过 40％。值得注意的是，2019 年企业内部矛盾普遍存在于每一个业态之中，意味着传统百货超市、食品连锁以及传统电商面临的内部管理问题突出，同时企业之间的竞争加剧，行业竞争成为各种业态矛盾的第二来源。

从发展趋势来看，2019 年企业内部矛盾逐渐凸显，而企业与消费者之间的矛盾相较于前几年有显著下降。2019 年百货超市更多的矛盾出现在企业内部，相关纠纷案件从 12 起上升到 26 起，电子商务业态内部矛盾也有上升趋势。同时行业竞争加剧，其中电子商务业态最为明显，从 2018 年的 8 例上升到 2019 年的 16 例，同时电子商务再次取代百货超市成为行业竞争问题占比最大的业态，表明电子商务行业蓬勃发展的势头和亟待更多规范的现状。值得注意的是，家居连锁与食品连锁行业矛盾相较于 2018 年减少，这也与市场的规范化发展有关。

8.2.2　企业与消费者：占比近两成，形势有很大好转

虽然 2019 年企业与消费者之间的矛盾纠纷数量大幅度降低，但是已出现的案件纠纷仍旧延续往年的风格，主要集中在食品安全、信息安全、产品质量、虚假宣传、售后服务等问题上。

2019 年，企业与消费者之间的纠纷占所有纠纷的 18％，少于 2017 年的 59％ 和 2018 年的 47％，占所有纠纷的比重在逐渐下降；同时，企业与消费者之间的纠纷案件从 2018 年的 74 起下降到了 2019 年的 27 起，所占比重和绝对数量大幅度减少，与 2018 年相比变化明显，反映了在政府、消费者以及经营者共同努力下，企业与消费者之间的矛盾形势得到了很大程度的缓和，但仍须警惕不法商家故意侵犯消费者的权益，导致企业与消费者之间纠纷案件数量的反弹。

从分布业态的差异来看，本报告统计的 2019 年零售企业与消费者的案件纠纷中，电子商务领域发生的企业与消费者案件纠纷最多，占 48％；发生在食品连锁中的案件纠纷占 24％，发生在服饰业态中的案件纠纷占 14％，其他类型的案件纠纷占 14％。

8.2.3　企业内部：各业态均存在，分布较为均匀

企业内部纠纷除家居连锁业态，在各个零售业态中都有分布。

导致纠纷出现的原因较多，包括公司裁员、员工工资拖欠、公司内部管理问题等。公司裁员问题如网易严选计划裁员 1 500～2 000 人；员工工资拖欠如 7 - ELEVEN 被曝欠薪丑闻，涉及 3 万员工；公司内部管理问题如华润置地高管"批发式离职"。企业内部纠纷在占比最高的电子商务领域集中表现为裁员、企业内部管理混乱以及经营不善导致的巨额亏损等问题，如茅台解散电商公司，多名高管层涉嫌受贿等。

企业内部矛盾在 2019 年集中爆发，背后的原因值得人们警惕。在 2016—2018 年经济形势较好时，许多企业盲目扩张。近几年，随着我国经济形势走低，以上情况为

企业埋下巨大的隐患。同时，社会更加关注企业与消费者之间的案件纠纷，相比之下，企业内部的矛盾被人们选择性忽略，从而导致企业内部矛盾在 2019 年以非常高的数量爆发。

只有做好企业内部管理，管理层与基层员工才能形成合力，为企业目标不断努力，进而推动企业的持续发展。因此，针对 2019 年集中反映出的问题，零售企业首先应当妥善处理与员工的关系，包括公平公正招聘、依法发放薪资、提升员工工作满意度，这样一方面可以吸引到更多的人才，提升公司的竞争力，另一方面也有助于树立良好的企业形象，赢得消费者好感；其次应当明确公司的发展战略，科学规划，既及时应对现实情况，又保持战略的稳定性和持续性；同时也要注意资金的运用，确保为战略实施提供充足的资金；最后不能忽略对管理层的管理与监督，防止贪污、派系争斗纠纷的发生。

8.2.4　行业竞争：电子商务业内竞争激烈

本报告统计的 2019 年行业竞争类案件纠纷显著集中在电子商务业态，占比 46％，主要涉及行业地位的竞争（如淘宝与京东的电商之争）、市场份额的抢占（如美团与饿了么强迫外卖商家"二选一"，强制其关店）、知识产权侵犯（如无印良品长达两年的商标官司）等。生鲜电商"风力降低"，众多企业面临内外部重重危机，行业竞争加剧。

2019 年行业竞争主要发生在电子商务领域，相较于 2018 年电子商务仅占 24％，2019 年电商案件重新上升到 46％，位列第一，超过食品连锁业态和服饰业态。这在一定程度上反映了生鲜电商经过风口大热后面临市场重新洗牌的局面。

8.2.5　零供矛盾

本报告统计的 2019 年零供矛盾案件纠纷为 5 起，较 2018 年减少了一半，主要发生在电子商务业态和百货超市业态，占比 80％。零售商与供应商的矛盾主要集中在商业贿赂、操纵定价等问题上，如亚马逊操纵供应商产品定价等。

零供矛盾的积累不仅会导致零售企业失去货源，同样也会催生出下游企业的诸多矛盾，如企业内部矛盾、企业与消费者之间的矛盾等。因此零售企业应当十分重视与供应商之间的关系，努力做到与正规供应商长期合作，并及时支付货款，从而形成供应商、企业自身、消费者之间的良性循环。

8.3　中国零售商业会展与培训教育

本报告统计和监测了 2019 年全国范围内的主要零售业与商贸流通领域代表性会展 52 次和主要零售业培训教育 47 次。

8.3.1　中国零售会展：平稳开展

8.3.1.1　中国零售商业会展时间：双峰分布，较为分散

如图 8-2 所示，本报告统计的 2019 年零售商业会展主要时间中，1、2、3、7 月较少，4、5、10 月较多。整体来看，相较于前两年，会展时间分布更加分散，而 5 月的会展相较于前两年仍有上升趋势，成为 2019 年举办会展最多的月份。其中，2019 年会展时间分布上不同月份差别较大，次数最多的是 5 月，共举办 11 次，其次是 10 月，为 9 次。从全年看，2019 年全年共举办 52 次会展。

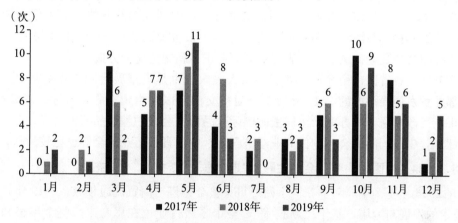

图 8-2　我国零售商业会展时间分布（2017—2019 年）

8.3.1.2　中国零售商业会展地区：会展地区分布更加分散

在统计的 2019 年我国零售业与商贸流通领域的会展中，上海、广州是最多的 2 个地区，也是 2016—2019 年零售业会展的中心城市，同时，2019 年在北京开展的零售业会展次数明显下降。此外，武汉、临沂、福州、深圳、天津、杭州等城市也举办了超过一次的零售业会展，如图 8-3 所示。

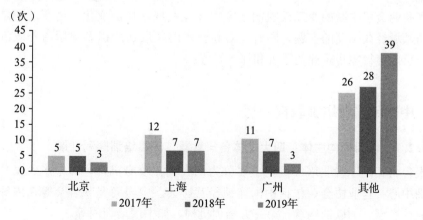

图 8-3　我国零售商业会展地区分布（2017—2019 年）

2019 年，老牌会展中心城市北京、上海、广州等成功举办了多次重要的零售业会展，具有代表性的如 2019 北京新零售产业及无人售货展览会，广州第 125、126 届中国进出口商品交易会，中国（上海）智慧零售与连锁品牌国际峰会等。此外，在青岛举办的由中国连锁经营协会主办的 2019 中国全零售大会，围绕"下一年和下一个十年的零售布局"这一命题进行了深入探讨，在分析短期和中长期诸多不确定性的基础上，探寻确定性的趋势，对我国实现行业和企业的可持续发展具有非常重要的价值。

8.3.1.3　中国零售商业会展主办单位：国家部委、行业协会主导，各协会积极参与

在 2019 年统计的 52 次会展活动中，中国商业联合会举办了 19 次，中国连锁经营协会举办了 8 次。整体而言，以中国商业联合会、中国连锁经营协会等为代表的行业协会仍然是零售业与商贸流通领域展会主办方中最重要的主体。中国商业联合会在近几年举办的会展数量持续上升，表明我国商业正在朝规范化的方向发展。

商务部、各省区市商务厅、各省区市人民政府也是大型展会的主要举办力量，如商务部外贸发展局举办的 2019 外贸服务对接交流会以及由山东省商务厅、青岛海关、威海市人民政府联合举办的第十届威海国际食品博览会暨中韩商品博览会等。

此外，中国国际商会、中国商业经济学会、中国食品工业协会等也比较活跃。

8.3.1.4　中国零售商业会展主题："走出去""新技术""新布局"

自 2016 年至 2018 年，"新"字始终贯穿整个零售与商贸流通领域。2019 年，随着 5G 技术的发展与运用，基于"新技术"，整个零售行业也在思考未来整个零售和商贸流通领域的新布局。如由中国连锁经营协会主办的 2019 中国购物中心与连锁品牌发展峰会，就围绕 5G 来临对商业地产的影响展开了讨论；同年 11 月，2019 中国全零售大会也围绕下一年和下一个十年的零售布局展开讨论。在 5G 技术的基础上，2019 年"无人零售"的出现频率大幅度增加。

与此同时，"走出去"也成为 2019 年会展的热词之一，如 2019 中国·天津投资贸易洽谈会暨 PECC 博览会聚焦经贸合作、招商引资、人才聚集三大功能，促进国内外经贸交流。

零售商业会展主题的变迁反映的是零售商业发展趋势的变化。创新发展是零售和商贸流通领域经久不变的主题，同时其对新技术的发展运用以及对国内外政治经济形势的迅速反应值得零售企业的重视和深入思考。

8.3.2　中国零售业培训教育

8.3.2.1　培训机构主体：四大主体各司其职，保障培训顺利开展

本报告将我国零售业培训机构主要分为四大类：政府机构，即中华人民共和国商务部培训中心；行业协会，包括中国连锁经营协会、中国商业联合会等在内的行业协会；行业信息网，如联商网等；第三方培训机构，如中国培训网等。

本报告 2019 年共监测分析培训项目 47 个，如图 8 - 4 所示，其中商务部培训中心培训项目 22 个，占所有统计项目的 47％；行业协会培训项目 5 个，占所有统计项目的 11％；行业信息网培训项目 6 个，占所有统计项目的 13％；第三方培训机构提供的培训课程 14 个，占所有统计项目的 29％。

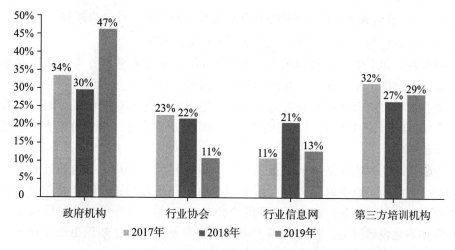

图 8 - 4　我国零售业培训教育机构分布（2017—2019 年）

与 2018 年相比，2019 年所监测的培训项目中，政府机构和第三方培训机构在培训数量和占比上明显上升；与此同时行业协会培训和行业信息网培训项目在数量和占比上明显下降。各类第三方培训机构以多样化的形式、多重培训时间和费用的组合，提供了多样的选择，为零售业的科学发展提供了强大的智力支持。

8.3.2.2　培训教育地区分布：一线城市最多，持续向二三线城市扩散

本报告监测和分析的 2019 年培训活动的课程举办地，仍然是以北京、上海、广州、深圳这四个一线城市为主，具体如图 8 - 5 所示。2018—2019 年，四个一线城市中，广州持续保持领先，其余三个城市基本持平。

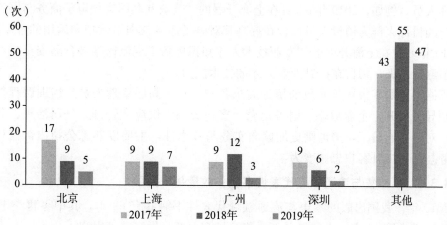

图 8 - 5　我国零售业培训教育地区分布（2017—2019 年）

从培训地区来看，2019 年，四个一线城市举办的培训数量都呈现下降趋势，零售行业的培训项目所在城市逐渐向多元化发展，如成都、杭州、青岛、临沂等城市也举办了至少两次培训，表明零售教育培训地区由一线城市向二三线城市扩散的趋势越来越明显，其他地区在零售教育培训中发挥着越来越重要的作用。

8.3.2.3 培训教育主题：不同主体不同主题，培训针对性越来越强

不同的培训机构在具体的培训方向和主题上有所差异。

政府机构，即中华人民共和国商务部培训中心，属于商务部，主要承担商务部委托的相关商务培训工作、商务部党校的工作、援外培训及其立项后的项目管理、负责商务部委托的相关培训项目和有关会议的会务组织和接待服务工作等。如商务部培训中心在 2019 年 5 月开展的跨境电子商务园区经验复制推广暨《电子商务法》背景下电商发展交流会等。

行业协会的主营业务是为会员提供零售培训公开课，以及企业内训服务。中国连锁经营协会主要为企业提供培训服务，中国商业联合会为会员提供有关咨询、培训和市场调查研究等各项服务，如中国商业联合会在 2019 年 4 月开展的新时代商科职业教育与培训体系建设研讨会、2019 年 8 月开展的"专业技术人才知识更新工程——流通领域食品安全生产及供应链追溯高级研修班"等。

行业信息网主要通过网络资源的形式为企业提供培训和咨询服务，也会为零售企业提供零售业的最新资讯，本报告主要监测对象为联商网。2019 年联商网举办的培训教育项目减少，且有转回线下教育的趋势，如 2019 年 3 月开展的"新零售环境下的顾客服务升级与会员管理"、2019 年 11 月开展的"商业空间设计与视觉营销"等。

第三方培训机构所涉及的培训范围十分广泛，其中与零售培训企业相关的主要是前沿领域的实战型培训，如电子商务实践、跨境电商、营销人员培训，门店选址、客户管理、采购管理、供应链管理等。

8.3.2.4 培训对象：零售从业人员，员工和管理层都涵盖

零售培训的培训对象主要是零售从业人员，其中既有各部门的普通员工，又有高层管理人员。例如，2019 年 11 月在上海开展的"产业互联网时代电子商务与网络营销培训"的目标人群为销售人员，旨在提高其对电子商务与网络营销和运用的理解能力；而 2019 年 8 月在上海开展的"专业技术人才知识更新工程流通领域食品安全生产及供应链追溯"培训，则旨在提升专业人才的技术能力。

不同类别的零售从业人员的培训需求各异。对于高层管理人员，培训课程往往集中在领导力提升、企业战略、财务运营、客户关系、供应链管理、公司治理、公司转型等；对于普通员工，培训则更加偏向实务与技术性，主要以熟悉公司内部流程、掌握服务技巧、提升客户忠诚度为主。

8.3.2.5 零售与流通领域代表性书籍：数量基本持平

2019 年，我国出版的零售与流通领域代表性书籍共有 69 本，其中零售类书籍 54 本，流通类书籍 15 本。内容涉及新零售、社交电商、供应链等内容。

8.4　海外零售商业概览

8.4.1　美国篇：经济走低，消费萎靡

2019 年全年美国 GDP 增速为 2.2%，与 2018 年 3% 的增速相比有所下降。2014—2019 年，美国季度 GDP 增长率波动较大。具体来看，2019 年第一季度，美国 GDP 在 2018 年第四季度的基础上增速上升至 2.9%，其表现出强劲增长主要得益于净出口的增长和私人库存投资增长驱动；第二季度则受累于消费支出和企业设备投资的下降，GDP 大幅度下降；第三、四季度 GDP 有所回升，主要是加征关税使得进出口支出减少所致。这表明在 2019 年下半段，美国正在逐渐丧失其潜在经济实力。综合来看，2019 年经济持续走低、居民消费增速下降是导致美国 GDP 增速下降的主要原因。

自 1960 年至今，美国人口数量明显呈直线上升发展趋势。世界银行统计数据显示，2019 年美国人口因出生率下跌、死亡率上升及外来移民人口的减少，人口增速放缓明显。2014—2019 年，美国个人消费支出与季度 GDP 增长变化趋势整体保持一致。2019 年，美国个人消费支出增长了 2.4%，与 GDP 一样，在 2018 年基础上走低。

8.4.1.1　零售行业发展：整体势头下降

如表 8-1 所示，2019 年，美国零售总额约 5.5 万亿美元，2018 年美国零售总额增速已放缓至 0.38%，而 2019 年美国零售总额增速略有上升，达到 2.5%。

从业态来看，2019 年健康和个人护理增速超过汽车和零部件交易商成为首位，约占零售总额的 44.92%，相较于 2018 年的 30% 上升明显。从增速来看，2019 年增速最快的是食品和饮料，实现了 38% 的超高速增长，而汽油站的零售额则下降至 0.48 万亿美元。

表 8-1　美国零售业不同业态或产品的销售额及增长率（2018—2019 年）

业态	2018 年销售额（百万美元）	2019 年销售额（百万美元）	增长率（%）
零售总额	5 322 624	5 455 689	2.5
汽车和零部件交易商	536 279	521 800	-2.7
家具及家居	315 167	357 400	13.4
建筑及园艺设备供应商	390 465	357 400	-8.47
食品和饮料	743 452	1 025 700	37.96
汽油站	515 618	483 400	-34.95
服装和服饰商店	388 600	403 500	2.9
健康和个人护理	1 543 324	2 450 800	58.8
运动用品、业余爱好等	79 394	90 700	2.0

资料来源：美国商务部经济分析局官网。

8.4.1.2　重点零售企业概况：七家企业进入全球前十，排名略有下滑

本报告监测与分析的美国重点零售企业是从美国零售行业杂志 *STORES* 联合德勤 (Deloitte) 发布的全球 250 强零售商排行中筛选出的美国排名前 10 的企业。榜单数据采用了企业 2018 财年公布的数据，具体如表 8-2 所示。

表 8-2　美国排名前 10 零售企业 2018 年

本国排名	全球排名	公司名	2018 年销售收入（百万美元）	2018 年集团销售收入（百万美元）	2018 年财年集团利润（百万美元）	2013—2018 年零售收益复合增长率（%）
1	1	沃尔玛	514 405	514 405	7 179	1.6
2	2	好市多	141 576	141 576	3 179	6.1
3	3	亚马逊	140 211	232 887	2 371	18.1
4	4	克罗格	117 527	121 162	3 078	3.6
5	6	沃博联	110 673	131 537	5 031	8.9
6	7	家得宝	108 203	108 203	11 121	6.5
7	9	西维斯	839 889	193 919	—	5.1
8	12	塔吉特	74 433	74 433	2 937	0.5
9	14	劳氏	71 309	71 309	2 314	5.9
10	15	艾伯森	60 535	60 535	131	24.7

资料来源：《全球 250 强零售商排行》。

其中，亚马逊超过克罗格成为全球排名第三的零售商。不仅是亚马逊，沃博联排名也有一定程度的上升。整体来看，美国零售商国内排名基本保持不变，全球排名除了前三的零售商巨头之外，都有一定程度的下降。

此外，排名前十的零售企业中，零售收益复合增长率最高的与 2017 年相同，仍然是艾伯森。财团净收益最高的则是家得宝。

8.4.2　日本篇：经济进一步放缓，发展迟滞

2017—2019 年日本年度 GDP 增速呈现下降趋势，相较于 2018 年 0.7% 的增速，2019 年 GDP 增长率仅 0.6%。具体来看，四个季度的经济增幅分别为 0.5%、0.1%、0.1%、−1.2%，经济潜力的透支可能是导致日本 GDP 增速逐步下滑的主要原因。特别是第四季度，受到日本国内消费税的上调和超级台风活动的影响，消费支出、企业投资和生产供应链降温，2019 年日本第四季度 GDP 出现近六年来最大降幅。总体而言，2018 年日本经济复苏的兆头并没有带入 2019 年，且受到 2020 年新冠疫情的影响，日本经济发展面临巨大的挑战。

自 2010 年以后，日本人口一直呈现负增长态势。世界银行数据显示，截至 2019 年底，日本总人口约为 1.262 6 亿，较 2018 年减少 16 万人，同时人口老龄化将给宏观

经济和金融部门带来更大的挑战。

8.4.2.1　零售行业发展概况：平稳发展

根据日本经济产业省官方调查统计与研究部 2020 年 3 月发布的《商业动态统计速报》（见表 8－3），日本零售业 2019 年实现近 145 万亿日元销售总额，与 2018 年相差无几。从业态情况看，内部分化明显，其中，百货店店铺和年销量都在持续减少，而超市、药店的店铺数都在持续增加。在市场环境不景气的环境下，药店的店铺数和年销量增长仍然强劲。

表 8－3　日本零售业主要业态销售额与门店数（2017—2019 年）

	2017 年		2018 年		2019 年	
	销售额（十亿日元）	增长率（%）	销售额（十亿日元）	增长率（%）	销售额（十亿日元）	增长率（%）
零售总额	142 514	1.9	144 965	1.7	145 047	0.1
业态类别	销售额（亿日元）	门店数（家）	销售额（亿日元）	门店数（家）	销售额（亿日元）	门店数（家）
百货店	65 349	232	64 434	225	62 979	213
超市	130 868	4 901	131 609	4 997	130 983	5 036
便利店	118 019	56 344	109 809	56 574	121 841	56 502
大家电专门店	43 343	2 530	43 911	2 498	45 453	2 547
药店	61 612	15 049	63 644	15 660	68 356	16 422
家居店	32 920	4 308	32 853	4 338	32 747	4 357

资料来源：日本经济产业省。

8.4.2.2　重点零售企业概况：整体排位略有下降

本报告监测的日本重点零售企业是从美国零售行业杂志 *STORES* 联合德勤（Deloitte）发布的全球 250 强零售商排行中筛选出的日本排名前 10 的企业。榜单数据采用了企业 2018 财年公布的数据。

如表 8－4 所示，2018 财年零售收益 71 446 百万美元的永旺较近几年复合增长率为 6.5%，坐稳了日本零售业之首的位置，紧随其后的是 7－ELEVEN 集团。值得注意的是 Pan Pacific International Holdings 超越众多零售企业，一跃成为日本第五，而三越伊势丹排名有所下降。

表 8－4　日本排名前 10 零售企业（2018 年）

本国排名	全球排名	公司名	2018 年销售收入（百万美元）	2018 年集团销售收入（百万美元）	2018 年财年集团利润（百万美元）	2013—2018 年零售收益复合增长率（%）
1	13	永旺	71 446	77 121	799	6.5
2	19	7－ELEVEN	59 101	61 485	1 929	3.9

续表

本国排名	全球排名	公司名	2018 年销售收入（百万美元）	2018 年集团销售收入（百万美元）	2018 年财年集团利润（百万美元）	2013—2018 年零售收益复合增长率（%）
3	52	迅销	19 276	19 300	1 535	13.3
4	67	亚马达	14 434	14 434	133	−3.3
5	92	Pan Pacific International Holdings	11 540	11 962	449	16.8
6	101	三越伊势丹	10 511	10 793	113	−2.2
7	133	H2O Retailing Corporation	7 775	8 359	19	10.3
8	135	Beisia Group Co.，Ltd.	7 697	8 046	—	1.3
9	137	Bic Camera Inc.	7 648	7 648	179	0.94
10	140	高岛屋	7 509	8 265	154	−0.1

资料来源：《全球 250 强零售商排行》。

整体来看，在日本排名前 10 的企业中，2018 财年集团净收益最高的为 7 -ELEVEN 集团，约为 19 亿美元，而 Pan Pacific International Holdings 零售收益复合增长率达到 16.8%，超越迅销成为前十中零售收益复合增长率最高的日本企业。

8.4.3 英国篇：对华出口创新高，拉动经济增长

2015—2018 年，英国经济增长率在波动中呈略微下降趋势。2019 年全年英国 GDP 增长率为 1.5%，比 2018 年的 1.4% 略有上升，但仍旧低于市场预期。英国脱欧仍旧影响英国的经济发展，但 2019 年英国出口创历史新高，也为英国经济上行创造了一定的契机。2019 年第一季度环比增长率为 0.7%，而第二季度则为−0.1%，且有持续走低的趋势。中美贸易摩擦带来的全球贸易受限以及经济不景气对英国经济发展依旧是一个巨大的挑战。

8.4.3.1 零售行业发展概况：发展迟缓

如表 8-5 所示，2019 年英国零售总额约为 3 617 亿欧元，比 2018 年增长了 0.3%，低于 2018 年 3.99% 的增速。从各业态来看，主要非食品商店和非专门商店业态零售额较 2018 年减少。其余业态中，家居用品店和无店铺零售都保持了较为高速的发展。整体来看，2019 年各业态并未延续 2018 年良好发展的态势，发展有明显的减缓。

表 8-5　英国各零售业态销售额及增长率（2018—2019 年）

类别	2018 年绝对额（百万欧元）	2019 年绝对额（百万欧元）	年变化率（%）
零售总额（不包括车辆燃料）	360 319	361 723	0.3
主要食品商店	156 608	156 608	0

续表

类别	2018 年绝对额 （百万欧元）	2019 年绝对额 （百万欧元）	年变化率 （%）
主要非食品商店	144 217	143 789	−0.03
非专门商店	34 761	33 598	−3.4
纺织、服装和鞋类专卖店	45 682	47 054	3
家居用品店	34 275	31 759	7.3
其他非食品商店	52 186	53 198	1.9
无店铺零售	36 621	38 315	4.6
汽车燃料	37 585	39 096	4.0

资料来源：英国国家统计局官网。

8.4.3.2　重点零售企业概况：排位稳中有升

本报告监测的英国重点零售企业是从美国零售行业杂志 *STORES* 联合德勤（Deloitte）发布的全球 250 强零售商排行中筛选出的英国排名前 10 的企业。榜单数据采用了企业 2018 财年公布的数据，具体如表 8 - 6 所示。

2018 年，乐购、森宝利和莫里森仍然保持英国零售企业前 3 的位置，且全球排名较为稳定，其余企业全球排名都有一定程度的上升。

另外，新进入英国前 10 的零售商 JD Sports Fashion Plc 以高达 28% 的零售收益复合增长率居英国零售业之首。

表 8 - 6　英国排名前 10 零售企业（2018 年）

本国排名	全球排名	公司名	2018 年销售收入 （百万美元）	2018 年集团销售收入 （百万美元）	2018 年财年集团利润 （百万美元）	2013—2018 年零售收益复合增长率 （%）
1	10	乐购	82 799	84 245	1 718	0.1
2	28	森宝利	37 523	38 236	289	3.5
3	45	莫里森	23 505	23 505	323	0.1
4	61	翠丰	15 487	15 487	289	1.0
5	74	John Lewis Partnership Plc	13 673	13 673	102	2.7
6	75	Marks and Spencer Group Plc	13 613	13 613	49	0.1
7	76	Dixons Carphone Plc	13 603	13 603	417	7.6
8	104	Associated British Foods Plc/Primark	10 066	20 967	—	11.8
9	108	Co-operative Group Ltd.	9 771	13 546	208	−1.9
10	175	JD Sports Fashion Plc	6 065	6 253	350	28

（兰皓登）

附　录

第 2 章附表　　　　第 3 章附表　　　　第 4 章附表　　　　第 5 章附表

第 6 章附表　　　　第 7 章附表　　　　第 8 章附表

后　记

　　《中国零售业发展监测与分析报告（2020）》已经撰写完毕。回顾这极不平凡的一年，从年初突如其来的疫情，到暑假之后的逐渐复工复产复学，我们作者团队在疫情冲击之下，因为不能见面，探索了远程协作的新模式，克服了部分数据收集困难和滞后，以及今年的官方统计数据条目变动所带来的系列问题，在这里要首先向各章的作者致敬！

　　同时，这也是我们撰写的第十本中国零售业发展监测与分析报告，目的是全面监测中国零售业发展现状、特点、脉络与问题等，为社会各界包括政府宏观决策、企业运营管理、证券投资分析、科研教学工作和零售消费管理等提供翔实的监测数据和高水平的产业分析。

　　2020年的报告主要以2019年中国零售业发展情况为监测对象，整体监测分析的思路与核心内容延续了往年的设计。报告以很大的篇幅对中国零售业和代表性零售公司的信息数据进行统计、整理、监测。由于这些信息和数据分布非常散乱，其间的汇总、筛选和校正工作耗费了大量的时间和人力，我们力争奉献给读者对行业发展全貌的还原。

　　同时，我们在此基础上配合每章的主题，共设计制作了多达59张附表。所有数据表格都有专门设计的较为丰富的维度，这些维度及其内含数据，是行业分析和进一步研究的基础，也是目前现有统计年鉴类资料无法提供的宝贵信息来源，凝聚了本报告编制小组全体成员的大量心血，也是本报告的核心价值之一。

　　出于出版社关于编辑出版字数和全书篇幅限制的原因，以及电子化的要求，以上所提及的本报告附表，现已由中国人民大学出版社进行了电子化处理，并全部放到了本报告附录中，请各位读者前往扫描二维码并对照阅读。

　　2020年的报告在章节体系方面，仍然控制在8章的总篇幅，分别是绪论、中国经济增长与零售商业、中国零售业产业发展分析报告、中国零售业地区发展分析报告、中国综合零售业发展分析报告、中国专业零售业发展分析报告、中国零售业公司管理与运营分析报告、中国零售业综合事务与海外概览。

　　本报告从2019年12月开始准备。在半年多时间的准备和正式撰写过程中，我们得到了各方面的大力支持和鼎力帮助，很多人都为此付出了智慧、创意、汗水和辛劳。

　　我们要感谢中国人民大学科研处、中国人民大学出版社和中国人民大学科学研究基金项目"研究品牌计划品牌报告"类项目给我们的立项支持，项目名称"中国零售业发展监测与分析报告"，项目号12XNP007。由于有这样的科研支持，我们才得以在中国人民大学出版社出版本年度的报告。

　　我们要感谢中国人民大学出版社的编辑们，他们为本报告的顺利出版给予了大力支持，做了大量和辛勤的编辑、组稿和审核工作，在此一并致谢。

全书各章的分工如下：第 1 章王强，第 2 章王强，第 3 章王翰斌，第 4 章王晓彤，第 5 章李浩林，第 6 章皮安琪，第 7 章陈科鸿，第 8 章兰皓登。

最后，由于时间和我们能力有限，本报告一定存在不少错误和漏失，敬请各位读者批评指正。

王　强
中国人民大学商学院
2020 年 12 月 23 日

图书在版编目（CIP）数据

中国零售业发展监测与分析报告.2020/王强主编
.--北京：中国人民大学出版社，2024.9
（中国人民大学研究报告系列）
ISBN 978-7-300-32836-2

Ⅰ.①中… Ⅱ.①王… Ⅲ.①零售业-经济发展-研
究报告-中国-2020 Ⅳ.①F724.2

中国国家版本馆 CIP 数据核字（2024）第 097771 号

中国人民大学研究报告系列
中国零售业发展监测与分析报告（2020）
主 编 王 强
Zhongguo Lingshouye Fazhan Jiance yu Fenxi Baogao（2020）

出版发行	中国人民大学出版社		
社 址	北京中关村大街 31 号	**邮政编码**	100080
电 话	010 - 62511242（总编室）		010 - 62511770（质管部）
	010 - 82501766（邮购部）		010 - 62514148（门市部）
	010 - 62515195（发行公司）		010 - 62515275（盗版举报）
网 址	http://www.crup.com.cn		
经 销	新华书店		
印 刷	唐山玺诚印务有限公司		
开 本	787 mm×1092 mm 1/16	**版 次**	2024 年 9 月第 1 版
印 张	14.5 插页 1	**印 次**	2024 年 9 月第 1 次印刷
字 数	310 000	**定 价**	68.00 元